高校社科文库
University Social Science Series

教育部高等学校
社会科学发展研究中心

汇集高校哲学社会科学优秀原创学术成果
搭建高校哲学社会科学学术著作出版平台
探索高校哲学社会科学专著出版的新模式
扩大高校哲学社会科学科研成果的影响力

社会治理中的
信仰价值研究

徐秦法/著

Research on the Faith Value in the
Social Governance

光明日报出版社

图书在版编目（CIP）数据

社会治理中的信仰价值研究 / 徐秦法著. -- 北京：光明日报出版社，
2010.2（2024.6 重印）

（高校社科文库）

ISBN 978 - 7 - 5112 - 0621 - 3

Ⅰ.①社… Ⅱ.①徐… Ⅲ.①信仰—研究—中国

Ⅳ.①B933

中国版本图书馆 CIP 数据核字（2010）第 014349 号

社会治理中的信仰价值研究

SHEHUI ZHILI ZHONG DE XINYANG JIAZHI YANJIU

著　　者：徐秦法

责任编辑：祝　菲　　　　　　　　责任校对：师英杰　叶乾华
封面设计：小宝工作室　　　　　　责任印制：曹　净

出版发行：光明日报出版社

地　　址：北京市西城区永安路 106 号，100050

电　　话：010-63169890（咨询），010-63131930（邮购）

传　　真：010-63131930

网　　址：http：// book. gmw. cn

E － mail：gmrbcbs@ gmw. cn

法律顾问：北京市兰台律师事务所龚柳方律师

印　　刷：三河市华东印刷有限公司

装　　订：三河市华东印刷有限公司

本书如有破损、缺页、装订错误，请与本社联系调换，电话：010-63131930

开　　本：165mm×230mm

字　　数：230 千字　　　　　　　印　　张：12.25

版　　次：2010 年 3 月第 1 版　　　印　　次：2024 年 6 月第 3 次印刷

书　　号：ISBN 978 - 7 - 5112 - 0621 - 3 - 01

定　　价：65.00 元

序

　　本书是作者以其博士论文为蓝本，又经过对国内外相关领域研究文献的进一步搜集、梳理、探讨和研究，历经艰苦写作，几易其稿而完成的。这是一本有关信仰研究方面的书籍。众所周知国内外有关信仰方面的研究成果可以说是汗牛充栋，但像本书这样从社会治理的视角来探讨研究信仰的价值问题还不多见，这也是一种新的尝试。它的突出特点是将社会治理与信仰问题结合在一起进行研究，这不仅丰富了信仰研究领域的内容，也提升了公共管理的研究水平，其学术价值是不言而喻的。同时这一研究对于解决当代中国一部分青年人中出现的信仰危机，对于践行以人为本的科学发展观和构建和谐社会也具有重要的理论意义和实践价值。通览全书，其主要特点体现在以下三个方面：

一、立意新颖，视角独到

　　提高社会治理水平，对于构建社会主义和谐社会具有十分重要的意义。传统研究中，提高社会治理水平的途径选择，多求解于科学技术的发展、组织结构的优化、管理制度的完备等"物"的层面。然而，当前社会发展主题开始由以"物"为中心向以"人"为中心转变，作为社会构成的核心要素和变量的"人"，其行为动力的提升作为提高社会治理水平的重要途径开始为学界所关注。大量文献对社会治理中人的意志、信念的研究表明，对人的研究不仅包括对其外在行为的约束和指导，更应关注意识形态领域的重要作用。在人的意识形态领域中，信仰是主宰人们思想的精神支柱，是统摄其他一切意识形式的最高意识形态。因此，社会系统中人们的信仰状况必然会对治理活动产生根本的影响，进而制约着和谐社会的构建和发展进程。那么，人们的信仰情况究竟会对社会治理活动产生哪些影响，不同形式的信仰对社会发展的作用是积极的还是消极的，如何引导人们树立科学的信仰来提高社会治理水平，推动和谐社会的构建。对上述问题的思考，是信仰问题研究与社会治理活动共同面临的一个新课题，也正是本书力图完成的任务。本书以马克思主义基本理论为指导，将新的社会治理模式与信仰问题研究相结合，一方面丰富和发展了信仰研究的领域，另一方面也弥补了社会治理中意识形态层面的研究空白，具有很高的学术价值。同时，本书对坚持马克思主义在我国意识形态领域的指导地位，构建社会主义和谐社会也有正向的驱动作用。

二、研究思路清晰，内容充实

本书旨在探讨信仰在社会治理活动中的价值所在，围绕这一基本观点，全文论证的基本思路和主要内容包括：（1）相关性分析。对信仰因素与社会治理活动之间是否存在着内在联系的论证是本书基本命题成立的逻辑前提。因此，本书的开篇在分别有针对性地归纳阐释社会治理和信仰的相关理论的基础上，对二者之间的相关性进行了深入分析，即明确为什么在社会治理研究中不能忽视信仰因素的影响。（2）理论研究。分别从信仰在社会治理中的深层影响、价值功能及动力作用等方面梳理了信仰研究对社会治理的功能和价值，力图对信仰在社会治理中的价值探讨进行全景式、多维度的系统关照。（3）现实关怀。理论研究惟有立足于现实才会更具生机和活力。本书的第三部分关注当代中国的信仰生活，运用前文所作的研究成果，结合中国信仰问题实际，对提高当代中国社会治理水平提出了针对性建议：只有树立科学的信仰（马克思主义）才能推动中国社会发展，提高社会治理水平，构筑和谐社会。本书行文规范、资料翔实、论证严密，反映出作者较高的业务能力和写作水平，其实践意义在于：深入研究信仰在社会治理中的作用，引导人们构筑高尚的信仰体系并提高社会治理水平，同时立足当代中国社会的意识形态多元化现状及现实生活存在的各种教条主义、信仰本位、社会思潮等问题，探讨解决问题的途径。这必将有助于缓解社会矛盾，促进社会稳定，在提升社会治理水平同时，促进社会主义和谐社会的构建。

三、努力开拓，着力创新

与国内外同类著作相比较，本书具有鲜明的创新性：一是全书内容新颖。将信仰问题与以治理理论为指导的新型社会治理方式相结合，是一次新的尝试。一方面，它有别于中外大量文献对私人组织管理领域中信仰问题的研究，将研究范围界定为社会管理领域，拓展了管理学对信仰问题的研究范围；另一方面，继一些学者从理想、信念等意识形态层面探讨社会治理问题之后，进一步深入到对坚持马克思主义在我国意识形态领域指导地位的研究。二是视角新颖。治理理论自上世纪末诞生以来，虽成为各国政府行政体制改革的重要指导思想，但必须看到，其理论本身还不完善，同时也存在与各国行政体制实际相结合的问题。将信仰问题引入治理理论，将其视为影响和制约社会治理活动的因素之一，为我们解释一些现实的社会现象，厘清某些社会问题间的内在联系，补充和完善治理理论的内容体系，提供了全新的思路和视角。三是论证方法新颖。本书对信仰在社会治理中的价值论证不是零散的、偶然的，而是构建了一个系统的论证体系。这一论证体系横向上包括微观层面上信仰对人的个体管理的特点、中观层面上信仰对社会管理的功能、宏观层面上信仰对社会发展的价值；纵向上梳理了信仰在社会发展的不同阶段的具体表现形式，以及不同类型的信仰在社会发展进程中的作用。在理论研究的基础上，本书还结合中国社会实际，关注现实问题，论证了树立科学的信仰对提升社会治理水平的重要意义。

李德志
己丑年岁末于长春

CONTENTS 目　录

导　论　/ 1

一、问题的提出　/ 1

二、问题的解决　/ 8

三、问题解决的结论　/ 12

四、研究的意义　/ 15

第一章　社会治理：一种新型的社会管理方式　/ 19

一、社会治理的基本理论　/ 19

二、社会治理与信仰的辩证关系　/ 27

第二章　信仰：人类社会的最高意识形态　/ 33

一、理解信仰　/ 33

二、信仰的表现形式　/ 38

三、信仰的产生　/ 44

四、信仰的社会作用　/ 48

第三章　社会治理中信仰的作用机制　/ 53

一、信仰在社会治理中的先在性　/ 53

二、信仰在社会治理中的导向性　/ 57

三、信仰在社会治理中的渗透性　/ 64

第四章　社会治理中信仰价值的功能构成　/ 70

一、信仰是社会组织的"粘合剂"　/ 70

二、信仰是社会群体的联系纽带　/ 76

三、信仰是社会和谐的基因　/ 81

第五章　社会治理中信仰价值动力系统　/ 87

一、信仰是社会发展的原始动力　/ 87

二、信仰是社会发展的驱动力　/ 90

三、信仰是社会发展的内动力　/ 99

第六章　转型时期我国社会的信仰状况　/ 104

一、转型期我国的信仰危机　/ 104

二、信仰危机的内部因素剖析　/ 116

三、信仰危机的外部因素剖析　/ 120

第七章　树立科学的信仰提升社会治理水平　/ 130

一、马克思主义是科学的信仰　/ 130

二、马克思主义信仰对社会治理的指导作用　/ 143

三、在实践中树立马克思主义信仰　/ 156

四、在社会治理中确立马克思主义信仰构建和谐社会　/ 173

结　语　/ 180

主要参考文献　/ 182

后　记　/ 184

导　论

一、问题的提出

提高社会治理水平，对于构建社会主义和谐社会具有十分重要的意义。治理活动中的人受信念和意志的影响，而人的信念和意志又取决于人的信仰。人们是否具有信仰以及是否具有真理性信仰，直接影响和制约着社会治理水平，决定着和谐社会的构建和发展进程。"人"是社会构成的核心要素，整个社会治理过程和一切治理活动都是由人承载的，是社会治理的根本。而信仰作为人的最高意识形态形式，对人的思想、行为具有决定性的影响，进而影响到以人为核心的社会治理活动。因此，信仰是社会发展的重要动力，对社会治理活动有巨大的能动作用。分析不同信仰对社会发展过程的一系列影响，在组织内部积极树立科学统一的信仰，是提高社会管理水平、实现社会治理目标的重要手段。

信仰是人们对某种思想、学说或者主义的极度的信服和仰慕。对信仰的理解要从以下几点来把握：信仰是人类特有的一种精神现象，只有人才有信仰；信仰的对象是某种思想、学说或者主义，而不是直接信服人或者某种事物；信仰不是对某种思想、学说或者主义的一般信服，而是坚定不移的信服，是极度的信服和仰慕。人们把信仰的对象作为一切言行的指南和准则，为了它的实现进行一生不懈的追求。信仰与社会治理的内在逻辑关系可作如下表述：

首先，人是社会构成的核心要素和变量。邓小平同志曾经指出："好多事故都是因为不会管理，不会做工作，不会做人的工作，不会做思想工作，使矛盾激化而发生的"①。社会主要是围绕人的活动展开的，从社会发展的流程来看，人既是起点，又是终点，同时还是支点。作为起点，人是社会活动的施动

---

① 《邓小平文选》第 2 卷，人民出版社，1995 年版，第 78 页。

者，社会发展的方向确定、路线、方针、政策的制定，都是由人来实施的；作为终点，社会最终服务对象还是人，要满足人的利益需求和实现人的价值；作为支点，人是社会活动的润滑剂和杠杆，是解决社会发展过程中出现的矛盾和摩擦，优化社会环境，化解社会矛盾，维护社会公正、社会秩序和社会稳定的核心力量。因此，必须以人为本，把人看成是社会活动的根本，确立人在社会治理中的主导地位，并通过社会实践活动使人得到全面自由的发展。

其次，人的思想，决定着社会治理水平的高低。人的思想在社会管理中具有重要作用，我们强调对人的管理，不仅仅是对人的行为的管理，同时更应该重视对人的思想的管理。这是因为人的思想和行为是内在统一的，二者紧密相连、密不可分且相互作用。人的行为都是受思想支配的，任何行为都可以找到它的深层次的思想根源，思想引导规范着管理行为。恩格斯曾这样论述过："推动人去从事活动的一切，都要通过人的头脑。他的行动的一切动力，都一定要通过他的头脑，一定要转变为他的愿望动机，才能使他行动起来。"① 可见，思想与行为是密不可分的，以思想来约束、规范教育对象的行为是治理的前提，是治理水平的体现。

最后，信仰支配着人的思想，是社会治理的重要动力。在人类社会的每一个历史时期中，都会有着与它相适应的基本的社会治理类型。无论哪一时期的治理都离不开人的作用，而人的思想决定着治理活动的成败。社会活动的进程绝大多数时候都不是一帆风顺的，在遇到困难的时候，信仰的这种支配性的动力作用就会显现出来。当人们极度地信服某种思想、学说或者主义，就会坚定不移地为它的实现而奋斗，就会调动人的全部身心，包括情感、意志、智慧和力量，驱动人们进行奋斗。人的其他层面思想的形成受信仰支配和影响，信仰决定着人的需要，不同信仰支配下的人对需要的层次是不同的；信仰决定着信念，信仰以信念为基础，信仰本身也是一种信念，是一切信念中最重要、最根本的和居于统摄、支配地位的最高信念；信仰决定着追求，信仰并不是一种纯然性的精神冥思，信仰说到底是实实在在的现实生活的内化，是对人的价值的永远追求。

可见，作为社会活动的核心要素的人的行为是受到其思想的引导和规范的，而信仰则是主宰人们思想的精神支柱，是统摄其他一切意识形式的最高意识形态形式。在人类不断地追求和创造价值的历史活动中，人们把信仰的对象

---

① 《马克思恩格斯全集》第3卷，人民出版社，1972年版，第274页。

作为一切言行的指南和准则，为了它的实现进行一生不懈的追求。同样，在社会治理中，信仰作为一种意识形态驱动和引导着人的思想和行为，对社会治理活动具有巨大的能动作用。"任何一种社会追求，如果不是社会中每个个体追求的简单迭加，而是该社会文化产生的精神追求的体现，那么这种追求必然具有旺盛的生命力；如果这种追求同时又与历史的进程并行不悖，那么必然会取得应有的历史地位。"①　因而，信仰对人们的思想言行具有决定性的影响，是主宰人们灵魂的精神支柱，是社会活动的重要动力，必须把信仰置于社会治理的核心地位。信仰作为人的最高意识形态形式，对人的行为具有一定的约束和激励作用，对社会伦理关系具有一定的维系和整合作用。科学的信仰能够为社会治理活动提供智力支持、文化条件、精神动力，进而对社会秩序和社会稳定产生积极的影响，推动社会治理目标的实现。马克思主义是人类各种信仰之中最科学的信仰，在当代中国，只有马克思主义信仰才能凝聚和激发起亿万人民群众的力量和智慧，才能提高社会治理水平，为构建社会主义和谐社会奠定良好的基础。

　　如何从解决信仰问题入手，提高社会治理水平，在学术界尚未引起人们足够的重视。西方理论界关于信仰的研究文献虽然较为丰富，但更多的只是研究一种宗教信仰，或者说是把信仰置放于宗教范畴进行研究。在我国，即使是关于宗教信仰的研究也很薄弱，至于集中探讨信仰与社会的关系以及信仰在社会发展过程中的作用，就更是一个新鲜的理论课题了。尽管学术界对于在管理领域，对人的意识形态如信念、意志等对管理活动的影响略有论述，但是并没有看到信仰对于信念、意志等思维模式的统摄作用，没有认识到信仰是社会文化的核心和灵魂。"实际上，早在1964年毛泽东同志就提出管理也是社会主义教育。初看起来，这一观点似乎难以理解，实际上包含了深刻的思想：①管理的关键是人的精神状态；②管理的根本方法是通过教育提高人的觉悟，激发人的积极性；③管理与社会制度相关，只有通过社会主义教育才能使组织的成员确立社会主义的共同理想和共同的目标，如果每个人懂得了怎样通过自己的工作对组织的最高目标做出贡献，组织就实现了理想的管理目标。显然，这一观点是从政治和社会的角度强调了人的信仰、价值观在社会活动中的重要作用"②。所以，对于提高社会治理水平要树立什么样的信仰，和如何树立这样崇高的信

---

①　马克思·韦伯：《新教伦理与资本主义精神》，陕西师范大学出版社，2002年版，第2页。
②　周三多等编著：《管理学——原理与方法》，复旦大学出版社，1999年6月第三版，第9页。

仰，还需要进行深入的研究。因此，本书以《社会治理中的信仰价值研究》为题，试图论证信仰与社会治理活动的关系，从而为社会治理提供一个新的领域。

（一）国内外研究现状

综合国内外的文献资料来看，从一般意义的社会管理角度对信仰进行的研究比较丰富，本书也进行了大量的阅读、参考和借鉴，但是从现代政府社会治理的视角对信仰问题进行的研究则明显不足，文献搜集和借鉴比较困难。

1. 国外有关研究情况

国外较早从宗教角度对信仰的研究比较集中，对此不多赘述。另外对信仰本身进行的一般研究非常丰富，较早集中在哲学和社会学，后来深入到政治学。近年来，西方学者从很多新的角度对信仰问题进行了思考，提出了不少新颖的有价值的观点。但是这些研究多集中在信仰与一般意义上的社会管理研究，从信仰角度对社会治理进行专门的深入的研究很少，也比较薄弱。

（1）关于人类信仰及其文化意义。克尔凯戈尔、弗洛姆、蒂尔希、萨姆瓦、古迪纳夫、恩格哈特、韦伯、亨特、惠顿、弗洛伊德、卡西尔、帕斯卡尔、维特根斯坦、罗素、叔本华、石川荣吉等等，对信仰的涵义、信仰的结构、信仰的特点等提出了不同的见解。关于信仰的文化意义，弗洛姆、雅斯贝尔斯、蒂尔希等认为，信仰最重要的文化意义，就是使人获得心理上的归宿感；有的人则更注意信仰对于社会稳定所具有的文化意义。如胡克指出，在社会和政治行为方面，信仰上的错误比其他任何错误都更要付出惨重的代价，因而信仰心态的调适是社会安定的根本；还有一些学者如爱因斯坦、普朗克、弗洛姆、埃德施米特，对信仰的科学文化创造功能进行了分析。

（2）关于风险社会与社会信仰。关于风险社会，不同的学者有不同的界定。可以归纳出三种理解方式：第一种是现实主义者，以劳（Lau）的"新风险"理论为代表，认为风险社会的出现是由于出现了新的、影响更大的风险；第二种理解是文化意义上，认为风险社会的出现体现了人类对风险认识的加深。比如凡·Z. 普里特威茨（Von Prittwitz）的"灾难悖论"理论以及拉什等人提出的"风险文化"理论；第三种理解是制度主义的，以贝克、吉登斯等人为代表，他们是"风险社会"理论的首倡者和构建者。比较而言，他们对于风险的分析更为全面深刻。尽管对风险问题的研究由来已久，但对风险的制度性认知则使风险理论产生了广泛影响。上个世纪末，以乌利希·贝克和吉登斯为代表的一些学者从社会运行的角度对风险进行了深入的研究，形成了特点鲜明、观点独特的风险社会理论。其中以德国著名社会学家乌利希·贝克发表的《风险社会》、《风险时代的生态政治》、《世界风险社会》、《风险社会理论修正》等一系列研究现代社会风险的产生、特点以及预防等的著作为代表，影响较大；而吉登斯则以社会学家的深邃，从现代性的角度对现代社会运行中的风险以及对人的影响进行了深入的探讨，使风险社会理论在世界范围内产生了深远的影响。他指出："在现代风险加剧的社会中，信仰危机已被公认为现代社会普遍存在的问题之一，是一种'现代性'现象"。① 风险制度理论关于风险的认识也存在许多需要进一步丰富的地方，但它对风险的重视与研究对于我们认识转型时期中国社会出现的信仰危机具有一定的借鉴意义。

（3）关于社会资本与社会信仰。"社会资本"这一概念由法国社会学家布迪厄在 20 世纪 80 年代初正式提出。他认为"社会资本"是"实际或潜在资源的集合。这些资源与由相互默认或承认的关系所组成的持久网络有关，而且这些关系或多或少是制度化的"。普特南则真正使社会资本的概念引起广泛关注，他采用社会资本理论来解释区域经济发展产生了广泛影响。普特南认为，社会资本是"能够推动协调的行动来提高社会效率的信任、规范和网络"。② 这一观点得到了普遍赞同。可见，"社会资本是处于一个共同体之内的个人、组织（广义的）通过与内外部对象的长期交往、合作互利形成的一系列认同关系，以及在这些关系背后积淀下来的历史传统、价值理念、信仰和行为范式"。社会信仰是社会资本的主要内核。按照马克斯·韦伯对社会信仰体系的理解，社会信仰应该成为规约现代自由—民主社会的一种权威合理性机制。韦伯的《新教伦理与资本主义精神》③ 对新教伦理与近代理性资本主义发展之间的生成发育关系的认识，表明了社会信仰在社会发展中的意义。英国学者安东尼·吉登斯在《现代性的后果》④ 一书中认为，社会信仰对社会交往中合理关系的确信，有助于社会成员在"陌生人"间的"世俗的不经意"，有助于现代性的大规模的复杂环境中信任关系的促成与社会成员间不安的消解。近年来，西方政治学者对社会资本与意识形态、社会管理的研究非常重视，值得我们关注。此外，西方学者对于全球治理中的普世伦理与普世价值问题，对于公共治理中的价值观问题，9·11 事件后对于公共危机、国际秩序与安全风险、人类

① 吉登斯：《现代性与自我认同》，赵旭东等译，三联书店，1998 年版，第 135 页。
② 李惠斌、杨雪冬主编：《社会资本与社会治理》，社会科学文献出版社，2000 年版，第 6 页。
③ 马克斯·韦伯：《新教伦理与资本主义精神》，彭强、黄晓京译，陕西师大出版社，2002 年版。
④ 安东尼·吉登斯：《现代性的后果》，译林出版社，2000 年版。

道德问题等的研究，也提出了一些值得关注的观点。

2. 国内有关研究情况

国内学者对信仰与信仰危机问题、宗教问题、信仰与社会管理问题、社会和谐与社会治理问题等进行了较多的研究，提出了不少有价值的观点，同时对近年来西方学者的重要理论成果进行了大量的介绍和评述。但是把信仰与社会治理结合起来进行的研究则显得不足和薄弱，急需加强和深化。

（1）关于信仰与信仰危机。关于信仰的含义、信仰的特点、信仰的社会作用、信仰价值的发生、宗教信仰、民间信仰等等，我国学者荆学民、黄盛华、何继业、刘建军、黄明理、黄慧珍、赵志毅、武爱玲、学诚、熊锡元、辛世俊等等进行了集中研究，形成了不同的观点。自20世纪80年代署名潘晓的文章发表以来，信仰危机一直是我国社会发展中迫切需要解决的重大问题，对社会转型期信仰危机的研究也一直被高度关注，学者们进行了相关的分析研究，并提出了一些对策建议。

（2）关于马克思主义宗教观。马克思主义宗教观研究在我国主要是从上个世纪80年代开始，以《世界宗教研究》、《宗教教问题探索》、《当代宗教研究》、《宗教》等专业杂志为平台，一些著名学者如罗竹风、萧志恬、张继安、吕大吉、赵复三、龚学增、于本源等发表了一些观点和成果，他们基于自己观点从基本理论和基本政策两个方面进行了论述，为我国建立起宗教观理论体系和国家制定宗教政策提供了借鉴并产生了积极影响。代表性著作与文章有《中国社会主义时期的宗教问题》①、《宗教学通论新编》②、《当代中国宗教问题的思考》③、《学习马克思关于宗教的几个基本理论问题》④、《关于我国社会主义时期宗教方面的几个问题》⑤，主要观点是宗教与社会主义社会相适应，发挥宗教中的积极因素为社会主义建设服务等，是马克思宗教理论在新的历史时期的继续和发展。

（3）关于社会和谐与社会治理。社会和谐与社会治理是互为作用且密不可分的，社会治理寻求的是善治，社会和谐是建立在善治的基础上的，而善治

---

① 罗竹风：《中国社会主义时期的宗教问题》，上海社会科学院出版社，1987年版。
② 吕大吉：《宗教学通论新编》，中国社会科学出版社，1998年版。
③ 萧志恬：《当代中国宗教问题的思考》，上海社会科学院出版社，1994年版。
④ 张继安：《学习马克思关于宗教的几个基本理论问题——纪念马克思逝世一百周年》，《世界宗教研究》，1982年第4期。
⑤ 龚学增：《关于我国社会主义时期宗教方面的几个问题》，《世界宗教研究》，1986年第1期。

在和谐基础上才能实现。国内外很多专家、学者对和谐与治理进行了论述和阐析，主要代表有詹姆斯·N. 罗西瑙、皮埃尔·塞纳克伦斯、格里·斯托克（Gerry Stoker）、罗伯特·D. 普特南、俞可平、向波、周俊、郑杭生、董中保、周振林等对和谐与治理及治理理论进行了论证，主要观点从社会参与、社会稳定、治理理念的选择、如何善治以及与和谐社会的关系等角度出发进行探讨。社会治理在政治学（公共管理）作为研究内容时，是政府基于治理而设置一种新的社会管理结构和公共行政关系，实质是强调政府为管理者和以政府为中心建立新的纵向关系。

（4）关于社会主义核心价值体系建设。社会主义核心价值体系是社会主义意识形态的本质体现，是中国特色社会主义的内在精神之魂。要坚持"四个用"：即"坚持不懈地用马克思主义中国化最新成果武装全党、教育人民，用中国特色社会主义共同理想凝聚力量，用以爱国主义为核心的民族精神和以改革创新为核心的时代精神鼓舞斗志，用社会主义荣辱观引领风尚，巩固全党全国各族人民团结奋斗的共同思想基础"。这"四个用"所体现的四个层面，是社会主义核心价值体系的四个基本内容：一是，马克思主义指导思想；二是，中国特色社会主义共同理想；三是，以爱国主义为核心的民族精神和以改革创新为核心的时代精神；四是，社会主义荣辱观。这四个方面的基本内容相互联系、相互贯通、有机统一，共同构成一个完整的价值体系。这个体系是相对稳定的，要长期起作用，但又不是一成不变，要随着社会主义的发展、时代的发展和人们社会实践的发展而不断发展，同时它也不是封闭的，要不断吸收人类创造的一切先进、有益的思想文化成果不断丰富和完善自己。中央马克思主义理论建设与研究工程围绕此问题在武汉、南京已召开了两次全国性的较大规模的理论研讨会，在南京成立了专门的"社会主义核心价值体系建设研究中心"。学者们从信仰、理想信念、意识形态等角度相继展开了研究。这些研究成果的一些观点对本选题的研究有借鉴意义。

（5）关于国外有关成果的介绍和引进。中央编译局、社会科学院、高校等研究机构和学者为此做了大量的工作，将前述的西方学者的有关研究成果大部分或系统或择其要者进行了翻译、介绍、引进、评述。这里不再重复。

（二）研究视角和切入方向

信仰问题是哲学社会科学中多个学科研究的问题，也是政治学、行政管理中需要研究的重要理论问题，同时也是我国各级政府在社会管理中必须高度重视的现实问题。尤其在当前我国政府社会治理面临全新形势与任务、全新机遇与挑战的情况下，从信仰价值的角度研究政府社会治理尤其重要。从学术研究的角度看，对该选题的现有研究比较薄弱，有空白点，有较大的深入研究的拓展空间；从现实需要的视角看，该选题具有针对性，是迫切需要回答的重大问题，是把理论研究应用于实践的很好的切入点，有较大的应用研究的价值延伸。

第一，信仰问题与社会价值。信仰问题本质上属于价值选择的范畴，个体的价值选择影响社会的价值选择和价值规范，反过来社会价值选择又影响着个体的价值选择。而社会价值选择是制度安排的核心目标和实质内核，决定着制度变革的方向，更影响着社会治理的政策、体制、目标、手段和结果实现。市场经济条件下我国政府的主要职能是社会管理与市场监管，而这两大职能完成得如何，都与信仰整合、社会价值选择密切相关。

第二，信仰危机与社会和谐。促进社会和谐，构建社会主义和谐社会是我国社会发展的重要努力方向，是当前我国政府社会治理的关键性目标设计之一。而我们当前在意识形态方面面临的压力和挑战之一就是信仰危机。解决好信仰危机，推进社会价值整合与引导、规范、塑造，增强意识形态的吸引力、凝聚力，对于促进社会和谐、实现高效规范的社会治理至关重要。

第三，政治认同与社会治理。政治认同度的高低，是社会治理有效性的重要基础。而信仰的整合与价值引导是政治认同的基础。在良好的信仰整合和价值引导的基础上，提高政治认同度，加强"合法性"基础，建立起"善治"的社会秩序和结构性的社会稳定，政府才能更好地全面履行其职能，实现其目标。

第四，政府治理与工具选择。政府社会治理的工具选择可有两个方面，一个是来自于"硬实力"的"硬手段"，一个是来自于"软实力"的"软手段"。信仰手段属于后者。在市场经济与和平发展条件下，"软手段"的使用对于政府社会治理目标的实现更为重要。由于种种原因，相对于"硬手段"的使用而言，我国政府在社会治理方面使用信仰等"软手段"的能力比较弱，这方面的研究也急需加强。

二、问题的解决

在人类的历史上，在现实的社会生活中，在一个管理团队中，人们的信仰是多种多样的。可以说，有多少种主义，就会有多少种信仰。但是，不管人们的信仰怎样多种多样，概括起来划分，有两种基本的类型。一种是科学信仰，另一种是非科学信仰。这两种性质的信仰对社会发展的影响是不同的，在社会组织中，不同个体之间的信仰也存在差异，这些差异对促进社会组织目标实现的作用也是不同的。

（一）问题解决的具体途径

1. 树立科学的信仰是实现社会治理目标的前提

由于科学信仰的对象是科学真理，人们将科学真理作为自己认识世界和改造世界的指南，使自己的行动符合事物发展变化的客观规律，社会实践活动就容易取得成功，所以，科学信仰对社会发展起着积极的促进作用。如共产主义信仰是崇高的科学信仰，其对实践活动具有巨大的推动作用，邓小平同志说："在我们最困难的时期，共产主义的理想是我们的精神支柱，多少人牺牲就是为了实现这个理想。过去我们党无论怎样弱小，无论遇到什么困难，一直有强大的战斗力，就是因为我们有马克思主义的指导和共产主义的理想信念。没有这样的信念，就没有凝聚力；没有这样的信念，就没有一切。"① 而非科学信仰的对象是谬误或迷信，谬误或迷信是不符合事物发展变化的客观规律的，用谬误或迷信指导自己的行动，必然遭到失败，所以，非科学信仰对社会实践活动起着消极的阻碍和破坏作用。有的人将神作为追求，信仰"神本位"，崇尚先验而与世无争，不思进取；有的人将利益的最大化作为追求，把获取金钱作为生存的目标，信仰"钱本位"，结果一切向"钱"看，忽略了人性化需要；还有的人将权力、地位作为信仰的追求，信仰"官本位"，而忘记了应尽的义务、应负的责任。诸如此类的表现，不一而足。由此可见，只有建立在科学精神基础上的信仰，才是先进的、可靠的，才会对社会治理起到积极的促进作用。

2. 塑造共同的信仰是实现社会治理目标的推动力

社会治理活动的成败，直接影响着社会发展的进程。社会由诸多团队构成，团队的建设和发展影响着社会治理活动，团队建设是不同方向向量的合力，只有向量束沿着同一方向发射，才会产生最大能量的合力，团队建设的动能也就最强。马克思有过十分深刻的分析："资本家的管理不仅是一种由社会劳动过程的性质产生并属于社会劳动过程的特殊职能，它同时也是剥削社会劳动过程职能，因而也是由剥削者和他所剥削的原料之间不可避免的对抗决定的"。② 如果一个管理行为的主体各自的信仰不尽相同，具有不同信仰的组织成员在实现管理目标的过程中可能会采取不同的行动，结果改变了力量方向，从而对整个管理产生负作用。相反，如果一个管理行为的主体具有共同的信

---

① 《邓小平文选》第3卷，人民出版社，1993年版，第137页。
② 《马克思恩格斯全集》第32卷，人民出版社，1972年版，第367~368页。

仰，"有了共同的信仰和理想，人们的热情就会发生会聚作用，而相互激励，不断增强，人们的意志也因此而在团体中得到强化和加强"。① 不仅如此，在组织的效能上也可能产生一种激励和协同的作用，即一种群体精神，这样组织才能有凝聚力，才能有战斗力，才能无往而不胜。因此，必须通过塑造共同的、崇高的信仰来培植一种治理的社会属性，为化解社会矛盾和维护社会公正提供智力支持、文化条件和精神动力。可见，解决社会治理中的信仰问题的"关键"在于努力树立科学统一的信仰。

（二）解决问题的方法论

1. 马克思主义的唯物史观

马克思主义的一大理论贡献就是唯物史观的理论体系，历史唯物主义方法论的确立是马克思主义学说产生的重要标志。一般而言，唯物史观就是运用唯物主义和辩证法分析解释社会历史的整个发展过程，从而揭示历史的运动和发展规律。社会治理是社会发展的重要组成部分，脱离了社会的整体发展和运动，人们就根本不可能理解社会治理的各种现象和本质。所以，历史唯物主义是马克思主义研究社会现象的最根本的方法论。马克思主义学说运用这一基本的方法论对人类社会现象做出了独创的研究和分析，对人类社会管理的内在运营过程才有比其他学说体系更深刻的把握，对社会发展的规律才能有科学的说明和预见。而本文不仅运用马克思主义唯物史观的方法论分析社会治理问题，更重要的是论述了信仰在社会治理中的作用。正如本文所论述的，信仰对社会治理有着重要的动力作用，但信仰毕竟是人类的一种意识形态形式，它对社会治理的影响是有限的。影响社会发展的因素还有很多，本文并不排斥其他因素的作用，相反正是在对其他因素的充分认识上，本文才认为应该从信仰的角度进一步对人类社会治理加以论述，以期对于信仰、社会治理以及信仰与社会的关系有一个进一步的把握和认识。

2. 以人为本的科学发展观

以人为本的实质是以人为根本目的，以人的发展作为价值判断的根本标准。随着人对自身价值、人与社会及自然关系认识的不断深化，随着以人为本的新发展观在理论上的成熟和实践上的运用，人的观念由以物为本向以人为本转变，已成为时代发展的必然。正是在以人为本的科学发展观的指引下，本文着力探索在社会治理中人的因素的重要性，并把影响人的行为的重要因素——

_____

① 刘建军：《马克思主义信仰论》，中国人民大学出版社，1998 年版，第 150 页。

信仰，作为本文的研究起点。由于信仰对于人的行为有着重要的指导性和规范性，同时它也是人类活动的价值尺度。所以信仰对于人类的社会活动也必将有着重要的作用和影响。一方面，以人为本的科学发展观使我们开始关注信仰在人类社会治理中的作用和影响；另一方面，对于信仰的研究本身也是对于以人为本的科学发展的贯彻和践行。

3. 历史与逻辑统一的方法

信仰有其自身的发展过程。原始信仰的图腾崇拜和祖先崇拜，源于早期人类智力的不发达和对抗自然的能力有限。无论是四季的更迭还是昼夜的交替，无论是人的生老病死还是动物的繁衍灭绝，在原始人眼中，都是不可理解和不能解释的，好像总有一种超越于人的存在之上的力量在操纵着这一切。所以，原始的信仰和崇拜，只是原始人对于不可知现象的一种恐惧和崇敬的心理活动。而相对于原始信仰，创生性宗教有着相对完备的信仰体系，通过在神秘主义笼罩下所宣扬的来世报应和禁欲主义，使得生活在现实之中的人们找到了自己的精神家园。无论是基督教、伊斯兰教、印度教、佛教还是道教，都通过宣扬其教义，为人们编织了一个理想的彼岸世界，或者是天堂或者是极乐世界，总之，使得人们的心灵得到了慰藉。随着科学的发展和技术的进步，人类认识世界和改造世界的能力不断增强。人们认识到，上帝等只不过是存在于人的意识之中的虚构产物，并不存在未来的彼岸，人们开始突破禁欲的束缚，关注此岸的感受和追求。尤其是马克思主义等先进理论的问世，科学信仰对非理性信仰形成了重要的冲击，在这样的背景下，信仰的形式也得到了丰富。社会也是一个不断发展的过程，社会活动是与人类的起源和发展相伴相生的，人类对社会活动的认识有一个发展的过程。原始社会，作为人意识领域的思想是与其他知识混沌一处的；古代社会，尽管自然科学和社会科学有了分野，但那时的社会活动还是与政治活动紧密联系在一起的。对信仰和社会的历时态把握，不仅让我们对二者的发展脉络有了清楚的认识，而且通过逻辑的方法，探究二者之间的逻辑关系，即信仰对于社会活动本身有着重要的影响作用，不同的信仰下产生的社会管理方式是不同的，进一步得出结论：只有树立高尚的科学理性信仰，才能够不断提升社会治理水平，化解社会矛盾，维护社会稳定。

4. 从抽象到具体的方法

信仰归根结底是人类的一种意识现象，而且是人类最高的意识形态，它为人类构筑了"宇宙图式"和"精神家园"，规定了社会行为模式并帮助人们形成了固有的价值判断标准。这种抽象的思维方式，只有通过具体的实践行为才能表现出它的存在。所以，本文一方面通过理论的梳理构筑信仰的概念体系，并通过对其表现形式的划分，从现实的角度对其进行分析。另一方面，通过研究信仰对社会发展的作用，架构在抽象信仰与具体社会实践之间的逻辑桥梁，进一步研究信仰与社会治理之间的关系，并在此基础上阐述了科学的信仰对社会治理的巨大作用，提出要不断提升社会的治理水平就要努力树立崇高的信仰。

三、问题解决的结论

（一）树立科学的信仰观，才能提升社会治理水平

既然信仰在社会治理中扮演着如此重要的角色，为了更好地实现社会治理目标，实现人本管理，就要完善社会治理，维护社会安定团结。只有在社会治理中树立共同的科学信仰，才能使社会稳定，这是改革发展的重要前提。在新时代的社会主义中国，最科学的信仰莫过于马克思主义信仰。

1. 马克思主义信仰是科学信仰

马克思主义信仰是科学信仰，因为马克思主义信仰的对象是科学真理。马克思主义之所以是科学真理，主要在于：第一，马克思主义的产生以科学理论为基础。马克思主义是产生在无产阶级反对资产阶级的革命斗争的丰富经验和沉痛教训基础上的，是人类优秀思想成果的结晶。第二，马克思主义学说是科学的理论。马克思主义包括马克思主义哲学、马克思主义政治经济学和科学社会主义。这些理论都已经被实践证明是无产阶级和人民群众取得社会主义革命和建设胜利的科学理论。第三，马克思主义是发展的，是不断发展的具有强大生命力的学说。毛泽东指出："马克思列宁主义并没有结束真理，而是在实践中不断地开辟认识真理的道路"[①] 它随着社会主义建设实践和科学的发展，不断总结新经验、吸取新的科学成果并得到丰富、补充和完善，从而有了创新和发展的巨大源泉。中国的马克思主义者为马克思列宁主义在中国的运用和发展做出了巨大贡献，毛泽东思想、邓小平理论和"三个代表"重要思想为亿万人民群众赖以团结奋斗的共同理想和精神支柱提供了科学的理论内核。

2. 马克思主义信仰是我国社会的主导价值观

社会活动是一个开放的系统，它要受到来自外界的生态环境的影响，要受到整个社会的道德伦理、价值追求的规范和约束。在社会主义中国，马克思主义已经被绝大多数人信仰和掌握，已经变成了不可否认的巨大的现实，是当代

---

① 《毛泽东选集》，人民出版社，1964 年版，第 272 页。

社会的主导价值观。历史是一面镜子，马克思主义信仰已经被历史证明可以带领中国人民走向富强。中国特色社会主义的伟大实践孕育的是以社会主义、爱国主义和集体主义为基本内容的马克思主义价值观。在当代中国，只有马克思主义而不是其他什么主义或理论，才能凝聚起、团结起、激发起亿万人民群众的力量和智慧。马克思主义没有也不会过时。国际敌对势力在意识形态领域与我们争夺下一代的斗争更加尖锐复杂，他们往往借助于互联网等现代传播手段，大肆推行文化霸权主义和殖民主义，妄图建立西方价值观念一统天下的局面。与此同时，社会上还不同程度地存在着政治信仰迷茫、理想信念模糊、价值取向扭曲、诚信意识淡薄、社会责任感缺乏、艰苦奋斗精神淡化、团结协作观念较差等问题。面对国际风云变幻的复杂环境，面对社会主义建设中出现的种种新问题，我们仍然只能依据马克思主义所揭示的客观规律，运用它的立场、观点、方法，做出正确的分析和总结。也只有马克思主义信仰才能引导社会成员同"官本位"、"神本位"、"钱本位"等非科学的信仰作斗争。

3. "以人为本"的教育方式是树立马克思主义科学信仰的关键

从哲学上看，这其实是一个内容与形式的关系问题，只有理解这层关系才能实现治理和信仰的良性互动。"马克思主义价值观深刻地反映和代表了最大多数人的根本利益，是经过实践反复证明为正确的科学真理，这是毫无疑问的。但真理性的东西由于其理论化的外在形态，往往需要借助于一定民族的、时代的形式才能为广大民众所接受"。① 马克思主义信仰的宣传教育如同其他事物一样也是有其内在规律的。治理者在团队中树立马克思主义信仰，一方面不能因为马克思主义价值观的真理性，就不顾成员的教育水平等情况，用古板的缺乏吸引力和感染力的教育方式一味地重复那些正确的经典语句；另一方面更不能对马克思主义价值观的基本原理，随意发挥乃至恶意曲解。正确处理坚持价值导向与讲究教育方式方法的关系，是实现"以人为本"的原则的基本点，在教育中既要注意发挥理性和逻辑的力量，坚持以理服人，又要考虑受教育对象的个性特点，对症下药，这样才能使社会治理真正做到"人本位"，才能做到尊重人性，为真正实践科学发展观，建立和谐社会和人性化社会打下良好的基础。

（二）摒弃非科学的信仰本位，回到真理性信仰

信仰是人创造的，是人创造了神，创造了金钱，创造了官，然而人却成为

① 刘小新、张西立：《关于确立马克思主义价值观的理论思考》，《甘肃理论学刊》，2005年第1期。

神的奴隶，钱的奴隶，官的奴隶。就如马克思所论述的人的异化一样，人被他所创造的东西异化了，失去了自身的追求，人的智慧、人的价值等等都迷失了。没钱的想有钱，有钱的想钱更多，没权的想有权，有权的想权更大，有权的想有钱，有钱的想有权，使人们在权与钱的追逐中迷惘起来，最后往往寄托在神的虚幻中枉度一生。

1. 从"神本位"的虚幻中解脱出来

世界上许多民族的文化，都经历了一个由神本位向人本位发展的过程。西方哲学进入近代，将人从中世纪普遍的虚伪和痛苦状态中解脱出来，唤起了人性的觉醒，摆脱了中世纪的神本位，有了人类中心论的预设和倾向；孔子在创立以"仁"为核心的儒学过程中，也完成了从神本位到人本位的转化，"仁学"的创立标志着中华民族认识史上由神本位过渡到了人本位，从神道发展到了人道，为中国文化奠定了新的方向。这些认识上的变化都是由生产力水平和人类认识自然、改造自然的能力所决定的。现实生活中每个人不可能事事、时时都处于理性状态或理性的支配之下，非理性的因素有时也能占据优势，以致压倒理性，它出于宗教又超越了宗教的神学迷信，高于宗教，又以神道设教的方式把宗教的人道主义的根本精神引向现实人生。这种努力所得到的是人的肉体的解放，但交付出去的却是人的灵魂，人们希望能由此开始从神权下真正解放出来。无论宗教信仰还是世俗信仰对人的这种潜在作用是不可估量的，对社会治理活动会产生不同程度的负面影响。因此要将人从自然的束缚，血缘宗族的虚幻，抽象的集体人格中解放出来，把原本赋予神的品格与能力归还给人，努力树立科学的信仰，发挥人的本质力量。

2. 从"钱本位"的利益驱动中摆脱出来

当人们信仰"钱本位"时，就会把获取金钱作为目标，追求的是利益的最大化。作为管理者在实施管理时，就会把被管理者当作会说话的赚钱工具，当作物来看待，这样就会对被管理者的情绪和心理产生影响从而导致矛盾的激化。这方面在高危作业管理之中表现得最为极端。当管理者一味追求利益最大化的时候，高危行业作业者的生命安全得不到保证，因为管理者信奉和追求的是金钱，要用最小的成本换取最大利润，舍不得把产出的利润投入到安全设施上，而把人的生命置之度外。时下社会普遍关注，频繁发生的煤矿事故就是管理者追求金钱的最好旁证。反之，作为被管理者为了最大限度满足自己私欲，追求本身的最大利益，视安全和生命而不顾，甘愿去从事没有安全保障的工作，也是导致事故发生的原因。社会管理是一个综合的科学体系，管理人员的行为模式在很大程度上可能是间接地、并非偶然地由其信仰体系决定的，进一步说，是由其自觉的或不自觉的本体论假设决定的。只有管理者和被管理者从金钱的利益驱动中摆脱出来，才能创造出一个和谐安全的社会环境。

3. 从"官本位"的迷茫中释放出来

现实中还有一些人，追求的是"官本位"。他们从外界接受了这种观念或信仰，就自以为有了明确的生活目的了，在这种信念的驱使下，把升迁作为一切个人奋斗的出发点和终极目标以及处理事务的准则，只要对升迁有帮助就不惜一切代价去争取。把权力放到了人民和组织的监督之外，没有做到权为民所用、利为民所谋，而是将权力作为谋取私利的工具不惜损害人民群众利益。他们用权看的不是人民拥不拥护、赞不赞成、高不高兴、答不答应，而是对自己升迁有多大帮助，以此来衡量一切决策、检验一切工作。他们每做出一个决策，每开展一项工作，想的是个人有没有利，而不是群众愿不愿意；考虑的不是群众需不需要，而是上面知不知道。他们把当官用权作为人生信条，为之奋斗，在外在、表面、肤浅的东西上下功夫，不从本质上充裕灵魂。因为权力使人有机会影响到别人的地位高低，甚至生活的质量，因此有的人采用它的负性力量来谋取私利，有的人采用它的正面力量来满足虚荣心，从而感觉自己在这个世界上强势的存在。事实上，掌权者必须要以实现人民群众的根本利益和长远利益为目标，要始终保持勤勉务实的工作作风，时刻牢记手中的权力是人民赋予的，只能用来为人民谋利益，要始终做到心里装着群众，凡事想着群众，工作依靠群众，一切为了群众。只有这样，才能从"官本位"的迷茫中释放出来。

四、研究的意义

本书从社会治理入手，把信仰作为研究起点，同时研究信仰在人类社会发展过程中的作用和影响，为解决当代社会所面临的多重危机，探寻新的视角。通过信仰来调节各种利益矛盾，化解各种社会危机，可以提高社会治理的效率与质量。建设和谐社会目标的提出，是我国社会治理理念的一次重大创新，和谐社会建设要求社会治理模式的根本转变，建立适应和谐社会需要的全新社会治理模式，而信仰的价值功能在社会治理中具有重要的理论意义和现实意义。本书旨在探讨信仰在社会治理活动中的价值所在，围绕这一基本问题，全文论证的基本思路和主要内容包括以下几个方面。（1）相关性分析。对信仰因素与社会治理活动之间是否存在着内在联系的论证是本书基本命题成立的逻辑前提。因此，本书的开篇在分别有针对性地归纳阐释社会治理和信仰的相关理论的基础上，对二者之间的相关性进行了深入分析，即明确为什么在社会治理研究中不能忽视信仰因素的影响。（2）理论研究。分别从信仰在社会治理中的深层影响、价值功能及动力作用等方面梳理了信仰研究对社会治理的功能和价值，力图对信仰在社会治理中的价值探讨进行全景式、多维度的系统观照。（3）现实关怀。理论研究惟有立足于现实关怀才会更具生机和活力。本书从关注当代中国的信仰生活入手，运用前人的研究成果，结合中国信仰问题实际，对提高当代中国社会治理水平提出了针对性建议：只有树立科学的信仰（马克思主义），才能推动中国社会发展，提高社会治理水平，构建和谐社会。

（一）理论意义

1. 在社会治理中引入信仰问题，将进一步丰富马克思主义的理论

马克思主义创立的历史唯物主义第一次科学地揭示了人的本质。马克思主义十分关心人的问题，认为人的最高目的是人本身，社会历史是人的活动的历史，是人不断寻求自身解放的历史。在社会的活动中，人既是对象也是目的之一。在马克思看来，社会治理活动尽管有着各种经济利益的驱动，但是推动人的全面发展也是社会治理的目的之一。充分研究社会活动中的能动的人的因素，已经成为现代学术的一个重要研究视角。而处于社会治理之中的人又是在各种不同的信仰下活动的，信仰对于社会活动中的人不仅提供了思想动力，而且还提供了行为模式和价值判断标准。正因为信仰在社会活动中的巨大作用，因此用马克思主义的唯物史观对其进行研究，将进一步丰富马克思主义的理论。本研究有如下几个特点。（1）内容新颖。将信仰问题与以治理理论为指导的新型社会治理方式相结合，是一次比较新颖的尝试。一方面，区别于中外大量文献对私人组织管理领域中信仰问题的研究，本书另辟蹊径，将研究范围界定为社会管理领域，拓展了管理学对信仰问题的研究范围；另一方面，继一些学者从理想、信念等意识形态层面探讨社会治理问题之后，进一步深入到对坚持马克思主义在我国意识形态领域指导地位的研究。（2）视角独特。治理理论自上世纪末诞生以来，虽成为各国政府行政体制改革的重要指导思想，但必须看到，其理论本身还不完善，同时也存在与各国行政体制实际相结合的问题，将信仰问题引入治理理论，将其视为影响和制约社会治理活动的因素之一，为我们解释一些现实的社会现象，厘清某些社会问题间的内在联系，补充和完善治理理论的内容体系，提供了全新的思路和视角。（3）论证系统。对信仰在社会治理中的价值论证不是零散的、偶然的，而是构建了一个系统的论证体系。这一论证体系横向上包括微观层面上信仰对人的个体管理的特点、中观层面上信仰对社会管理的功能、宏观层面上信仰对社会发展的价值；纵向上

梳理了信仰在社会发展的不同阶段的具体表现形式，以及不同类型的信仰在社会发展进程中的作用。在理论研究的基础上，本研究结合中国社会实际，关注现实问题，论证了树立科学的信仰对提高社会治理水平的重要意义。

2. 通过对信仰理论的深入探讨，将有助于澄清在信仰问题上的模糊和错误认识

信仰是哲学社会科学领域历久而常新的话题，以社会治理为视角探讨信仰的价值问题却是该领域研究的一次新颖尝试。将公共行政学中新的管理理念与信仰问题研究相结合，不仅丰富了信仰学的研究内容，而且推动了公共行政学在意识形态层面的研究。信仰虽然是一个人们并不陌生的理论范畴，但人们对信仰的认识和把握却存在着许多的误解。对于信仰概念的把握和清楚认识，是本书论证的起点。信仰不同于宗教信仰，也与一般的信念有着重要区别。同时信仰是人对外部世界的一种能动的把握形式，因而它也不是静态的心理过程。最后，信仰属于人的意识形态领域，但是物质决定意识，所以也不能把信仰理解为一种纯主观的现象。所以除了通过信仰的功能对信仰加以定义以外，还有必要通过与其他相类似的概念相比较中，排除几种对信仰概念的错误认识。

（二）现实意义

1. 深入研究信仰在社会治理中的作用，将有助于提高社会治理水平。

纵观社会发展的历程不难发现，社会治理正在由以物为中心向以人为中心转变，目标也不再单纯以经济利益为中心，而更多地融入了人的发展的主题，人也不再是原来的物的附属，而是真正意义上的有自身发展需求的个体。而提高社会治理水平的路径选择，也不再是只注重技术的先进，组织结构的优化，制度的完备，而是把人作为水平提升的原动力。人既是社会治理的施动者也是社会治理的受动者，如何提升处于社会治理中的人的内部驱动力，已经成为重要的研究课题。对社会治理中人的意志、信念的研究，表明社会正在由外在的约束和指导，逐步转入人的意识形态领域，越来越关注于如何通过引导人的思维方式来提升社会治理水平。而信仰则是最高的意识形态形式，它对于道德、意志、信念等有不可抗拒的统摄和指导作用，因而，深入研究信仰在社会治理中的作用，对于提升社会治理水平是很有裨益的。引导人们构筑高尚的信仰体系，对于社会治理会产生重要的正向驱动作用。

2. 深入研究目前我国在信仰上存在的种种问题，并探讨解决问题的途径，必将有助于缓解社会矛盾

20 世纪的信仰危机与 21 世纪的信仰迷茫，可以说是一种世界性的文化现

象。信仰的危机将导致现实与理想的适度张力消失，这种张力一旦消失，就会使人们对于现实产生困惑、忧患甚至幻灭的心理。信仰的危机还会造成个人与社会正常关系的扭曲，或是用个人否定社会，或是用社会践踏个人，从而导致极端自利的个人主义的盛行，社会道德感的丧失，社会凝聚力的弱化。人的大脑不会是真空的，马克思主义不去占领，非马克思主义、反马克思主义的东西就会趁虚而入；辩证唯物主义、历史唯物主义不去占领，唯心主义、形而上学就会趁虚而入；无神论不去占领，有神论就会趁虚而入；科学不去占领，迷信就会趁虚而入。所以，深入研究目前我国在信仰上存在的种种问题，并探讨解决问题的途径，引导人们构筑高尚的信仰体系，有助于提高社会治理水平。同时，针对当代中国社会的意识形态多元化现状及现实生活存在的各种教条主义、信仰本位、社会思潮等问题，探讨解决问题的途径，必将有助于缓解社会矛盾，促进社会稳定。

3. 从解决信仰问题入手，提升社会治理水平，必将有利于促进社会主义和谐社会的构建

社会主义和谐社会是"民主法治、公平正义、诚信友爱、充满活力、安定有序、人与自然和谐相处的社会"。由此可知，社会和谐的主要内容包括道德性的内容，而信仰则对社会的伦理道德起的是统摄的作用，并规定了伦理道德的主要内容和行为规范，所以社会主义和谐社会的实现，需要信仰力量的支持。社会主义和谐社会的构建，有赖于整个社会治理水平的提升，社会治理水平的提升则有赖于治理活动中的人的能力的提升。同时构建社会主义和谐社会也为社会治理提出了新的课题，即如何在社会治理过程中贯彻"以人为本"的原则。而信仰对于社会治理中的人不仅提供"宇宙图式"和"精神家园"，而且提供了巨大的精神动力、行为模式和价值评判标准。科学的信仰对于化解社会矛盾、维护社会稳定、推动社会发展，发挥着重要的影响力。因此，正确引导社会的信仰生活是提高社会治理水平的必要手段之一。把信仰问题引入社会治理之中，并通过树立高尚的信仰，来提升社会治理水平，从而促进社会主义和谐社会的构建，具有相当大的理论价值。这对于应对当代中国信仰危机、履行以人为本的科学发展观、构建和谐社会，都具有重要的现实意义。

第一章

社会治理：一种新型的社会管理方式

社会治理作为一种公共管理模式，是国家在现存政治制度的基本框架内，在政府与市场、政府与社会、政府与公民基本关系明确定位的前提下，诞生出来的新型社会管理方式，是建立在服务精神和服务原则基础上的服务型社会治理模式，是法治与德治相统一的治理体系。对当前我国社会建设起着举足轻重的作用，是市场经济条件下的社会管理机制创新和社会管理思想转变的产物。

一、社会治理的基本理论

20 世纪 80 年代以来，西方国家由于福利国家的过度发展，"政府日益陷入财政危机、信任危机和权威危机三重危机并发的境地。"① 特别是科学技术的飞速发展引致的经济全球化、一体化浪潮汹涌，处于不同发展阶段的社会被纳入同一交往与碰撞的框架之中。人类社会面临重大变革。这一变革过程同样给各国的公共行政造成了空前的挑战。为了回应现实的困境与时代的变迁，西方各国不约而同开展了一场声势浩大的公共行政体制改革。这一时期的改革不管是在管理理念上还是在改革实践上都表现出相当大的共性，就是以治理理论为指导，对诞生于工业时代的官僚制行政范式进行扬弃。

（一）社会治理的价值所在

1. 社会治理的内涵

"治理"一词在汉语中古已有之，在古代就有"治国理政"之说。字面意思来看，"治"有统治、控制、整治、医治之意；"理"有管理、梳理、办理、处理之意。从"治"来讲，它强调主观意志性、主观目的性；从"理"来说，它则强调客观规律性、客观必然性。因此，"治理"作为一个合成词，它强调统治与管理的统一，控制与梳理的统一，整治与办理的统一，医治与处理的统

---

① 孙宽平、滕世华：《全球化与全球治理》，湖南人民出版社，2003 年版，第 88 页。

一，强调将主观目的性与客观规律性有机地结合起来，统一起来。西方的"治理"（governance）一词最早源于古典拉丁文和古希腊语中的"掌舵"，原意是控制、引导和操纵的行动或方式，长期以来，它常与统治（government）一词交叉使用，其主要用于与国家公共事务相关的管理活动和政治活动中。从历史角度看，"治理"的概念一直存在于政治学（公共管理）、社会学研究领域，如何有效地运用政治权力，实现政治权力的根本服务目标是不同国家形态必然面对的任务。自 20 世纪 90 年代以来，西方学者赋予治理以新的含义，其涵盖范围远远超出传统意义，而且其涵义也与（government）相去甚远。"更少的统治，更多的治理"（Less Government，More Governance）——治理理论逐渐成为了社会管理的一个重要理念和价值追求，对全球治理、国际政治、社会管理的各个方面产生了深刻的影响。由于治理概念越来越广泛地被运用于各个领域，不同的学科视角下对治理概念的理解也必然存在差异，因此，治理概念的界定至今难以统一。其中，全球治理委员会关于治理的界定最为宽泛，把集体和个人行为的层面、政治决策的纵横模式都包罗在内，据此，治理是各种公共的或私人的机构管理其共同事务的诸多方式的总和，是使相互冲突或不同的利益得以调和并且采取联合行动的持续的过程。这既包括有权迫使人们服从的正式制度和规则，也包括各种同意或认为符合其利益的非正式的制度安排。在世界范围内，一些非政府组织、群众运动、跨国公司和统一的资本市场的种种活动都属于治理的范畴。由此可以看出，治理是指由许多不具备明确等级关系的个人和组织进行合作以解决冲突的工作方式，灵活地反映着多样化的规章制度甚至个人态度。它有四个规定性特征："治理不是一整套规则条例，也不是一种活动，而是一个过程；治理过程的基础不是控制和支配，而是协调；治理既涉及公共部门，也包括私人部门；它不意味着一种正式的制度，而是持续的互动。"① 学者格里·斯托克（Gerry Stoker）从社会管理角度出发，将社会治理的内涵概括为五个主要的观点：（1）治理意味着一系列来自政府但又不限于政府的社会公共机构和行为者。它对传统的国家和政府权威提出挑战，它认为政府并不是国家唯一的权力中心。各种公共的和私人的机构只要其行使的权力得到了公众的认可，就都可能成为在各个不同层面上的权力中心。（2）治理意味着在为社会和经济问题寻求解决方案的过程中存在着界限和责任方面的模糊性。它表明，在现代社会国家正在把原先由它独自承担的责任转

① 皮埃尔·塞纳克伦斯：《治理与国际调节机制的危机》，《国际社会科学》，1999 年第 1 期。

移给公民社会，即各种私人部门和公民自愿性团体，后者正在承担越来越多的原先由国家承担的责任。这样，国家与社会之间、公共部门与私人部门之间的界限和责任便日益变得模糊不清。（3）治理明确肯定了在涉及集体行为的各个社会公共机构之间存在着权力依赖。进一步说，致力于集体行动的组织必须依靠其他组织；为达到目的，各个组织必须交换资源、谈判共同的目标；交换的结果不仅取决于各参与者的资源，而且也取决于游戏规则以及进行交换的环境。（4）治理意味着参与者最终将形成一个自主的网络。这一自主的网络在某个特定的领域中拥有发号施令的权威，它与政府在特定的领域中进行合作，分担政府的行政管理责任。（5）治理意味着办好事情的能力并不仅限于政府的权力，不限于政府的发号施令或运用权威。在公共事务的管理中，还存在着其他的管理方法和技术，政府有责任使用这些新的方法和技术来更好地对公共事务进行控制和引导。

2. 社会治理与社会统治

区分治理与统治两个概念是正确理解治理的前提条件，治理作为一种政治管理过程，也像政府统治一样需要权威和权力，最终目的也是为了维持正常的社会秩序，这是两者的共同之处，但二者又存在很大的差别：首先，权威基础不同。统治的权威必定是政府，统治以政府为本位建构单一化的权威统治中心，主要采用具有强制性的行政法律手段，以实现对社会的强力控制。"与统治不同，治理指的是一种由共同目标支持的活动，这些管理活动的主体未必是政府，也无须依靠国家的强制力量来实现。"① 在这里，治理能发挥作用，是因为共同目标的存在，是因为各种机构之间的自愿平等合作，是因为公民的共识与认同。其次，管理主体作用范围不同。治理的主体既可以是公共机构，也可以是私人机构，还可以是公共机构和私人机构的合作，而统治的主体则一定是社会的公共机构。由于主体的界定不同，治理作用的范围带有很大的不确定性，渗透到了人们生活的各个领域。而政府的作用随着从大政府时代进入有限政府时代正明显缩小，同时多元社会力量参与使得公共事务的多元化治理成为一种趋势。第三，管理机制不同。在组织结构上，统治依赖的是官僚制组织，而治理依赖的是平行发展、互动的多样化社会网络组织。此外，管理机制中权力运行的向度也不一样。政府统治的权力运行方向总是自上而下的，它运用政府的政治权威，对社会公共事务实行单一向度的管理。与此不同，治理则是一

① 詹姆斯·N. 罗西瑙：《没有政府的治理》，江西人民出版社，2001 年版，第 5 页。

个上下互动的管理过程，它主要通过合作、协商、伙伴关系、确立认同和共同的目标等方式实施对公共事务的管理。治理的实质在于建立在市场原则、公共利益和认同之上的合作。它所拥有的管理机制主要不依靠政府的权威，而是合作网络的权威。其权力向度是多元的、相互的，而不是单一的和自上而下的。

3. 社会治理与善治

社会治理所追求的目标在于实现善治（good governance）。概括地说，善治就是使公共利益最大化的社会管理过程。善治的本质特征就在于它是政府与公民对公共生活的合作管理，是政治国家与公民社会的一种新颖关系，是两者的最佳状态。综合各家观点基础上，俞可平教授认为善治的基本要素主要有：（1）合法性（legitimacy）。它指的是社会秩序和权威被自觉认可和服从的性质和状态。它与法律规范没有直接的关系，从法律的角度看是合法的东西，并不必然具有合法性。只有那些被一定范围内的人们内心所体认的权威和秩序，才具有政治学中所说的合法性。合法性越大，善治的程度便越高。取得和增大合法性的主要途径是尽可能增加公民的共识和政治认同感。所以，善治要求有关的管理机构和管理者最大限度地协调各种公民之间以及公民与政府之间的利益矛盾，以便使公共管理活动取得公民最大限度的同意和认可。（2）透明性（transparency）。它指的是政治信息的公开性。每一个公民都有权获得与自己的利益相关的政府政策的信息，包括立法活动、政策制定、法律条款、政策实施、行政预算、公共开支以及其他有关的政治信息。透明性要求上述这些政治信息能够及时通过各种传媒为公民所知，以便公民能够有效地参与公共决策过程，并且对公共管理过程实施有效的监督。透明程度愈高，善治的程度也愈高。（3）责任性（accountability）。它指的是人们应当对自己的行为负责。在公共管理中，它特别地指与某一特定职位或机构相连的职责及相应的义务。责任性意味着管理人员及管理机构由于其承担的职务而必须履行一定的职能和义务。没有履行或不适当地履行他或它应当履行的职能和义务，就是失职，或者说缺乏责任性。公众，尤其是公职人员和管理机构的责任性越大，表明善治的程度越高。在这方面，善治要求运用法律和道义的双重手段，增大个人及机构的责任性。（4）法治（rule of law）。法治的基本意义是，法律是公共政治管理的最高准则，任何政府官员和公民都必须依法行事，在法律面前人人平等。法治的直接目标是规范公民的行为，管理社会事务，维持正常的社会生活秩序；但其最终目标在于保护公民的自由、平等及其他基本政治权利。从这个意义说，法治与人治相对立，它既规范公民的行为，但更制约政府的行为。法治是善治的基本要求，没有健全的法制，没有对法律的充分尊重，没有建立在法律之上的社会程序，就没有善治。（5）回应（responsiveness）。这一点与上述责任性密切相关，从某种意义上说是责任性的延伸。它的基本意义是，公共管理人员和管理机构必须对公民的要求做出及时的和负责的反应，不得无故拖延或没有下文。在必要时还应当定期地、主动地向公民征询意见、解释政策和回答问题。回应性越大，善治的程度也就越高。（6）有效（effectiveness）。这主要指管理的效率。它有两方面的基本意义，一是管理机构设置合理，管理程序科学，管理活动灵活；二是最大限度地降低管理成本。善治概念与无效的或低效的管理活动格格不入。善治程度越高，管理的有效性也就越高。它改变了长期以来国家支配社会的模式，缓解了社会转型过程中来自国家的顽强阻力；同时，培育了社会的自主性、自治性。社会治理打破了政府对公共管理的垄断，使政府不再是唯一的公共服务提供者，有利于促进公共服务创新。①

（二）社会治理与和谐社会的构建

经过多年的改革开放和社会主义市场经济的不断发展，我国已经由过去结构比较单一的社会转变为多元并存、发展的社会。一方面，这是整个社会生机和活力日益焕发、全面均衡发展的时期，是社会的进步；另一方面，这也是一个社会诸多矛盾和问题日益突出、复杂的时期，严重威胁着社会的稳定及和谐。为此，党的第十六届四中全会首次明确提出："坚持最广泛最充分地调动一切积极因素，不断提高构建社会主义和谐社会的能力"。构建社会主义和谐社会是我党从全面建设小康社会、开创中国特色社会主义事业新局面的全局出发提出的一项重大决策，是对科学发展观的进一步深化。从"五个统筹发展"到"构建民主法治、公平正义、诚信友爱、充满活力、安定有序、人与自然和谐相处的社会主义和谐社会"，标志着社会发展在我国社会主义现代化建设蓝图中的地位越来越突出。治理理论作为一种实现社会公共管理的新理念、新方式和新方法，是在对政府、市民社会与市场的反思及西方政府改革的浪潮中产生的。治理理论不单单强调政府与市场的协调与合作，更重要的是寻求政府、社会与市场三者之间的合作和互动，寻求的是一种通过调动各种力量和资源达到"善治"的社会体制。因此，治理理论不仅对我们重新界定政府、市场与公民社会间的相互关系具有重要的理论价值，而且对我国当前构建和谐社会具有很大的启示作用。

---

① 参见俞可平：《治理与善治》，社会科学文献出版社，2000年版。

1. 构建和谐社会是社会治理模式创新的目标导向

社会治理与和谐社会构建的关系在于：一方面构建和谐社会是社会治理的目标导向；另一方面，社会管理模式创新是和谐社会的应有之义，而社会治理是构建和谐社会的必然选择。向波研究员在其《和谐社会视域中的我国社会治理创新》一文中提出了几种理念。（1）和谐社会蕴涵有序"善治"的治理价值与理念。社会治理指的就是各种社会权力机关处理各种公共事务所进行的活动的总和。社会治理所追求的价值目标是"和谐"，它包括人与人的和谐、人与自然的和谐。因此，"和谐社会"与"善治"之间是一种价值关系上的互通互连、互为因果的状态。社会主义和谐社会的提出，必然蕴涵我国政府对社会善治的价值要求与方法论要求，一方面印证政府治理的对公共利益最大化的追求、对治理活动高效率要求；另一方面也揭示出国家与社会、政府与公民之间的良性互动关系，预示着一个合法且被广泛认同的政治权威——政府及其一系列制度安排以及政治权威的法律规范被广泛遵守，没有或很少体制外的抗争，破坏力量被有机转化为建设力量。（2）和谐社会蕴涵公平正义的治理价值与理念。公平正义被界定为社会主义和谐社会的基本特征之一，也是和谐社会所内在蕴涵着的社会施治方式的基本价值与理念。社会和谐的重要基础，是各种政治和经济利益在全体社会成员之间合理而平等的分配，意味着权利公正和社会公平。权利公正意指公民享有的基本权利平等，公民享有基本的政治自由权、经济权、劳动权、受教育权和受社会保障的权利；社会公平包括收入分配的公平、就业的公平、受教育的公平、报酬的公平、参与社会的公平等。公平正义的社会治理价值与理念，是利益多元化社会的必然要求。在市场经济逻辑的作用下，社会利益分配必然出现分化和差异化，社会阶层与群体的冲突不可避免。和谐社会作为一种社会治理的基本价值目标，必然要服务于多元和差异的社会组织与公民，能拥有公平的利益分配机制保障与公平正义的意愿表达渠道，公共政策的制定与执行要最大限度协调差异主体的利益与权益要求。（3）和谐社会蕴涵以人为本的治理价值与理念。和谐社会建设要涉及人与人、人与社会、人与自然等各个关系维度，和谐社会建设的价值归属无疑是要归结到"人"的身上，促进人的生存质量的提高与人的全面发展，是构建社会主义和谐社会的应有之义。因此，和谐社会必然蕴涵着以人为本的治理价值与理念。从社会治理创新的角度看，建设和谐社会就是要树立人人都享有基本的社会治理成果和公共服务的理念，使不同社会群体、利益群体的基本需要都能得到满足。推进以"人"为中心而非以"物"为中心的社会治理，扭转偏重物质资本的积累与开发而忽视人的资本与潜质的开发的治理模式，使物的投资服从和服务于人的投资。完善社会基础设施，建立全面的社会保障制度，创造一个能够提升人的素质与生存质量的经济、政治、社会、文化和法律环境，建立保护所有人的权利平等，尊重多样性、差异性，保障人的尊严，机会平等，有生存与发展和人人参与的社会。①

2. 社会治理是构建和谐社会的必然选择

合理、有效、科学的社会治理是构建和谐社会的基本点，社会和谐是社会治理的目标追求，只有把和谐社会内涵的科学高效的治理理念融入到实际运行的社会治理模式之中，和谐社会的建设才能得到顺利推进。因此，"构建社会主义和谐社会目标的提出，预示着我国社会治理由传统模式向科学高效的现代模式转化的必然取向"②。与统治型社会管理相比，社会治理更适合于复杂性、多样性与互动性更强的快速转型期社会，那种多元的、上下互动的权力运作过程更有利于和谐社会的构建。（1）社会治理有利于提供优质的公共物品和服务，更好地解决公共问题。各种社会治理主体在协作的基础上彼此相互拾遗补缺，形成互相补充、共同治理的格局。一方面，以市场为主导对社会资源进行公正、合理、高效的配置，增加了资源运用的透明度和合理性，降低了成本，提高了服务质量，使公民选择的机会更多，从而可以解决政策资金不足、智慧不足、管理能力不足等问题，有效地将民间资源整合到国家发展之中。另一方面，公共服务的竞争，可以对政府及政府工作人员造成压力，促进他们改进绩效，提供更优质的公共服务。（2）社会治理有利于提高公民对政府权威的合法性认同，扩大公民参与治理国家的渠道。公共利益决不是某个特殊利益群体的利益，而是社会中最广大人民的利益。因而在一个社会共同体中，利益的多元化，必然需要构建一个多元参与的治理结构来满足社会需求的多样性，以达到实现最广泛意义上的公共利益的目的。多元社会治理通过建立均衡的政治结构，拓宽不同利益群体的政治参与渠道，使其政治愿望、经济诉求、社会权益都能通过合法的渠道输入政治系统，减少非政治化政治参与。可以提高政权机关协调利益矛盾的效率和能力，保证实现公共利益最大化基础上的广泛共识。这自然成为增强人们对政府权威的合法性认同的重要举措。（3）社会治理有利于协调利益关系，实现社会公平正义。多元社会治理的基本目标就是要实现

① 参见向波：《和谐社会视域中的我国社会治理创新》，《探索》，2005 年第 6 期。
② 同上。

不同阶层和社会群体的具体利益之间的均衡。多元社会治理，公民社会参与的实质就是一种对社会资源的重新分配与协调利益的过程。社会非营利组织、市场化的组织等进入公共事务领域，与政府分担责任，可以有效地"医治"与市场经济相伴生的市场失灵、政府失灵"综合症"。在失灵状态下，其他组织可以展现自身多样性服务和供给的优势，与政府形成互补关系，通过开展扶贫、助残、康复、再就业等活动，调节社会成员的收入差距，减少贫富不均，救助社会弱势群体，创造平等机会，缓和社会矛盾，营造稳定和谐的社会发展环境，实现社会公平正义。（4）社会治理有利于促成不同利益主体间的相互认同，实现社会的和谐发展。和谐社会的构建涉及政治、经济、文化等社会生活的各个方面，必须最广泛、最充分地调动一切积极因素。多元治理正是在承认利益主体多元化、体现政治参与的广泛性与包容性的基础上，通过政府权力的多元化配置而实现的。在谋求公共利益最大化的前提下，它允许不同利益主体就共同关心的问题充分表达意见，通过讨论协商、合作与协调机制的作用，在公平、公正的基础上，达成最广泛的共识。这一过程所追求的协商与合作的价值理念，有利于实现社会不同利益主体间的相互认同，实现对社会的多元化治理，实现社会的和谐发展。（5）社会治理有利于重构公共伦理，践行社会主义荣辱观。在我国社会转型的过程中，由于城乡社会流动的加速，人们公共生活领域的拓展，熟人社会转向陌生人社会，一次性交往的匿名效应使得传统的乡土社会和"单位制"下的伦理状况、道德监督的评价机制日益面临困境，而这些问题都成为构建和谐社会的绊脚石。多元社会主体治理中通过公共事务管理权利的分享、责任义务的分担，能够畅通不同群体、社会组织的利益表达渠道，引导人们遵守社会公共生活的有效性规则，因此有利于在践行社会主义荣辱观中重构公共伦理。

（三）社会治理与社会稳定

社会转型时期通常会伴随着一种不稳定的状态。"著名的政治学家亨廷顿关于现代化引起不稳定，现代化伴随着风险的观点已经得到了许多国家经济社会发展经验的验证。即在现代化起飞的时期（从农业社会向工业社会过渡时期），是进入社会结构错动、社会问题增多、社会秩序失范、社会风险易发的时期"。[①] 在我国现阶段，"传统类型的社会问题如传染病、自然灾害等依然对人民生活和社会安全构成威胁，而在以工业化、城镇化为标志的现代化进程

---

① 周俊：《公共治理—构建和谐社会的路径选择》，《理论研究》，2005 年第 4 期。

中，还不断涌现一些需要面对的失业、贫富分化、生产事故、劳资冲突和刑事犯罪等社会问题"。① 同时，在社会转型时期，"旧的社会资源分配体系、控制机制、整合机制正在趋于解体，而新的体系与机制尚未完善并充分发挥作用，所以诱发和加剧了一些特殊类型的风险，如贫富差距过大、社会越轨乃至犯罪激增、传染病控制难度加大、族群冲突加剧、道德失范、信任危机和控制失灵等"。② 当前社会治安、劳动就业、公共安全、社会公平、弱势群体、人口和环境等方面的问题特别突出。可见，我国社会转型面临关键的临界点，即进入了社会发展的矛盾凸显时期，也就是社会失调时期。社会治理对于社会稳定的作用是巨大的，主要表现在以下两个方面。（1）有利于实现公民参与的有序化，保护公民政治参与的热情。公民参与的有序化是实现社会稳定，构建社会主义和谐社会的重要前提。随着我国政治、经济的变革与发展，多元利益主体逐步成长，日益表现出政治参与的热情。不同的社会需求和高涨的参与愿望，对我国原有的政治管理体制带来了冲击，可能导致社会在一定程度上的失序。因此，当公民政治参与的积极性提高时，社会政治制度的复杂性、自治性、适应性和内聚力也必须随之提高。这就要求我们改革传统的政府管理模式，扩大公共参与的制度化渠道，建构一种多元化和多层次的社会管理模式，化解社会不稳定因素。（2）自治网络的权力依赖性有利于社会稳定。在实现社会治理和善治的过程中，政府和各种社会自治组织之间的关系应当是相互依赖的，通过信息交流和利益互动最终形成自治网络。形成一个为了共同的公共利益而自觉地联合起来的联合体。"这种联合体的特征不再是单向监督或控制，而是自主合作；不再是高度集权，而是权力在纵向和横向上的同时分散；不再简单地追求一致性和普遍性，而是在最大限度满足不同社会主体共同利益的前提下实现社会公共利益最大化，显然这更有利于消除社会冲突，维护社会稳定，构建和谐社会"。③

二、社会治理与信仰的辩证关系

信仰与社会治理的关系是随着社会发展而不断调整、变化的一种辩证关系。在社会治理中信仰对治理的主体"人"构成了影响，在信仰发展中社会治理又对其起到正向的驱动作用。随着人们认识的进步和近代理性精神的崛

① 郑杭生、洪大用：《中国转型期社会安全隐患与对策》，《中国人民大学学报》，2004年第2期。
② 同上。
③ 董中保：《西方治理理论对当前我国建设和谐社会的启示》，《烟台教育学院学报》，2005年第3期。

起，科学开始逐渐摆脱宗教的影响，人们开始追求真理性的信仰。随着社会的发展，民主和自治精神的崛起，原有的社会管理方式已不能适应人的发展的需要。这导致了信仰与社会治理之间生成了一种共生和互补的新关系模式，将深深地影响着社会的发展变化。

（一）信仰是社会治理中不可或缺的部分

治理理论作为一种新的政治分析框架，比起国内外政治学者比较喜欢使用的经济分析、制度分析、文化分析和国家—公民社会分析等其他的政治分析方法，它具有自己明显的优点。它提供了新的分析视角和范畴，"将作为民间参与网络和互惠信任关系的'社会资本'引入治理分析，着眼于政府与公民的合作网络"①。普特南认为社会资本是能够通过推动协调的行动来提高社会效率的信任、规范和网络，"是指社会组织的特征，诸如信任、规范以及网络，它们能够通过促进合作行为来提高社会的效率"②。肯尼斯·纽顿认为，按照普特南的定义，社会资本至少可作三个方面的理解："首先，社会资本主要是由公民的信任、互惠和合作有关的一系列态度和价值观构成的，其关键是使人们倾向于合作、去信任、去理解、去同情的主观的世界观所具有的特征；其次，社会资本的主要特征体现在那些将朋友、家庭、社区、工作以及私生活联系起来的人格网络；第三，社会资本是社会结构和社会关系的一种特性，它有助于推动社会行动和搞定事情。"③ 社会资本的作用不仅表现在微观的个人、中观的社会组织方面，而且表现在宏观的社会层面。在宏观的层面上，社会信仰作为社会资本的权威内核的基本内容，对社会治理的推动作用主要表现为三个方面：

1. 社会信仰构成社会治理的价值基础

"社会信仰是一种社会生活方式的象征性表达，有什么样的社会信仰就有什么样的社会资本，社会信仰是社会的灵魂"④。建立在不同基础上的社会信仰会产生不同的社会资本，建立在政治权威基础上的社会信仰，就会产生一种人治的社会资本体系；建立在科学基础上的信仰，就会崇尚真理，理性地看待分析事物；建立在非科学基础上的信仰，对象是谬误或迷信，谬误或迷信是不

① 俞可平：《治理与善治的比较优势》，《中国行政管理》，2001 年第 9 期。
② 罗伯特·D. 普特南：《使民主运转起来》，王列、赖海榕译，江西人民出版社，2001 年版，第 195 页。
③ 李惠斌、杨雪冬主编：《社会资本和社会发展》，社会科学文献出版社，2000 年版，第 11~12 页。
④ 李兰芬、李西杰：《社会信仰：社会资本的权威内核》，《人文杂志》，2003 年第 3 期。

符合事物发展变化的客观规律的，用谬误或迷信指导自己的行动，必然遭到失败。社会信仰把社会成员共同的精神需要纳入确信的神圣领域，使民众有意无意中遵守各种特定角色的权利、义务，从而形成社会的稳定和谐。

2. 社会信仰有助于社会稳定和谐

社会和谐的实现应以丰富的社会资本为前提，如果社会资本存量不足，社会和谐的实现必将受阻，和谐社会与社会资本之间存在着一种支撑关系。很难设想在一个充满怀疑、猜忌和相互陷害的环境中，公民个体之间能够形成协同一致的发展目标，能够具有团结、合作和信任的公共精神，能够形成良性的公民参与的互惠网络，来实现和谐相处的目标。所以只有公民都具有团结、合作、互信的公共精神，具有高度的主体意识、权利意识和参与意识，社会的正式规则和内在制度规范完善，第三部门独立成长，社会和谐才能实现。具体来说，社会信任的氛围是秩序形成的内在要求，社会和人际间信任程度的高低和人们是否倾向于相互合作的行为意识会影响社会凝聚力，作用于政治稳定而适度的参与意识会起到一种社会安全阀的作用，有助于人们不满情绪的宣泄和在参与中实现自己的利益诉求，从而有利于社会秩序的稳定与和谐。

3. 社会信仰有助于提高公共政策的效率

社会信仰是社会资本发展的一项重要标准，社会信仰是一种社会信任体系，是社会信任机制的一种支持性资源。它可以使社会主体之间增加信任度，弥补陌生人之间交往渠道堵塞的不足，进而结成良性人际关系网络，在多元主体间降低协调与合作成本，增加社会生产能力。政府政策的社会基础指社会公众对政策的支持程度，也即政策的合法性程度。如果政府和社会之间具备良好的社会资本如信任、关系网络等，会有助于社会产生对政府的长远预期，由此扩大社会对政府政策的支持力度。一个依赖普遍性互惠的社会比一个没有信任的社会更有效率，公共政策更能反映公共意志，更能取得合法性认同，从而更有效、更准确，政策过程也更趋科学化、民主化。其实这也是一个善治过程，即政府与社会之间的友好合作，有赖于公民的自愿合作和对权威的自觉认同，要求公民的积极参与，通过合作、协商等方式形成一个政府与民众互动的网络。

（二）社会治理对信仰发展的正向驱动作用

任何一个社会的思想领域，总是由那个社会的统治阶级的思想占统治地位的。在这个社会整体中，意识形态是统治阶级意志的集中体现，是整个社会有机体的灵魂，为统治阶级的统治提供理论依据、思想基础和精神支柱。信仰寄托了人类的终极价值理念和社会生活理想，反映社会的价值趋向和社会精神状况。信仰作为个体精神世界构成一定社会的主体基因，一是人性的需要，人不能处于孤立状态，必须通过交流，使人的价值得到社会认可。二是社会环境变化的需要，唯有"价值信仰"诸如人的爱、感情、心理、情绪——这些显示"人性深度"的内容才为人们所珍惜，这种"人性深度"常常构成社会信仰的主要载体。社会治理的主体是人，如何对治理的主体的信仰进行规范、引导是社会治理活动的重点。

1. 社会治理有助于社会信仰的发展

随着改革开放的深入和社会主义市场经济的发展我国经济社会生活发生了深刻变化，我国社会经济成分日趋多样化，多种经济成分共同发展；就业方式日趋多样化，择业自由度加大；分配方式日趋多样化，按劳分配、按要素分配等多种分配形式并存；生活方式也日趋多样化。当前社会的信仰主要包括宗教信仰、道德信仰、法律信仰、政治信仰、物质—经济信仰，个人权威信仰和自我信仰等形式。如何理解和引导社会信仰与诸种社会信仰载体的发展，是社会的主要责任，也是我们面临的主要问题，学者李兰芬、李西杰在《社会信仰：社会资本的权威内核》中对社会信仰进行了详尽的论述，认为信仰总是指向个体的，总是为了满足个体的精神需求，信仰具有个体性。然在一个社会共同体内，人们面对共同的生活条件、现实问题及生存境况，又总能产生共同或相似的信仰或接受这一信仰，信仰因此为社会成员普遍接受。随着信仰主体的增加，信仰对象的扩容，信仰客体影响的提高，在一个相对稳定的社会集合体内，便形成一种普遍的共同信仰，社会信仰由之形成。

社会信仰是在社会交往活动中主体基于一定生存环境和认同程度而产生的公共精神，是对社会交往中合理性关系的情感认同和神圣般的情怀。社会信仰承载着人类对宇宙本原和人类起源的探索和追求，从现实世界转向虚空的精神世界，体现着终极关怀。社会信仰是人们寄予生活价值和意义系统的承载体，是一种社会生活方式的象征性表达，即基于一定社会现实条件，人们对现实与未来关系依赖性、同一性、可预测性的一种主观理解。按照辩证唯物史观的基本原理，合理的社会信仰应该是一种对诸种信仰形态具有兼容性和超越性的精神公共体。伴随市场经济条件下的社会价值多元化取向，信仰交往活动剧增，进而导致人们在认识上难以达成共识，在情感上难以产生共鸣，不可避免地增加了社会交往成本。因此，社会在政府不作为唯一主体进行管理过程中，对现代社会的信仰机制、规范体系、交往网络、公共精神空间等社会信仰因素进行规范，对在深层次上反映人类行为的终极价值信仰系统的缺失与乏力进行整合。面对社会传统信仰与日益发展的社会现实状况之间的冲突和紧张，社会治理不仅找回传统的社会信仰资源失去的对人们知行的规范和引导，更能使现代社会的信仰系统重新确立，进而对社会信仰发展产生正向的驱动作用。社会信仰建构中也存在不可回避的问题，针对现实社会中个体信仰呈强势、社会信仰呈弱势的倾向，强化社会信仰的塑造及其在社会交往中的作用是适宜的。

2. 社会治理有助于引导信仰者去践行其终极目标

社会治理指的是政府对社会进行管理的一种方式或体制。社会治理在理论上被看作政府的部分权力向社会的回归，即还政于民的过程。信仰通过一定形式反映社会成员间的交互关系以及对未来的预期，它是对社会交往中合理性关系的认同和确信。信仰也是人类对其存在方式的主观表达和价值理想的执著追求以及伴随着的精神信赖。随着工业化进程推进，社会治理创新是提高政府社会管理水平的必然选择。世界各国政府都十分重视社会治理，社会治理工作也取得了一定的成效，但仍存在一些亟待解决的问题。面对层出不穷的新情况、新问题，主要是激发广大市民群众当家作主的主人翁精神，增强公民的社会认同和政治认同感，缓解社会矛盾，发展公益事业，促进社会稳定。而要解决这些新问题，就必须推进社会治理创新，更新社会治理理念，完善社会治理体制，创新社会治理方法，提高社会治理水平。首要的就是如何更新社会治理理念，治理理念主要以信仰为动力，作为治理理念产生的根源和基点，"信仰一方面是一种精神活动，一种主观的信以为真，能够为主体建构一种主观的权威合理性价值认同的行为价值判断标准。另一方面，它决不局限于单纯的精神活动，它总是通过主体行为去实践其'真理'，它具有强烈的实践性，产生并作用于社会主体的活动中，存在于主体的精神世界中，体现在信仰主体的行为中。"[1]

现在普遍认为，社会治理是一种比较先进的社会管理方式，如社会法律援助、社会综合治理工作都是社会治理的成功范例。但就总体而言，我国的社会治理，无论从理论到实践，都比较落后，存在着许多误区和不足。社会治理模式中，也需要良好的社会秩序作为支撑，也存在着对效率的追求，也同样会产生公平与否等社会问题，但是，当公共权力仅仅是作为一种为公民、国家、社会服务的工具而存在时，服务型社会治理模式中的核心价值理念才能准确定位

---

[1]　李兰芬、李西杰：《社会信仰：社会资本的权威内核》，《人文杂志》，2003年第3期。

在服务上。服务对于政府部门而言，是一种理念、一种信仰、一种行为准则，更是服务型社会治理模式的精神内核。信仰的力量在于它总是能够指导人们去思考问题和努力去实践，社会信仰所反映的是人们对现实状况的意见和理想前景的憧憬与追求，引导着信仰者去践行其终极目标。

第二章

信仰：人类社会的最高意识形态

意识形态是一个诸种观念和表象的系统，它支配着一个人或一个社会群体的精神。意识形态是系统地、自觉地、直接地反映社会经济形态和政治制度的思想体系。在阶级社会中，意识形态具有阶级性，它集中地体现了一定阶级的利益和要求。马克思和恩格斯把意识形态表述为："思想、观念、意识的产生最初是与人们的物质活动，与人们的物质交往交织在一起的。观念、思维、人们的精神交往在这里还是人们物质关系的直接产物。"[1] 作为一定时代精神的产物，总是必然地反映人们（阶级）的利益和要求，并作为一定价值观念体系而成为一定的意识形态，具有阶级性和政治性。而信仰是个体的终极价值追求和精神寄托，是人们超越狭隘自我利益、形成社会凝聚力的内在动力和源泉。信仰标志着整个社会核心价值观，良序社会的道德信仰与政治意识形态在基本价值取向上具有内在的一致性，二者在核心价值层面具有相当大的趋同性。

一、理解信仰

信仰是同人类的社会生活、精神生活一同发展起来的精神现象。不同时期的学者，或者同一时期的不同学者，对于信仰都有不同的认识。面对纷繁复杂的有关"信仰"的概念，本书主要是从信仰的功能角度出发，界定信仰的概念。同时，面对当前对信仰的种种误解，还有必要澄清对于信仰的几点错误认识，以此对信仰概念有一个比较准确的把握。

（一）信仰的概念

信仰是随着人类的产生而产生，并随着人类的发展而发展的一种精神现象，表现为社会成员对一定的宇宙观、社会观、价值观、人生观等观念体系的

---

[1] 《马克思恩格斯选集》第 1 卷，人民出版社，1995 年版，第 30 页。

信奉和遵行。

信仰的思想内容一般以观念形态出现，但它并非一般的观念文化，而是统摄、指导其他一切意识形式乃至社会心理的最高意识形式。历史地看，信仰的各种形式，除去原始信仰外，都是杰出的宗教大师和思想家对当时的时代精神和社会文明综合加工的成果，表现为某种形式的宇宙学、社会学和人类学。

信仰以此为人们提供一定的"宇宙图式"、"精神家园"、"社会模式"和价值尺度。一个没有信仰的人不仅会失去个人的生存意义，而且会在社会生活中茫然不知所措，从而在灵魂的空虚中迷失自己；而信奉它的人则可得到明确的生存意义、社会模式和生活目的，因此信仰是人的行为规范和精神动力。人可能会有不同的信仰，但不会没有信仰。没有信仰的人，就像失去灵魂的肉体。失去信仰，人也就失去了他的社会存在价值。

信仰为人类提供了社会价值和人生价值，引导和支配着信徒的社会活动和精神活动，并以此对人类的社会活动产生影响。信仰是某一时代精神和社会文明的集中体现，它通过自身的真理之光为世人提供真理的标准和价值尺度。信奉它的人不仅在理性上对信仰确认为正确，而且在情感上体验为真实，更在心理上追求为真理。人类历史上各时代的文明成就可以视为是以不同的信仰为核心，由信奉者们贡献的劳动、智慧和热情积聚而成的，所以信仰是文明体系中居于核心地位的意识形态。

信仰是随着人类的产生而产生的，也随着人类精神和社会的发展而发展，在经历了漫长而曲折的变化过程之后，信仰表现为不同的形式和内容，有些体系更处于互相矛盾和更替的交错状态中。因此，尽管信仰的人生价值和社会价值巨大，但要给这一庞大、复杂并与人类的社会生活浑然一体的精神现象一个概括准确的定义并非易事。西方学术界自启蒙运动以来一般把信仰等同于宗教信仰和迷信，视之为理性与科学的对立，认为它是"接受某种特定的一群知性命题之意，而且，所接受的是同于权威性的东西——尤其是来自上天的启示。"① 宗教信仰数千年以来作为人类的主要信仰形式，对人类精神施以专横统治，形成了强大的权威，造成了人类心灵对宗教的盲目信从。由于宗教的强大感召力和人们对之的精神依赖，很容易使人把宗教这一特殊的信仰当成人类

---

① 爱因斯坦、威尔斯等著：《二十世纪智慧人物世界观》，陈晓楠译，巨流图书公司，1975 年版，第 119 页。

的普通信仰，并从宗教信仰这一现象中确定信仰的定义，即注重对信仰主体的态度的把握，注重是信还是不信，而对于信仰对象的内容、性质、功能则很少加以研究。例如《大英百科全书》有关信仰的定义是："指在无充分的理智认识足以保证一个命题为真实的情况下，就对它予以接受或同意的一种心理状态。"① 我国《辞海》的信仰定义是："对某种宗教或主义极度信服和尊重，并以之为行动的准则。"这都是对信仰态度、信仰行为的描述，忽略了信仰对象的一面，因而缺乏对信仰的全面认识。这些定义突破了把信仰视同宗教迷信的狭隘框架，将其置于人类精神活动的广阔背景予以考察，是对信仰认识的进步，可是仍只是突出了信仰的"信"之特点，至于信什么和为什么信，并无涉及。

因此，所有上述有关信仰的主张可用休谟的看法作以概括，即信仰是有别于怀疑感觉的一种特殊感觉。那么究竟什么是信仰呢？就信仰的内容而言，它是人类意识对客观世界及自身生命过程的反映，是人类精神与宇宙存在全面沟通和融合的愿望与努力。它既包括由意识所形成的、带有价值参数的有关宇宙、社会和自身存在的一系列观念和知识，及由这些观念的偶像所构成的信仰对象，又包括人的信仰感情、信仰态度和信仰行为。信仰的功能是为人类在无限的空间和永恒的时间中建构"精神家园"和"宇宙图式"；在茫茫的社会生活中确定行为规范和价值尺度；为盲目的人生标示目的地和归宿。

建立一种信仰，就是确立一个世界观、价值观、人生观，确定一种生活的目的和意义，用以排除围绕人生的无知、怀疑、虚无和绝望，得到知识、确定、安慰，以及价值和希望，使人满怀信心地生活下去。因此，这里把信仰的定义作如下表述："信仰是人类在无限的空间和永恒的时间中建构的'宇宙图式'；在复杂多变的社会生活中确定的'社会模式'和价值尺度；在盲目的人生旅途上认定的目的和归宿。"②

（二）关于信仰概念的几点错误认识

在人们的实际生活中，一说到信仰就认为是宗教信仰。这是一种对于信仰最普遍的误解，为了能确切的界定信仰的概念范畴，有必要澄清几点对于信仰的错误认识。

1. 信仰不等同于宗教信仰

在马克思主义看来，无论宗教具有什么样的社会功能，也无论宗教采取何

---

① 《简明不列颠百科全书》，中国大百科全书出版社，1986年版，第659页。
② 冯天策：《信仰导论》，广西人民出版社，1992年版，第4页。

种花样翻新的现代形式，它的基本性质不会发生根本性的变化。"人创造了宗教，而不是宗教创造人"① 就是说，宗教是那些还没有获得自己或是再度丧失了自己的人的自我意识和自我感觉。但人并不是抽象地栖息在世界以外的东西，人就是人的世界，就是国家、社会。国家、社会产生了宗教即颠倒了的世界观，因为它们本身就是颠倒了的世界。

宗教是这个世界的总的理论，是它的包罗万象的纲领，它的通俗逻辑，它的唯灵论的荣誉问题，它的热情，它的道德上的核准，它的庄严补充，它借以安慰和辩护的普遍根据。宗教只是幻想的太阳，当人还没有开始围绕自身旋转以前，它总是围绕着人而旋转。宗教说到底只不过是信仰的一种特定的形式。尽管在人类的早期，宗教也许独占着人类信仰的地盘，成为人类信仰的至关重要的形式，但信仰始终是比宗教更为根本的东西。

可以说宗教是靠信仰才得以获得自己完整的规定性的，离开了信仰，宗教将无从解释。但是，离开了宗教，信仰却完全可以获得其他的形式。而且，人类实践发展的要求就是要使信仰逐渐地摆脱它的宗教的形式。因此，在马克思主义看来，随着人类实践的发展宗教必将走向消亡。

2. 信仰不同于一般的信念

信仰可以被理解为一种心理要素，在这个意义上是一种信念。但信仰却不是一般普通的信念，而是一种整体性的、统摄性的信念。信仰是人类精神领域最高的意识形态形式。

作为一种最高的意识形态形式，信仰不是对一般对象的反映、评价和把握，而是对人生最高价值（终极价值）和社会成员最高理想的反映、评价和把握。需要指出的是，在目前的理论认识中，对信仰与信念关系的理解还存在着一些混乱。其中有一种观点认为信仰与信念的内在联结表现为信仰向信念的推移。信仰也是基于认识与情感的基础之上，然而，它基本上是一种态度。有了一定的信仰态度，即信或不信，人在万般现象世界面前就不甘沉默，就不会无动于衷。它不仅使人把它作为准则以解决立身问题，而且使人努力在现实中或在想象中开拓出理想境界。

人们孜孜以求想要实现的精神心理活动，其背后深深的精神驱动力就是信念。"一般而言，虔诚的、彻底的信仰都会产生一种驱使力量，都会不安于某种内在的满足状态而化为一种向外的张力，成为自我行为的准则、对照社会的

---

① 《马克思恩格斯选集》第 1 卷，人民出版社，1995 年版，第 1 页。

镜子和改造社会的尺度，并身体力行地实现它，也就是说，都会成为一种信念。"① 在这种观点看来，"信仰不同于迷信或信念"，"信念是一种观念形态"，而"信仰虽然以自我意识的存在为前提，但一般说来，它最初是一种不自觉的心理活动"，"低层次的信仰是一种不自觉的心理倾向和认同感；而高层次的信仰就有明显的自动性和自觉意识，这样的信仰就通向了信念"。② 我们看到，这种观点把信仰看成是信念的基础，把信念看成是更高形态的信仰，似乎只有成为自觉的、理性的信仰才能升华为信念。这是不十分准确的。在我们看来，信仰是在众多信念的基础上，经过主体自觉地探索、总结和反省而形成的。主体一旦形成某种信仰，这种信仰就会反映在全体精神生活的各个方面，使主体的众多信念连成一气，形成体系，从而具有统摄人的整个精神机制的一元中枢的作用。当然，关于信念与信仰的关系是可以做学术探讨的。在我们看来，上述这种观点，似乎还没有摆脱过去那种把信仰视为宗教信仰，即视为一种非理性的甚至是迷信的这种深层观念的制约，因此，需要提出来加以辨明。

3. 信仰不是一种静态的心理现象

信仰不仅是对外部世界的一种反映和评价，而且是人对世界的一种能动的把握方式。但这种把握方式不是静态的、一成不变的，而是动态的。就信仰而言，它对人生最高价值和社会最高理想的反映、评价和把握，是一种极富有辩证性的动态运作过程。由这种运作过程而构成的人类信仰活动，是在人类精神生活领域中占据核心地位的文化价值活动。可以说，对个人而言，它构成个人行为的支柱；对国家而言，它构成国家政治意识形态的核心；对民族而言，它构成凝聚国民心智的民族精神。

4. 信仰不是一种纯主观的现象

信仰不是一种纯主观的现象，尽管信仰存在于人的头脑之中，但是信仰作为人类最高的意识形态形式，也是对客观世界的一种反映。尽管不同的信仰对于世界的解释不同，但是它们终究是来源于客观世界，并在人类的实践过程中所形成的。

在西方哲学史上，休谟很明确地把信仰看成是一种主观的习惯性的因果联想；康德是从哲学层面第一个高度重视信仰的人，但在他看来，信仰得以和意见、知识相区别，就正在于它是一种缺乏客观根据的充足的主观性现象；唯物

---

① 龚群：《人生论》，中国人民大学出版社，1991年版，第172～173页。
② 夏军：《非理性世界》，上海三联书店，1993年版，第310页。

主义哲学家费尔巴哈在对信仰的问题上同样没有超出传统的规限，在他看来："信仰不外意味着坚定不移地确信主观的东西——跟限制也即根本性与理性之规律相对抗的主观的东西——具有现实性，也即确信其有无条件的有效性和真理性……信仰只涉及这样的事物，这些事物，跟限制也即根本性与理性之规律相矛盾地将属人的心情、属人的愿望之全能加以对象化。信仰使人的愿望从自然理性之桎梏中解放出来；信仰允诺了本性与理性所不允的事情；信仰使人快乐。因为，它满足了人的最主观的愿望。"① 是的，信仰和知识相比是缺乏真理性的，主观性确是信仰的最根本的特性之一，但却不能据此认为信仰只是一种与主观有联系的现象，对信仰的认识也并不能据此仅只考察它的主体的一面。

按照构成要素，信仰可以分为信仰心态和信仰对象。对信仰的把握，在把握信仰心态的同时也要把握信仰对象，或者说要结合信仰对象来把握信仰心态。反之亦然。没有信仰对象只有信仰心态的"信仰"是不存在的；同样，只有信仰对象没有信仰心态的"信仰"更不可思议。信仰心态是区别信仰现象与非信仰现象的关键；信仰对象是区别此信仰与彼信仰的依据。信仰心态是一种以"相信"为中心的综合知情意诸多因素为一体的精神机制；信仰对象是既可以以理论观念体系又可以以实际形象体系为载体的理想性价值体系，信仰主客体的不同的组合与互动模式会产生不同的信仰效应。因此，对信仰的把握必须是全面而辩证的。

二、信仰的表现形式

在日常用语中，人们经常谈到"鬼神迷信"、"宗教信仰"、"马克思主义信仰"等等，这说明现实生活中信仰的表现形式是很多的，要想罗列出人类信仰的所有形式是很困难的，这里为了研究的需要和以后论证的深入，尝试把人类的信仰形式分为感性形式和理性形式，感性形式主要是图腾崇拜、鬼神迷信、商品拜物教和权力崇拜；理性形式主要是理性化宗教、先进的理论和人类对美好未来的追求。

（一）感性形式

信仰的感性形式，是指把人类的理性与信仰对立起来，拒绝知识指导和实践检验的，盲目的、本能的、自流的、屈从式的信仰形式。对于早期人类而

---

① 费尔巴哈：《基督教的本质》，商务印书馆，1984 年版，第 177 页。

言，他们的信仰都属于感性形式，尽管随着世界文明和人类科学技术的发展，人类已经摆脱了原始初期的愚昧和无知，但是仍有很多的现代人，拒绝理性光辉的召唤，欣然投入了非理性信仰的怀抱。所以，对于人类信仰的感性形式的分析，有助于我们对信仰的形式有一个初步的把握，同时也能由此探知人们信奉这些信仰的原因。

1. 图腾崇拜

图腾崇拜是人类信仰的早期形式，它是随氏族—部落的形成而产生的宗教形式。"图腾（Totem）一词源自美洲印第安人鄂吉布瓦人的方言，意为'他的亲族'"。① 图腾崇拜的特征，涉及到图腾动物与氏族—部落成员的神秘交感，涉及到氏族—部落成员对图腾精灵的信仰与崇拜，涉及到氏族—部落成员禁食图腾动物的规则，涉及到氏族—部落成员对图腾动物既崇敬又畏惧的复杂情感，以及图腾崇拜作为一种社会组织结构的基本功能。原始人类深信在某一社会群体或个人与某一特殊物种之间，有一种神秘的"同质"关系。人和动物之间有着一种命运的一致性，同生同灭。而图腾崇拜往往和某种神秘的仪式相联系，仪式的目的就是要不断确认和保持那种激励他们的共同生活以及将他们紧密团结起来的那种联系。同时，仪式不仅是一种身份确认的方式，而且还表达了一种有着共同信仰的人们对于他们共同前景的美好期盼，希望图腾能够保佑氏族—部落的繁荣和昌盛。

正如信仰为人类描绘了一种"宇宙图式"一样，作为原始信仰的图腾崇拜，也必须对于人的起源给出合理的解释。为了达到这样的目的，原始的图腾崇拜往往以神话为媒介。原始部落的神话传说不仅解释了图腾动物的起源，而且也解释了人的起源。在那里，图腾动物往往是具有某种神秘力量的神物，通过与人类的交配才形成了现在的氏族—部落。同时，图腾作为一种象征符号，一方面将动物界区分为图腾动物与非图腾动物，另一方面在人类内部也划分出自我、性伙伴、亲戚、朋友、敌人等不同的人际关系圈。其结果，图腾崇拜维系和整合了原始社会的伦理关系。

另外，图腾崇拜往往还表现为某种禁忌。在氏族内部，往往禁止猎杀和食用图腾动物或植物，同时还禁止信奉同一图腾的氏族成员之间有任何性关系，这种禁忌一方面是保证氏族内部对于图腾的崇高信仰和敬畏，同时也可以保护这些文化的界限不受侵犯，从而保护了与这些文化界限密切相关的人或物。在

---

① 金泽：《宗教人类学导论》，宗教文化出版社，2001年版，第109页。

原始社会，由于图腾崇拜的对象不同，一个个的氏族被区分开来，氏族—部落成为了构成原始社会的基本社会单元。

2. 鬼神迷信

迷信是落后于时代文明的信仰对象和盲目的信仰态度、信仰行为。鬼神迷信作为人类对未知神秘事物的盲目崇拜，是非科学的，其产生与人类的认识能力相联系。在远古，人们在漫长的生活实践中，必然会产生一种心理需求，他们开始注意与人的实践行为有关的客观事物发展链条中的种种前期现象，渴望预知人的实践行为的后果，这种渴望使他们愈加专注于客观存在与种种前期现象，并判定其后果如何。

鬼神迷信是在人类长期的认知过程中产生出来的，它的基础是把鬼神规定为主宰一切的独立存在的精神实体，宣扬除了我们生活的这个现实的"此岸世界"外，还有一个非物质的"彼岸世界"。这个现实的"此岸世界"是不完美的，如同无边的苦海；而"彼岸世界"则是完美的，是神仙、上帝、佛、菩萨居住的地方。"好人"死后灵魂可以进入天国，"恶人"死后灵魂则会被打进地狱。一些迷信理论宣扬地球是由神创造的宇宙中心，地球内是囚禁不信仰上帝的"恶人"的地狱，从地球往外有八层天，在第八层天的外面，就是"幸福灵魂的住所"——天堂。人应当蔑视自己，鼓吹"轻视自己的人，在上帝那里就受到尊重"。这些理论要人否定自己，把人沦为上帝的附庸、工具及其存在的证明物。

列宁针对有神论指出："神的观念永远是奴隶状况（最坏的、没有出路的奴隶状况）的观念，它一贯麻痹和削弱'社会感情'，以死的东西偷换活的东西。神的观念从来也没有'把个人同社会联系起来'，而是一贯用对压迫者的神圣性的信仰来束缚被压迫阶级。"[1] 鬼神迷信加剧了相信它的社会成员的心理失衡。对于在生活中受到挫折和失败的人来说，鬼神迷信是他们精神安慰的鸦片，是他们心理自我防御需要，但这只是短时期的表面现象。在一定时期内，其对人们自我心理平衡具有一定程度的辅助作用，暂时掩盖了事物的矛盾。然而从长远的眼光来看，这种做法治标不治本，没有解决事物的根本矛盾，反而为事物矛盾的积累起了作用，最终只能引发更大的矛盾。同时对于一些正在追求目标却又信心不足的人来说，迷信是他们的壮胆药剂，一旦失败，只能是增强其命运自卑感，脆化其心理承受能力，使其从此更加谨小慎微、多

---

① 《列宁全集》第35卷，北京人民出版社，1959年版，第111页。

愁善感、瞻前顾后，造成其心理极不稳定；如果成功，则会强化他们对迷信的信任程度并加重其如此行为的可能性，使其从此漠视事物的发展规律、个人自身及周围客观环境。那些具有恐惧心理、期望心理的人，希望通过迷信行为满足自己的需求，如健康长寿、发财致富、婚姻美满、摆脱险境等，他们会不惜代价去求得心理安慰。不过，他们的这种行为只是一种短期心理满足，如果结果不符，他们的不满可能将外化为极端的行为，对社会稳定产生负面影响。

同时，鬼神迷信弱化了人们对理性主义的信仰，使传统文化的合理精神在国民心目中的市场被侵占。而且鬼神迷信还是反对现行社会制度的政治工具和保护伞。作为过时的信仰体系的残余，鬼神迷信是过时的社会制度的思想反映和思想武器。受鬼神迷信影响的群众也一般在思想上感情上留恋旧制度，同情旧制度。旧制度的代表阶级和代表人物，为了达到复辟旧制度的目的，在他们的政治活动中就一定要大力宣扬旧时的信仰信念，利用各种迷信活动以影响群众，为他们险恶的政治图谋作精神和物质的准备。

3. 商品拜物教

金钱是随着商品经济的发展而产生的，它为人们提供了交换的方便，因而被广泛接受。随着市场经济在全世界的确立，整个社会面临着一场深刻的变革，社会意识形态和人们的价值观念也发生了深刻变化。竞争观念、平等观念、效益观念等正在激发人们积极进取、奋发图强的热忱。但另一方面也导致了"金钱万能"的论调，拜金主义极其严重，造成人们价值观取向上的困惑。马克思把拜金主义称为拜物教。

商品拜物教是马克思主义经济理论所特有的理论范畴。在马克思主义经济理论体系中，商品拜物教分析具有特别的地位和意义。马克思定义了"商品拜物教"："商品形式和它借以得到表现的劳动产品的价值关系，是同劳动产品的物理性质以及由此产生的物的关系完全无关的。这只是人们自己的一定的社会关系，但它在人们面前采取了物与物的关系的虚幻形式。因此，要找一个比喻，我们就得逃到宗教世界的幻境中去。在那里，人脑的产物表现为赋有生命的、彼此发生关系并同人发生关系的独立存在的东西。在商品世界里，人手的产物也是这样。我把这叫做拜物教。劳动产品一旦作为商品生产，就带上拜物教性质，因此拜物教是同商品生产分不开的。"①

———

① 《马克思恩格斯全集》第23卷，人民出版社，1976年版，第89页。

4. 权力崇拜

权力崇拜源于对权力的迷信，觉得权力无所不能。在原始社会中，权力一般是属于氏族—部落的首领，他行使权力靠的不是强制力，而是部落首领本身的威信和部落成员的自愿服从。但是当氏族因各种内部因素而走向瓦解时，原先担负这种职能的人物就很容易利用共同体赋予的权威，把自己从原先的公仆地位变为高踞于过去平等成员之上的主人。与此同时，他们还趁机窃取了一切可以到手的公共财富，使之成为自己家族的私有物。这个时候为原有群体服务的权力就变成了某些人谋取私人利益的工具，这就产生了权力的异化。为了获得这种地位和财富，他们一开始就借助于暴力，随后，还需要一种暴力机构来维护他们。这就是掌握在新出现的统治者手里的政治权力——国家。国家承担起原先共同体的社会职能，同时又维护着新的生产方式的存在。这个政治权力既然不再是由一切平等的成员所共同主宰，统治者就必须把自己打扮成具有一种人们无法抗拒的权威——谎称他的权力来自于上天。借助于上天来神化政治权力，是使后者被人们崇拜的一个因素。

在各种社会形态中，古代的社会形态的权力崇拜比起近现代社会更为突出。一般说来，由于政治权力在社会关系中的特殊地位，即它在各种社会形态里能够不同程度地对经济起着巨大的反作用，而对个人来说，"借助政治权力常常给他带来巨大的经济利益"①，所以千百年来人类对权力的疯狂追求从未间断过。在小农为基础的传统社会里，权力崇拜找到了它最丰饶的土壤。

（二）理性形式

信仰的理性形式，是指一种认为人类的理性和信仰可以统一起来的信仰形式。信仰的理性形式不仅是指把理性作为信仰的对象，同时它也表明着人们的一种态度和一种价值持有。

1. 理性化宗教

随着科学技术的日新月异，人类对世界的认识不断加深。而随着科学与哲学的发展，宗教的领域逐渐受到挑战。18世纪欧洲启蒙运动的主要思想家梅叶、伏尔泰、霍尔巴哈、狄德罗等人都曾不遗余力地对宗教进行批判和攻击，以致使得基督教在法国曾经消失到这种程度——连拿破仑去恢复它也不能不遇到抵抗和困难。由此可见，宗教已经踏进了最后阶段。此后，它已不能成为任何进步阶级的意识形态外衣了。"它越来越变成统治阶级专有的东西，统治阶

---

① 王锐生：《权力崇拜与人性》，《北京行政学院学报》，2004年第3期。

级只把它当作使下层阶级就范的统治手段……至于这些先生们自己相信还是不相信他们各自的宗教，这是完全无关紧要的"。① 面对这样的困境，宗教也开始由传统宗教向理性化宗教转变。

世界历史中两种理想化的宗教极端类型"传统型"和"理性化型"的核心区别在于宗教概念与社会形式之间关系上的差异。传统型宗教把现有的社会习俗变成了僵化的程序，它们受世俗习惯严密的束缚，包括一大批非常具体地定义的、仅仅是松散地组织起来的宗教实体，它们零乱地汇集了一些烦琐的仪式及泛灵论的生动形象，使自己能够以独立的、部分的和即时的方式卷入任何一种实际事件中去。传统宗教的特征形式是分离的、没有规律的。而相比之下理性化宗教与日常生活分开，具有自我意识及世俗智慧。理性化宗教更抽象，在逻辑上更紧凑，在词语上更具普遍性。在传统宗教中表述得含糊又零碎的意义问题，在这里得到了包容性的表述并唤起人们统摄性的态度，它们在概念上变得已经具有关于人类生存的普遍的、内在的品质。宗教理性化进程在各处似乎都已经是由彻底地动摇社会秩序的基础而引起的。

2. 先进的理论

作为人类意识与智慧结晶的理论具有三重基本内涵：其一，它们都是由一系列的概念、范畴和原理构成的知识体系。这些知识体系既为人们提供了关于世界的相应的图景，又为人们解释这种世界图景提供了某种"原理"或"公理"；其二，它们的知识体系中都蕴含着构成该种知识体系及其相应的世界图景的思维方式；其三，作为知识体系和思维方式的理论，规范着人们的所思所想和所作所为，即规范着人们的价值评价和价值选择。因此，简洁地说，理论的基本内涵就是知识体系、思维方式和价值规范的统一。正因为理论具有知识体系、思维方式和价值规范的三重内涵，所以它们才能够在实践的层面上规范人们的思想和行为。

具体地说，理论以概念的逻辑体系规范着我们想什么和不想什么、怎么想和不怎么想、做什么和不做什么、怎么做和不怎么做，也就是以概念的逻辑体系规范着我们的思想内容和思维方式、行为内容和行为方式。在这个意义上，作为理论的科学和哲学，就是规范人们的思想和行为的概念逻辑体系。先进的理论之所以先进，就在于这种理论反映了当时的时代精神和文化主题，是对那个时代的人们欲求的人文关怀，并通过理论本身系统化逻辑化的形式指导人们

---

① 《马克思恩格斯选集》第4卷，人民出版社，1995年版，第256～257页。

通过奋斗为争取自己美好的生活而同旧势力旧制度的压迫作斗争。

资本主义倡导的民主、自由、平等思想，是为了对抗封建贵族阶级和宗教僧侣主义的神权高于人权的思想而应运而生的。众多思想家本着"人本主义"的原则而阐述的社会契约理论、天赋人权理论、政治自由理论等等，主张人生是美好的，身体是健康的，欲望是合理的，强调人权高于神权，并以此来指导人们为争取人类的自由权利而斗争。在人类的思想史上留下了光辉的痕迹，成为人类反抗封建压迫的知识和思想武器，是当时先进的理论。但是资本主义本身有其历史局限性，资本主义所宣扬的自由、民主、平等是在其阶级压迫之下的，是以剥削广大人民群众为代价对资产阶级权利的维护和保障。所以，面对无产阶级反抗资产阶级压榨的需求，马克思主义理论应运而生，它指导世界人民为争取社会公平和自身权利而斗争，是时代的先进理论。

3. 对人类美好未来的追求

在人类早期，原始崇拜产生的原因，不仅包括当时无知的人们对周围世界的无知和对自然现象的敬畏，也包括对人类美好未来的追求。随着社会的变迁，环境和人们思想的变化，宗教也在发生着变化，唯一没有变的就是宗教都为人们描绘出了一个美好的彼岸世界，构筑了一个虚幻的精神家园。

马克思主义信仰的产生是资本主义矛盾尖锐化和阶级斗争激化的必然产物，是无产阶级解放的现实需要和马克思主义理论家们自觉服从这一需要的直接结果。马克思主义客观地分析了信仰，既认同宗教的存在，又将信仰建立在科学基础之上，指明了全人类最美好的理想——共产主义。共产主义远大目标作为人类社会实践所能提出的最大现实目标，不但具有最大的物质价值，而且具有最崇高的精神价值，"这种精神价值不是自欺欺人的自我安慰和自我麻醉，不是让人们迷恋彼岸、憧憬来世、无所作为，而是催人奋发，给人以鼓舞。这种精神价值不是虚幻的、孤立的，而是依赖于物质价值并为之服务的，它的现实基础是人类改造世界的物质活动"。① 马克思主义信仰自产生以来，已深入亿万无产者和先进人物的内心，引发了为人类解放而献身的崇高感情，创造了无数可歌可泣的崇高业绩，涌现出无数值得人们永久敬仰的英雄人物，使之闪耀着马克思主义信仰的崇高光辉。

三、信仰的产生

从历史的角度来看，从最早的图腾崇拜、祖先崇拜，到创生性宗教，又到

---

① 郑德明：《关于信仰与科学关系的思考》，《山西高等学校社会科学学报》，2005 年 11 期。

以马克思主义为主要标志的科学信仰，在信仰的整个发展过程中，它是随着人类的产生而产生，并随着人类的发展而发展的，它是与人类社会的发展相伴的一种意识形态现象。其中既有原始氏族—部落的集体信仰，也有后来的个体信仰的形成与转向。

（一）信仰是随着人类的产生而产生的

信仰不同于一般的意识形态，它是人类高级的意识形态形式，是人类智力和思维能力高度发达的产物。人不同于其他的生活于自然界中的动物，只有人类才会在自己的精神领域构筑对世界和自己的图景。正是意识到了这种不同，人开始把自己从自然界中分离出来，形成了不同于自然现象的自我意识和对于自身的自我意识。

人类的自我意识是人类在漫长的进化过程中，在认识自然、适应自然、改造自然的活动中，特别是制造劳动工具的创造性过程中慢慢形成的。根据现有的人类学考古材料，早期智人已开始关切人的死后生活，说明人类已经意识到一种不同于肉体生命的东西存在，它在肉体生命死亡后继续生前的生活。应该指出，"早期智人的平均脑量为1350毫升，相当于今人14岁左右的少年脑量，而距今五万年左右的晚期智人的平均脑量为1400毫升，已与今人相等，这表明在人类发展的旧石器晚期阶段上已具备可以产生信仰观念的生理条件——高度发展的大脑"。[①]

（二）信仰起源于图腾崇拜和祖先崇拜

当人类社会进化到高级阶段，人开始意识到自我的存在，于是开始用自己的意识去把握宇宙以及自身。人不同于动物也就在于此，动物只是被动地接受自然的规律，而人开始去探索世界以及自身的奥秘。在人类早期认识能力还比较低下的时候，一些不可解释的现象不断困扰着他们，人类开始认为有一种独立于自身肉体的东西存在，于是一种灵魂的观念产生了。

原始人的灵魂观念，是从对自身的生理现象中产生的。原始人对诸如做梦、昏厥、幻觉、疯狂、疾病、睡眠、死亡等现象困惑莫解，亟欲探知其究竟，于是断定有一种形体极微，与人同形同貌的东西寄寓人体，并可暂时来往或一去不返——这便是所谓灵魂观念的产生。而马克思则认为，"在远古时代，人们还完全不知道自己身体的构造，并且受梦中景象的影响，于是就产生一种观念：他们的思维和感觉不是他们身体的活动，而是一种独特的、寓于这

---

① 冯天策：《信仰导论》，广西人民出版社，1992年版，第71页。

个身体之中而在人死亡时就离开身体的灵魂活动。"① 这样，我们的原始祖先在智力发达的基础上，在对自身生理现象的理解和把握中形成了灵魂和灵魂不死的观念。

在强大的自然力面前，人类的能力是弱小的，面对着种种不能解释的自然现象，人类只有恐惧地产生某种崇拜心理，通过祈祷自然的恩赐来确保自身的平安和健康。面对变幻莫测和神秘奥妙的宇宙，原始人感到自身的孤独与渺小，于是他把自己物化为宇宙一分子以期与自然生命融为一体。这些心理因素是原始崇拜——祖先崇拜、图腾崇拜等形式的直接起因。在这些崇拜过程中，随着仪式的繁复和观念的深化，伴生出人类具体的信仰需求。祖先崇拜是人类最早的有关社会关系的意识，这一崇拜虽然到父系氏族才有完备的形式，但其起源必然是十分古老的。"祖先崇拜的基础是相信人死之后灵魂不灭，并相信死者的灵魂继续与活在世上的人有这样或那样的联系"。② 在人类的原始群体中，头人的地位如同动物群中的头领，是这一群体中无可争议的主人。作为一个氏族—部落的首领，他对于群体成员有着供养、保护的义务，同时也正因为首领在部落中的特殊作用，他也有支配他们、处置他们的权力。头人是原始群体中社会秩序和社会权威的化身，既是立法者又是执法人。这些权威和规范开始被强制地接受，逐渐便成为习惯，在千万年的传承中最终成为维系社会稳固的牢固传统和调整人们关系、指导人们行动的价值准则和行为规则。原始人类对于部落首领的遵奉是源于他们对氏族的认同和出于对首领本人的尊重。一般一个部落的首领是部落中最德高望重的人，他的威望不仅仅来源于他对整个氏族的支配权力，更来源于他本身的生存能力和感召力。对祖先的崇拜是对首领崇拜的自然延伸，在这一崇拜中既有对祖先灵魂的敬畏之情，也包含着对其生前权威的肯定和对传统规章、习俗的认可。

在现实的社会生活中获得一个可以信赖的权威和依之行动的价值框架，是人类需要信仰的主要社会原因，而部落首领的存在就恰恰满足了人们这方面的需求。正因为如此，随着人类社会生活、精神生活的丰富与发展，祖先崇拜在后来的信仰中曾经有过极为充分的发展形式。如在我国以宗法制为主的奴隶社会和封建社会中，祖先崇拜始终是重要的宗教内容。

图腾崇拜是原始崇拜发展到一定阶段的产物，是自然崇拜、动植物崇拜和

---

① 《马克思恩格斯选集》第4卷，人民出版社，1995年版，第223页。
② 金泽：《宗教人类学导论》，宗教文化出版社，2001年版，第111页。

鬼魂崇拜、祖先崇拜互相结合起来的一种综合宗教形式，其流行范围具有世界的普遍性。著名的英国民族学家 J. G. 弗雷泽明确地论证了这一概念。他在较晚时候的著作中，给图腾崇拜下了个定义："图腾崇拜是半社会—半迷信的一种制度，它在古代和现代的野蛮人中最为普遍。"① 根据这种制度，部落或公社被分成若干群体或氏族，每一个成员都认为自己与共同尊崇的某种自然物象——通常是动物或植物存在血缘亲属关系。这种动物、植物和无生物被称为氏族的图腾，每一个氏族成员都以不危害图腾的方式来表示对图腾的尊敬。这种对图腾的尊敬往往被解释为是一种信仰，按照这种信仰，每一个氏族成员都是图腾的亲属，甚至是后代，这就是图腾制度的信仰方面。至于这一制度的社会方面，表现在禁止同一氏族成员之间相互通婚，因此，他们必须在别的氏族中寻找妻子或丈夫。

在原始人看来，宇宙中有一种基本的不可磨灭的生命一体化沟通了多种多样的个别生命形式，人的生命是这些形式之一，并无任何特殊之处。同一图腾的成员都深信他们源出于一个共同的祖先，具有共同的血缘关系，并且和自然生命、宇宙生命保持着统一和亲属关系。在图腾崇拜中由于相信个人与祖先的一体关系，灵魂不朽的信仰也牢不可破地建立起来。图腾崇拜作为一种原始的宗教形式和社会结构，是人类历史活动、社会活动的产物，同时也是人类精神活动的产物。在图腾崇拜中包含了人类对自身与宇宙关系、与社会关系及对于生命与死亡的关系的思考和解答，是人类最初的信仰形式之一。通过这一形式，他开始了自觉的信仰生活，并逐步由模糊到清晰，由简陋到精致，由低级到高级创造出完备的信仰体系。

（三）个体信仰的形成与转向

所谓个体信仰是指个人对自己生存的意义和价值、生活的前途和命运以及人生的状态和归宿等等方面超越性的把握和持有。人的本质虽然是"类"的，但人却是以个体的形式现实地存在和生活着。因此，每一个人都会有自己特殊的社会生活条件和精神文化环境；特殊的社会生活条件和精神文化环境，必然决定了每个人都有着自己独特的文化心理结构和人生价值理想；独特的文化心理结构和人生价值理想，又进一步使得不同的个人给予生活以不同的意义。

人是生活在意义世界之中的，人每时每刻都必须追问和关怀自己生活的意义。正像美国哲学家赫舍尔所说："人的存在从来就不是纯粹的存在，它总是

---

① 海通：《图腾崇拜》，广西师范大学出版社，2004 年版，第 2 页。

牵涉到意义。意义的向度是做人所固有的，正如空间的向度对于恒星和石头来说是固有的一样。正像人占有空间位置一样，他在可以被称作意义的向度中也占据位置。人甚至在尚未认识到意义之前就同意义有牵连，他可能创造意义，也可能破坏意义，但他不能脱离意义而生存着。人的存在要么获得意义，要么背离意义。对意义的关注，即全部创造性活动的目的，不是自我输入的，它是人的存在的必然性。对于面对我们周围现实的头脑来说，最高的难题是存在。但是，对于协调最内在于人的环境的头脑来说，令人烦恼、愁肠百结的难题是意义。意识到有意义的存在——精神健全的标志——依赖于对意义的直觉或肯定"。① 每一个"精神健全"的人，都必然对自己的存在和生活进行意义的设定，并进而在漫长的人生历程中"直觉"和"肯定"这种意义，以给自己的行为提供精神动力。这种对人生意义的"直觉"和"肯定"不是别的，正是个人的人生信仰。

原始的图腾崇拜和祖先崇拜，是人类在早期，在客观环境极为恶劣，人意识到自身能力的渺小，对于外在的诸如天体现象的更替、人自身的生老病死、动植物的繁衍等很多自然现象又感到不理解的心理状态下产生的信仰形式。但是，随着人类生存能力的提高，生产工具的不断更新，尤其是科学技术的日新月异，人类认识自然、改造自然、征服自然的能力不断提高。在人类的意识领域，现实自然的"神秘面纱"正在被不断地揭开，人类对自然的认识已经由原来的"人所感知的世界"，开始向世界的微观领域进发。科学的进步把人类又带到了物质的微观领域，在人类面前展现出一个无处不渗透着人类活动的"世界图景"。但是，人作为一种有着主体性意识存在的特殊个体，并不满足于对"世界是什么"的解释，进而又开始关注人自身的活动，反思人的意识领域，并不断追问：人是什么，人为什么活着，人生命的意义是什么等等。由于每个人在社会生活的地位不同，个人经历不同，活动的环境不同，因而每个人的答案也就不同。由此，信仰由原初的群体共同的图腾崇拜和祖先崇拜，开始向个体的价值追求转变，个体信仰开始不断形成。

四、信仰的社会作用

信仰是最高的意识形态形式，它对于信念和意志等有着统摄作用。信仰不仅给信奉他的人提供了"宇宙图式"和"精神家园"，而且为人类的行为提供

---

① 赫舍尔：《人是谁》，贵州人民出版社，1994 年版，第 46～47 页。

了社会规范和价值评判标准。受着某种信仰支配的人，不仅在自己的观念领域信以为真，而且必将在现实的活动中表现为对信仰宗旨的践行，这主要表现为信仰对信奉者行为的约束和激励作用。信仰不仅对于人的活动有指导意义，同时它也对社会的伦理道德提供了根据和指导，从而对于社会的伦理关系起到了维系和整合作用。信仰对于人类活动的影响必将外化到对社会的影响上，因为人又是社会发展的主要影响者，因此信仰又通过信以为真的人的活动，来影响社会的发展，或是阻碍或是推动。

（一）对信仰者行为的约束和激励作用

信仰对信仰者的作用主要是约束和激励作用，亦即告诉人们什么是不能做的，什么是应该做的和鼓励去争取的。在人类早期原始崇拜中，随处可见到这种对信仰者行为的约束。例如图腾崇拜的氏族—部落就禁止部落内部人以图腾崇拜物为食，而且在他们看来一个部落内部的人是源于同一图腾祖先的，所以也禁止氏族—部落内部人的通婚。这种约束维系了氏族—部落内部成员对图腾的崇高信仰和敬畏，也使得氏族—部落内部的规则与秩序能够得到贯彻和传承。而在宗教信仰里，信仰对信仰者的行为约束主要表现为宗教禁忌。宗教禁忌既是文化模式与社会秩序的内容，又是其手段；它以强制的或潜移默化的方式将人的观念与言行纳入历史的和社会的轨道之中。宗教禁忌是人类最原初的和最朴素的宗教行为，它是规范性的，与人类文明（特别是道德意识和法律制度）有着极其深远和广泛的联系。

人类文明中的许多精品，如意志、觉悟、勇敢、毅力、忠诚、善良乃至爱情等等人类文化中具有自我约束品质的美德，都与宗教禁忌有着这样或那样的因缘关系。信仰对信仰者的作用还表现为对信仰者的激励作用，信仰一般都给信仰者构筑和描绘了一个美好的未来图景，或者是彼岸的天堂世界或者是现实的幸福生活，并鼓励和激励人们去为之奋斗，使得人们在现实当中就算身处逆境也能满怀希望地前行。理想的东西对人来说具有一种吸引的力量，作为终极理想的信仰对象更是如此，它对人有一种强大的牵引力量。这种牵引力量如此之强，以至于能够使人牺牲生命而不足惜。满怀希望的人精神上朝气蓬勃，生活上感到充实完满，生命之树有着欣欣向荣的勃勃气象。相反，生活如果失却了希望，人精神上就会萎靡不振，生活上就会感到空虚无聊，生命之树便没有了生机与活力。古语说得好，"哀莫大于心死"，活着如果没有任何希望，生与死又有何区别？所以，生命的活力在于希望之中，希望是人生的精神支点。信仰不但能够给人带来希望，而且能够给人带来无限的希望，所以，它给人生的是最为光辉灿烂的明天，因而带给人的就是超乎想象的生命活力。但是，信仰对人生的牵引作用尽管非常大，它自身却不能自我实现，只有转化为信仰主体的精神因素及心理动力时才能够成为现实的力量。

信仰活动是一种复杂的心理活动，是一种动态的心理过程。正是这种心理过程才构成一种动力结构，从而形成现实的动力。信仰过程首先是信仰对象被主体所认识和信服而成为一种终极信念；然后使这种终极信念对主体产生一种强大的感情牵引力量，激励了主体的感情波澜，使主体对其产生一种向往和追求的激情（情感因素可以说是主体发动机的燃料）；最后这种情感动力通过意志的裁决和支持，便成为一种推动人生的强大动力。

（二）对社会伦理关系的维系和整合作用

社会伦理作为调整人们社会关系的行为规范，渗透于社会生活的各个领域，对人与人之间，个人与社会之间的关系起调节作用，从而在一定程度上改变或维持社会生活秩序。按照历史唯物主义的观点，社会伦理作为一定社会关系的反映，是独立于其他社会意识的意识形态，具有自身的特点和功能。从历史的起源看，它的出现远远早于宗教、哲学、政治、艺术等意识形式，几乎与人类的自身同时产生。而信仰作为人类的最高意识形式，又包容、统摄其他意识形式的奢望和能力，借此给社会伦理以根据和指导。

信仰的重要功能之一就是在社会生活中确定行为准则和价值尺度，以使人免于在错综复杂的社会关系中无所适从并有所追求，且维系和整合社会伦理。社会伦理的目的是历史发展的产物和现实的社会关系的反映，但其具体内容和形式却只能从属于一定的信仰体系，并接受该信仰体系的宇宙观、价值观和人生观的指导。例如，儒家的社会伦理，是"忠"、"恕"，即"己欲立而立人，己欲达而达人"，"己所不欲，勿施于人"。要考察这一伦理目的与现实的政治关系、经济关系的联系，必然会遇到许多难以贯通的关节。但若从儒家的整个信仰体系来认识这一目的，便容易理解和说明了。原来这一目的是从属于"天下大同"这一最高的社会理想和道德理想的。"大道之行也，天下为公，选贤于能，讲信修睦。故人不独亲其亲，独子其子。使老有所终，壮有所用，幼有所长，鳏寡孤独废疾者皆有所养，男有分，女有归。货恶其弃于地也，不必藏于己，力恶其不出于身也，不必为己。是故谋闭而不兴，盗窃乱贼而不作，故外户而不闭，是谓大同。"① 因此，一个社会的伦理道德得以依靠信仰

① 《礼记·礼运》

来统摄和维系，并在此基础上进行整合，统一这个社会的伦理观念和道德准则。

（三）对社会发展的促进与阻碍作用

信仰作为人类最高的意识形态形式，通过人们对其的忠诚信奉和执行，指导了人们的现实实践行动。当然，这种信仰的导向作用在社会发展方面也可以分为促进和阻碍两种作用力。当一种信仰，符合了时代的精神和文化的发展方向，那么这种信仰就能够促进社会的进步；反之，则阻碍社会的发展。

以马克思主义信仰为例，它首先是一种理论，一种科学的理论，同时又是一种信仰，一种科学的信仰。它不仅给予无产阶级和先进人类以伟大的认识工具，而且赋予他们以伟大的历史使命，成为他们的精神支柱和奋斗旗帜。学者于朝阳在其《信念、信仰、信心——用"三信"构建强大精神支柱》一文中对马克思主义信仰进行了概括。① 一是，马克思主义信仰是一种现实的信仰。现实的信仰（或世俗的信仰）是以往虚幻、超验的宗教信仰的直接对立物。它不是以超自然、超人类的超验价值为目的，而是从人们的世俗生活和现实社会中吸取人生所需要的价值。二是，马克思主义信仰又是科学的信仰。科学的信仰是非科学的信仰的直接对立物。以往的一切宗教信仰（以及一些新产生的世俗信仰）都是非科学的，马克思主义信仰与宗教信仰是对立的，这种对立代表了科学信仰与非科学信仰的对立。三是，马克思主义信仰还是一种崇高的信仰，崇高的信仰是粗陋的信仰的直接对立物。马克思主义信仰的崇高是与其本身的科学性、现实性结合在一起的。马克思主义不但揭示了无产阶级的伟大而崇高的历史使命，而且指明了全人类最美好的理想——共产主义。四是，马克思主义信仰也是一种健全的信仰，健全的信仰是偏执、狭隘的信仰的直接对立物。共产主义社会不是人们成仙化佛的境地，不是一些人偏激狭碍心理和古怪念头的满足之物，而是人人都得到自由和谐和全面发展的现实目标。这一目标的实现不是借助"神迹"和"神力"的佑助，而是靠人自己不懈的努力与奋斗。

马克思主义信仰是一个信念的体系，其中包含有许多相互联系、层次不同的具体的信念。在不同的时期，面对着不同的形势和目标，其中不同的具体信念会分别提到首位或突出的地位。从共产主义运动的全过程来看，有两个最基

① 参见于朝阳：《信念、信仰、信心——用"三信"构建强大精神支柱》，《齐齐哈尔大学学报（哲学社会科学版）》，2000年第5期。

本的时期即社会主义革命时期和社会主义建设时期。马克思主义信仰是贯穿于这个全过程的，但在不同的时期，相对于不同的奋斗目标，其具体化的表现也会不同。在革命时期，马克思主义信仰就更切实地具体表现为革命信念，而在社会主义建设时期，则主要地具体表现为建设信念。正是马克思主义信仰所包含的这些信念，指引着人们为建设幸福美好的未来生活而奋斗，从而推动了社会的不断发展。但是，与马克思主义的科学信仰相对，一些落后于时代的信仰则阻碍了社会的进步，不仅毒害人们的身心，而且还危害了社会秩序的稳定与国家的发展。

封建迷信是愚昧无知的代名词，在封建迷信盛行的地方，造庙热如火如荼，农民再穷也要从牙缝里挤出钱集资盖庙，而学校的校舍却是岌岌可危。求神拜佛大军日益壮大，香客建成庙宇，庙宇造就更多的香客。神汉巫婆、风水先生招摇过市，出入车站码头、街头巷尾，迷信用品市场日趋繁荣，冥钱、草纸、棒香充斥店铺。封建迷信不仅使得迷信其中的人们的财产受到了损害，而且还破坏了人们的正常社会生活。人类的活动首先是物质生产活动，物质生产活动需要尊重客观规律，否则难以取得预期的成功。"迷信者相信人的成功与否是天定的，人们等着神鬼赐福即可；人的灾祸是天降的，通过一定的仪式和求告，就可以改变天意，免降灾祸。因而行动必须求得神鬼同意，求得神鬼的保佑，按照神鬼指示办事。一个社会谶纬盛行，沉溺于迷信，忽视正常的理智，懒于实干，这个社会就不会有什么发展。"①

---

① 乐国安、江国平：《封建迷信与社会稳定》，《赣南师范学院学报》，1998 年第 1 期。

第三章

社会治理中信仰的作用机制

　　社会活动是一种目的性极强的行为，这种有目的的活动，总是受某种信念支配的，在实施行为之前，行为人总会自觉和不自觉地接受某种信仰和亚信仰的教育或说教。信仰是人生力量的源泉，能焕发出强大的驱动力，这种驱动力在心理学上叫内驱力，一个人信仰越坚定、越高尚，他内心激发的驱动力就越强大、越持久。信仰作为个体的精神支柱和行动指南，在整个人类社会活动中发挥巨大的作用，它先于个体的社会实践活动而存在，并指导实践活动的开展。

一、信仰在社会治理中的先在性

　　D. 麦克莱兰说："强烈的成功驱动力来自哪里？价值观、信念、意识形态——这些是一个国家对成功强烈关注的真正重要源泉"[①]，在由北京光华管理研修中心和美国德鲁克基金会共同发起主办的 21 世纪管理国际研讨会上，美国德鲁克基金会主席弗朗西斯·赫塞尔本发表了题为"新世纪的使命管理"的演讲，她的主题思想是强调使命对于管理的重大意义。"一切工作都源于使命，并与使命密切相关"，"你不需要为了管理而成为管理者，你是为了使命而成为管理者。你所做的一切工作，无非是与大家进行沟通，让大家接受这个使命，然后团结带领大家，朝着这个方向前进。"赫塞尔本强调使命的重要意义在于它使管理活动在根本上解决了"为什么做"的问题，而不是"怎么做"，这样对于组织系统内部的人员才能真正焕发出工作的热情。使命属于价值取向范畴，是信仰的衍生物。如果一个组织没有使命，那么它有可能只知道自己在"做什么"，而不知道"为什么做"。信仰提供的价值判断体系恰恰解决了"为什么做"自己所从事的事业的问题，这样管理活动才能取得应有的

[①] 谢立中、孙立平主编：《二十世纪西方现代化理论文选》，上海三联书店，2002 年版，第633页。

绩效，才能发挥出组织的最大潜力。任何一个组织都是由人组成的，组织的驱动力本质上是来自人的驱动力，而人的驱动力又源自人内心深处的激情。

（一）在逻辑顺序上，信仰先于社会活动而存在

思想是行动的先导。人们在从事各项社会活动前，总是对整个活动的过程和结果以及可能出现的各种影响因素有一个宏观的把握，从而对整个过程进行更有效的控制，以达到预期的目的。不可否认，贯穿于整个社会活动过程中的，是人的某种信仰和信念，这种信仰在逻辑顺序上先在于人们的社会活动。

信仰作为指导人们思想的根据和原则，是人们思想中的"一只看不见的手"，也是人们思想实施过程的"幕后操纵者"，① 在我们形成思想的进程中，信仰只是"默默地奉献"，深深地隐匿在思想活动之中，潜在地发挥着作用。我们的思想活动，更多的是受到某种"观念性"或"价值判断"的"幕后操纵"。

信仰无条件地烙印在人们的思想之中，并以不自觉的方式规范着人们的所思所想和所作所为；同样，人们的思维模式和价值观念都以不自觉和无条件的方式规范着人们的思想内容和行为内容。信仰作为人们的终极关怀渗透在所有的社会活动中，它虽然不外在地表现，却直接地规范着人们想什么和不想什么、怎么想和不怎么想、做什么和不做什么、怎么做和不怎么做。这就是信仰对人们思想和行为构成的"强制性"。比如，在一般意义理解范畴内，我们必须遵循"经验"的方式去思想和作为，任何"超验"的思考，都是对"常识"的不尊重。同样，在各种特定的理论框架中，我们必须以这些理论框架提供的基本原则为思想的前提，并依据这些前提去形成思想。信仰的先在性，主要是指行为人这一主体在实施行为之前，已经在思想层面形成了系统的价值判断标准和理念体系，也就是一种规范性。这种规范性是广义的，它对整个社会活动具有宏观上的指导意义，从而使行为人的行为处于可控状态。在这套价值体系中，价值判断也就是是与非的选择：即某些价值目标是适合行为，是可以选择的；某些价值规范是不适合行为的，是不可以选择的，通过这些价值批判来激励或约束主体的行为，使社会活动顺利地进行。主体也正是通过可以选择的价值判断体系来影响对象。

信仰为行为主体提供的价值判断是逻辑先在的，是在行为主体进行社会活动之前就被赋予了的。行为主体由于特定的历史地位、价值追求、利益导向以

---

① 孙正聿：《哲学通论》，复旦大学出版社，2005 年版，第104页。

及文化喜好等规范了整个群体的价值判断标准，这个判断标准在一定意义上体现了统治阶级的利益取向。统治阶级要想对整个社会实施统治行为，必须首先使社会全体成员接受统治阶级的思想。统治阶级为了使统治对象接受本阶级的价值判断标准，可以通过"硬"手段和"软"手段来实现。所谓的"硬"手段就是依靠国家机器和暴力手段采取灌输式和高压式的方法强制统治对象被动接受，"软"手段就是依靠这套价值判断体系自身的吸引力以及说服、教育等手段使统治对象能够主动或主观上乐于接受。

汉朝董仲舒的"天人感应"学说，之所以成为当时人们的信仰，其基本思想特质是人间的一切现象上天都能感应，所以人们要向善，不要做坏事，同时，君主是上天派到人间使者，是按照上天的安排来统治的，是"天子"，所以君主拥有绝对权力，同时人们要服从君主，否则就是和上天作对。在现实的实践操作中，董仲舒使用的方法是将"天人感应"的阴阳五行学说与王道政治进行异质同构。他把天时、物候、人体、政制、赏罚统统分门别类地列入五行图表中，组成一个相生相克的宇宙——人事的结构系统，以作为国家行政的依据。在这个系统图式中，世俗间的一切事物都被人为规定在"应然性"的位格，各个位格之间保持着固定的横向平等或纵向隶属关系，彼此之间互相制约，成为整个系统的附属物。由于统治阶级的大力推行，加之广大民众自身阶级的局限性和认识水平的狭隘，这个人为设计的理论系统获得了最高的权威性和可信性，成为笼罩、统治汉代数百年，影响到几乎全部的意识形态领域的官方政治伦理样本。

（二）先在性体现了信仰的社会控制功能

人类社会之所以是"活的有机体"和"动态系统"，因为人类社会系统不同于机械系统和生物系统，而不同之处又恰恰因为它有文化控制系统。[①] 人类区别于其他动物之处在于人是文化性的动物。文化是人类在几千年的生产生活中保留下来的精神、物质财富，是历史的积淀。不同的民族、不同的文化信仰产生不同的社会活动方式。正是由于人类所创造的文化的凝聚与调控，人的文化中的情感、动机、意志、人格等文化要素使人类社会系统区别于机械系统和生物系统。然而，在所有的文化要素中，信仰是最重要的社会控制手段。

信仰对于行为主体的价值影响表明了文化的前导作用，这也体现了一种"权力性"，罗斯说过："权力产生的直接原因是威信，具有最高威信的阶级将

---

① 荆学民：《简论信仰与法的关系》，《北京经济干部管理学院学报》，2000 年第 4 期。

取得最大的权力，多数人的威信给大众以优势地位；年龄的威信给长辈以优势地位；才能的威信给战争领导者或给特权阶级以优势地位；神圣感情的威信给教士特权阶级以优势地位；神灵启示的威信给先知以优势地位；思想的威信给官员以优势地位。"① 以文化前导进行的信仰控制，它的突出特征是由于理想内化到个人心理意识深层结构中而带来的自主性。当行为主体的信仰与社会理想一致，社会理想内化为个人信仰的情况下，社会成员个人的内心愿望与国家、民族、社会对他的要求就会达到一致，社会活动就会顺利开展。"一个国家的崛起归根到底是精神状态的崛起，精神崛起取决于一个民族共同的、健康积极向上的信仰的形成，这才是一个民族崛起的真正原动力，也是支撑崛起后盛况的基础。"② 精神状态属于文化控制的范畴，它会产生巨大的凝聚力和向心力。邓小平认为："我们这么大一个国家，怎样才能团结起来，组织起来呢？一靠理想，二靠纪律，组织起来就有力量。没有理想，没有纪律，就会像旧中国那样一盘散沙，那我们的革命怎么能够成功？我们的建设怎么能够成功？"③ 老一辈革命家以敏锐的洞察力和预见性深入地分析了信仰等精神力量在国家治理活动中的重大作用。特定的国情需要特定的文化控制，共同的生活信仰与价值体系是凝聚人心、凝聚社会的基本力量，可以实现低成本的有效治理。

在中国的现代治理过程中，改革的每一步都是摸着石头过河，都难免会有考虑不周到的地方，都会对整个国家的建设产生深远的影响，因此维系社会稳定是至关重要的，有效价值体系对社会生活的引领是维持一个超大规模社会稳定的关键。在整个治理活动的进程中，价值准则的失落与信仰体系的嬗变成为根本的社会问题，成为社会不稳定的重要根源，因此对公众思想的良性引导成为必需。在纷繁复杂的公众思想中，需要有一种占主导地位的世界观、价值观、人生观与道德观能够获得大多数人的认同和支持。统治阶级要想对整个社会实施治理行为，必须使社会全体成员接受统治阶级的思想，这是信仰引导的文化控制功能的最主要体现，因为"统治阶级的思想在每一个时代都是占统治地位的思想"④。

---

① 罗斯：《社会控制》，华夏出版社，1989年版，第60页。

② 倪乐雄：《和平崛起与国际文化环境的思考》，《中国社会科学》，2004年第5期。

③ 《邓小平文选》第3卷，人民出版社，1993年版，第111页。

④ 《马克思恩格斯选集》第1卷，人民出版社，1995年版，第98页。

二、信仰在社会治理中的导向性

由于信仰提供了价值判断体系，因此不同信仰的导向作用也就不同，在中西方不同的文化层面上更是如此。"道德是人的道德，道德是维护、改造、提升人性的重要途径和手段，因此，对人性的不同看法就会直接形成不同的伦理学说。人性理论对于伦理学说的构建有着不容置疑的预制作用"。[①] 中国的祖先崇拜和西方的基督崇拜由于信仰的逻辑前提存在差异，建立在不同的人性假设基础之上，导向作用也就不一致。

（一）信仰约束人的行为，维系社会秩序

世界上的其他文明都是以古宗教崇拜的形式出现的，而中国从远古时代有部落文明之时就有某种祖先崇拜的形式。中国的祖先有的是本部落威望比较大的长者，有的是权力化的统治者，对于祖先的崇拜是发自内心深处的，既不是血缘上的亲近，亦不是对公共权威的惧怕，而是对不同文化的一种包容和整合。

三皇五帝就是祖先崇拜的一个强例，其实三皇五帝不是同一时期，也不是同一部落，但却成为所有中国人的崇拜对象，这也说明了一个问题——即祖先崇拜代表了中国文明"有容乃大"的特点。中国的祖先崇拜是真正对人的崇拜，在中国人的意识里，是先有人后有神的。他们崇拜在某一领域有所成就的人，不管其年龄或是出身，被崇拜的人成为圣人，再成为神，完成由人到神的思维演变，然后这种崇拜就成为一种精神依托。与此不同的是，西方人首先虚构一个意念中的神，然后再在现实中寻找神的影像，实际上是神到人的转变。两者有相同点，都是发自内心深处的顶礼膜拜；但也有一些质的不同方面，即对虚拟世界与真实世界的不同认识，而这种不同认识，导致很大程度上的价值观的不同和文明形式中思想形式的差异。

1. 信仰维系秩序：强调恢复"礼"的作用

伦理学的中心问题是：人对于这个问题有着永无休止的关注和好奇，即什么是一种有序的和有意义的生活的基础。中国古代的祖先崇拜由于崇拜的对象都是现实中的人，而且都是品德高尚、在专业领域内有所成就的人，因此，从人性的角度讲，人们相信人性是善的，这与儒家关于人性论的阐释是一致的。

儒家人性论的产生是中国古代文化对人自身反省与思考的产物，而反省的

---

① 肖群忠：《道德与人性》，河南人民出版社，2003 年版，第 34 页。

现实基础之一便是当时社会存在的现状与危机。儒家学说作为一种学术理论体系，它的政治主张体现了当时社会的政治需求。儒家关于人性的探索滥觞于西周"礼崩乐坏"的政治、经济、文化现状。周朝的建立对于中国文化的发展来说，开启了文化模式从神本向人本的转换，正如《诗经》所云："周虽旧邦，其命维新"，周朝建立以后，在政治和文化维度上都建立了与商朝不同的价值体系：政治上，父位子传的原则从此代替了商的兄终弟及，在继承权上完成了"禅让制"向"世袭制"的转变，强化了血缘关系的统御力量；在文化上，两个民族或国家间宗教上的差异也很明显，商人崇尚鬼神，从战争到自身病疾，都有特殊的祖宗作祟，"这种万物有灵的信念自周而中断，代之以周代的祖先崇拜"①；在宗法制度上，每个诸侯的疆域内，全疆域内的人都在神庙供奉自己的始祖，保持着准亲属的关系，而且主持国政的官员仍由世系所把持，从而加强了国家的统治力量。例如，"西周时规定诸侯要定期朝聘周天子，如果违反了这个规定，诸侯就要受到严厉惩罚。"②"一不朝，则贬其爵；再不朝，则削其地，三不朝，则六师移之"。③

可见这种宗法制是兼备政治权力统治和血亲道德制约双重功能的统治，体现宗法性、专制性与制度性。在这样的制度与文化的双重维系之下，周朝历经统治与盛世的几百年。但专制之下必有颠覆倾轧之危，"周平王东迁后，周王室式微，诸侯坐大，卿大夫崛起，家臣活跃，社会开始发生激烈动荡"④，揭开了"礼崩乐坏"的春秋战国时代的序幕。在春秋战国的特定历史时期，各国除了争夺周朝式微留下的权力真空之外，思想上的躁动与不一统恐怕也是个影响因子。这时期各种思想风起云涌，在治国方略上"仁政"与"暴政"并存，儒家的人性学说便是在历史与文化的这一大背景之下产生，其出发点是探讨在"礼崩乐坏"的危机中如何建立合理、有效的统治秩序。人性学说是直接为维护统治、建立统治秩序的现实服务的。

2. 逻辑假设人性善：社会治理方式强调"德治"

中国的祖先崇拜是和人性的判断紧紧联系在一起的，直到孔子才形成了一个系统的理论体系。祖先崇拜的对象都是道德品质高尚的贤能之士，因此人性问题与道德紧密相连。儒家文化的人性之善学说是"从善"，奠定了其管理导

---

① 黄仁宇：《中国大历史》，三联书店，1997年5月第一版，第13页。
② 张岱年、方克立主编：《中国文化概论》，北京师范大学出版社，2003年版，第66页。
③ 《孟子·滕文公下》
④ 张岱年、方克立主编：《中国文化概论》，北京师范大学出版社，2003年版，第66页。

向的基石，孔子所提出"性相近也，习相远也"①的命题，真正意义上开始了儒家学者关于人性的探索和研究。在这里值得注意的是祖先崇拜和关于人性的判断都在更高层次上归属于信仰的范畴，都是价值判断的一种。孟子是孔子最著名的承传者，"在人性之善学说方面，他的独创之处在于他把'心'与性相连，把心善作为性善的根据，从而开启了儒家'心性论'的研究进路"②，"孟子所说的性善之性指的不是生而即有的全部内容，仅指的是在生而即有的内容中的一部分"③，确定了人性的主体性。关于心之特点，孟子认为：心具有思维性。"耳目之官不思，而蔽于物。物交物，则引之而已矣。心之官则思，思则得之，不思则不得也。此天之所与我者。先立乎其大者，则其小者不能夺也。"④心具有道德性，而且这种心性是上天赋予的，即所谓"此天之所与我者"，天不仅赋予仁的心作为思维的器官，也赋予仁的心具有内在的善性，"仁，人心也"⑤。在这里，孟子认为性善即是心善，心是性的源头，性是心的显现。

中国的祖先崇拜也正是从心开始的，对于公认的贤能和权威的崇拜超出了血缘和年龄的桎梏，也超出了地域的限制，具有包容性和同化力，这是发自内心真诚的情感，超出了自身的狭隘。这种祖先崇拜一直延续到现在，从我们当前看来，中国人更富有一种人情味，以祖先崇拜的角度来看，那种近乎当时部落群体形式的崇拜具有某种内在情感关联。中国的祖先崇拜从儒家关于人性善的论断中汲取的营养更加坚定了自己的信仰，对道德伦理充满信心。孟子的人性学说一方面为建立和谐仁爱的人际关系提供内在的理论依据，另一方面又为善何以普遍，即道德教育的普遍性做出了说明。可以说，孟子从人性之善出发推出道德教育重要性的结论，虽然前提为先验，但结论与目的却是符合现实社会的需要，在现实的道德生活中并非空洞的假设。因此，它长期以来在事实层面确实担当着促进社会秩序的稳定作用，是对人性向善追求的指引，这是不可否认的历史事实。

3. 信仰对社会治理的导向：强调家族式管理，自我约束、自我管理

从管理的角度可以把家族化管理定义为：在家族企业中，所有权和经营权

---

① 《论语·阳货》
② 陈建明、何除：《基督教与中国伦理道德》，四川大学出版社，2002年版，第191页。
③ 徐复观：《中国人性论史》（先秦篇），上海三峡书店，2001年版，第14页。
④ 《告子上》
⑤ 《告子上》，又说"夫仁，天之尊爵，人之安宅也"《公孙丑上》

为一体，集决策者和执行者于一身，全部或主要管理岗位都由家族人员把持，最终决策权掌握在"家长"手中，采用集权化的专断领导方式，以伦理道德规范来替代经济行为规范的管理模式。从家族式管理的定义可以看出，必须有一个公共的权威来引导整个管理活动的运转，而且这个权威具有绝对的权力来控制整个决策。从中国的祖先崇拜和儒家道德教育观之，其思想内涵恰恰提供了家族式管理的特质。

中国的祖先崇拜推崇贤能的权威，大家愿意由权威来决策本部落的事务，听从他的决定。儒家主张人性之善，那么为善的道德理所当然地就可以反求人本身，因此，从人性为善的界定到管理行为中主张以人为本，显然是从起点到落点的符合逻辑的自然演绎过程。儒家道德教育的人之本，从人性之善的界定出发，最集中地体现在两方面。一方面体现在肯定个体为善的过程是靠内心反省的过程。孟子认为"仁义礼智"仅仅是善的"四端"，是潜在的善，道德并非外界的灌输与强制，而是主体对自我本性的自觉与扩充，是人自身存心养性的结果。"由于孟子没有把人性断定为现实善，而强调它只是一种善的内在根据与可能性，现实的人善与不善，既不由先天命定，也不由外部环境决定，而是取决于主体自身后天的自觉选择与主观努力，这就肯定了人们在道德实践中的主观能动性"①，从而为社会道德的可能性寻找了一个主体自身的根源。孟子力图阐明道德的学习是靠自己，是以个体为主体的道德学习和养成的过程。另一方面，儒家道德教育主张人皆可成尧舜，道德的过程是靠个体的修身养性，而道德的目标也非在遥远的彼岸，人人通过努力，都可以实现道德的理想，达到圣人的境界。正如钱穆所言，"儒家思想不会走上宗教的路，他不想在外面建立一个上帝，他只说人性由天命来，性善，说自尽己性，如此则上帝便在自己的性分内"②。显然，在儒家的道德教育理论中，可以看出一种对人自身肯定的人文主义情怀与理念，这种人之本的思想内隐着一种肯定的思维方式，灌输于社会治理活动中。

社会组织作为一种高级社会群体，其重要特征之一，就是不仅有组织、有目标、有分工、有职责，而且具有鲜明的信仰色彩。这种信仰，主导组织成员的思想，支配组织成员的行为，是整个组织的精神支柱和灵魂。信仰对于任何一个规模较大和前程宏远的组织来说，都是必不可少的。尤其是它的管理者若

---

① 唐凯麟、张怀承：《成人与成圣——儒家伦理道德精粹》，湖南大学出版社，2003 年版，第 93 页。
② 钱穆：《人生十论》，广西师范大学出版社，2004 年版，第 6 页。

缺乏甚至丧失信仰，就会使整个组织就失去活力。因此，时刻保持组织成员的崇高信仰，尤其是组织者的崇高信仰，是组织得以巩固、存在和发展的重要条件。而实现这一重要条件的途径之一，就是牢固树立高尚的信仰，来扼制错误的思想和行为，宣扬正确的思想和做法，从而使崇高的信仰和理想牢固统率组织成员的大脑，并成为他们的行动规范。正是由于儒家文化强调人性善，主张个人自省，提倡"家国一体"的社会结构，因此这种信仰对于社会治理的导向是对管理主体的激励和关怀，使管理主体能够恢复善的本性，激发出管理的智慧和能力，从而使社会治理能够登上一个新的台阶。

（二）信仰化解社会矛盾，促进社会稳定

基督教是公元 1 世纪中叶在罗马帝国统治下的巴勒斯坦和小亚细亚地区产生的宗教，其最初是犹太教众多教派中的一个分支，是犹太人反抗罗马统治的产物。基督教的最大特点即是宣扬死后对灵魂的报偿与惩罚，构想出天国与地狱，为受苦难的人们指出了脱离现世苦难进入永恒天国的希望。基督教之所以能够得到广泛的传播，还由于它打破了传统的犹太教的排它性、孤立性和保守性，把犹太教由一种狭隘的民族宗教改革成为一种开放的世界性宗教。

1. 信仰拯救心灵：对社会精神和伦理秩序的补充

基督教是由犹太教的一支发展演变而来的，因此基督教的教义中保留了很多犹太教的教义。犹太教是世界上第一个信仰"一神教"的宗教，即除了"耶和华"之外没有别的神，这种信仰的坚定性给予犹太民族无穷的精神激励。犹太教的历史在很多宗教学家的眼中并非是一般所谓的世俗历史，而是一部充满苦难与等待"救赎"的历史。在犹太教义里，由于人们信仰耶和华是万能的，而且耶和华与犹太民族是一种契约关系，即神一直在注视他们在尘世间的行为，如果他们足够智慧、足够勇敢，能够带领本族摆脱欺凌，上帝就能够选他们为子民，使他们成为上帝和凡间对话的中介，并能够在主的终极关怀中享受快乐的生活，此有割礼和摩西十诫为证。但是这种美好的理想愿望与现实的生活状态大相径庭，在罗马帝国的统治下，他们深受苦难，然而成为上帝子民的信心和决心却没有动摇，他们把在现实中受到的苦难当作上帝对自己的考验和磨砺。犹太民族的希望在于通过赎罪而获救，先知与弥赛亚便成为犹太民族千年的等待与精神寄托。

从历史的大逻辑来看，基督教的流行、发展与壮大的进程有其自身教义对世俗力量的吸引力，同时外在的社会力量也起到了推波助澜的作用。这两种力量的同质性是对人们心灵真空的一种慰藉，满足了人们疲惫、空虚与无奈的心灵和获得解救的精神愿望与渴求。当时的欧洲处于罗马帝国的统治之下，一方面对罗马帝国的统治阶级而言，庞大疆土的统治与管理，使其不堪重负。过分优越的生活使罗马人丧失了生活的乐趣。在一个疲惫与厌倦心态充斥的社会中，引起人们兴趣的只有宗教。另一方面对于被罗马帝国所征服的民族来说，也正如德国哲学家文德尔班所指出的那样："这个庞大的帝国对于它融成一个强大的整体的各族人民，不能给他们抵偿丧失民族独立的损失，它既不能给他们内在的价值，也不能给他们外在的财富。世俗生活的气息对古代各族人民来说已变得枯燥无味，他们渴望宗教"①。

在当时，由于统治者的腐朽堕落，社会精神和伦理秩序的缺失，人们心中普遍比较苦恼和迷茫。而基督教的一大特点，正是宣扬死后对灵魂的报偿和惩罚，构想出天国与地狱，这就为受苦难的人们指出了脱离现世苦难进入永恒天国的希望。正如恩格斯说："而事实上只有靠着对彼岸世界的报偿的希望，斯多葛——斐洛学说的弃世和禁欲才得以提升为能吸引被压迫人民群众的新的世界宗教的道德原则之一。"② 因此，当罗马帝国灭亡时，已经在罗马社会人们心灵里生根发芽的基督教却保存下来，并直接进入中世纪，成为新社会的基本细胞。

2. 逻辑假设人性恶：社会治理方式强调"法治"

与儒家以人性之善探讨道德何以可能不同，西方基督教则从人性之恶出发阐述了道德何以必要。从人性之恶的缘起看，基督教在教义中提到的人类始祖亚当偷吃禁果犯下了"原罪"，即破坏了亚当和上帝之间的契约关系，也破坏了人类与上帝之间的和谐关系。人类始祖亚当堕落犯下原罪以后，人所本有的"上帝的形象"及"原始的公义"遭到破坏，只能凭借神性的恩赐得以认识上帝、遵照上帝旨意行事，在恶的本质基础上仍有理性的能力，因而，人们一方面可以在一定程度上认知上帝，另一方面却又需要上帝通过教会颁施恩宠使自己获救。那么，从亚当、夏娃违反契约而有罪又如何推出所有的人都有罪呢？原罪不是指具体的罪行，而是一种精神特质，在基督教的教义里，这种特质由人类的始祖亚当遗传给了人们，人们在潜意识或现实行为中也具有了罪的某种倾向，"古代希伯莱人有一种人类一体的思想，认为世上的人都不是孤立的而是相互依赖、相互影响的，因此始祖亚当的犯罪堕落使所有的后世的人都有不

---

① 温德尔班：《哲学史教程》（上卷），商务印书馆，1987年版，第212～213页。
② 《马克思恩格斯全集》第22卷，人民出版社，1972年版，第542～543页。

利的影响"①，都带有原罪。上帝作为基督教义中主宰世界万物的唯一的神，是善良慈爱、全知全能的。上帝创造了人类，那么上帝和人类的关系就是先验的、永恒的、不可超越的，是神定的。可在原罪说中，我们看到亚当与夏娃意识到自己的知识与智慧是有限的之后，误用自己的自由去偷食禁果，为的是想超越自身的局限，把自己变成像上帝那样的人，自作主宰，自做上帝，因此，可以说罪的基本含义是人的傲慢自大和对上帝的背离，罪的后果是人神关系的破裂。"人神关系即代表着一种理想之境、完善之态，而这种关系的破坏或消失、或不被人所把握，则会引起一种关涉众人的深层之感，这种感触即构成了对基督教原罪论这一层面的体悟和揣摩。"② 正是把"原罪"作为人类普遍固有的因子，基督教以肯定性的思维形式固化了人性恶的观念，认为它违背了上帝和人类之间的契约关系，更是对上帝规划的理想状态的背离。

可以说，在西方人性论发展的历史过程中，从基督教产生并广泛流行发展直至在欧洲中世纪占据主导地位以来，基督教人性之恶的观点便成为主导的思想，罪是人与上帝的契约关系的被破坏，罪是人的生存的本体状态，所有的人皆有原罪的思想便根深蒂固。为了限制和约束人性之恶，西方发展出较完备的法律体系，是推动社会前进的重要步骤和关键环节，为法制社会的形成奠定了强有力的基础。

3. 信仰对社会治理的导向：强调对客体的管理到实现社会管理

信仰基督教意味着对上帝全知全能的肯定，上帝是善良和智慧的象征，具有同一性、永恒性，自由正义、善良博爱，上帝创造了人类，那么在上帝与人的横向共时态联系中，上帝居于主动地位，而且是不会犯错误的，只有作为管理对象的人类才是有罪的。正是把上帝超脱成为宇宙世界独一无二的主宰力量，基督教在教义中宣扬"信徒平等"的观念，《加拉太书》第 3 章第 26～29 节说："你们因信基督耶稣，都是神的儿子，你们受洗归入基督的，都是披戴基督了。并不分犹太人、西利尼人、自主的、为奴的，或男或女，因此你们在基督耶稣那里，都是一样的。你们既属于基督，就是亚伯拉罕的后裔，是照着应许承受产业的了。"③ 当然这里也有团结广大的民众反对罗马残暴统治的政治需要，由于信奉平等观念，因此教徒不论来自何种家庭或家族，只要信仰上

---

① 陈建明、何除：《基督教与中国伦理道德》，四川大学出版社，2002 年版，第 195 页。
② 卓新平：《基督宗教论》，社会科学文献出版社，2002 年版，第 202 页。
③ 《加拉太书》，第 3 章第 26～29 节。

帝，并遵守教规教义，就可以施洗入教。

这样，来自不同家庭和家族的教徒，围绕着一个统一的信仰形成了超越血缘关系的宗教组织，在这个组织里，仍然按照约束管理客体的逻辑进行管理。当时封建统治阶级为了维护和加强自己的政治统治，需要利用宗教；而宗教首领为了扩大影响、争夺势力，也需要与封建统治者的联合。掌握神权与掌握政权的两大集团既彼此争夺权势，又相互依赖和利用，而广大民众则成了被争夺的对象，也就是作为客体被管理，使之服从于统治阶级的管理。这是神权和政权既斗争又妥协的结果。在基督教规定的上帝与人的关系中，具有主动性的永远是上帝。人类的始祖亚当将原罪祸及到所有的人身上，那么人就要通过自我的救赎实现与上帝关系的和解并进入到上帝所设计好的理想社会。基督教认为人性既已堕落，人自身从这个已堕落的人性中不可能行出让上帝满意的行为。换言之，罪性是人的存在属性，人不可能靠自己把自己从罪性中拯救出来，因此人在道德上是无法自救的。基督耶稣作为圣子以无罪之身代替人类受死以求得上帝的宽恕，以此使人类得到救赎，同时基督教教义认为基督舍己牺牲，显示了上帝的圣爱，从而成为世人的榜样，感动世人悔罪归向上帝，并且由此强调改变态度的不是上帝，而是世人。从基督教的教义中可以看出，它把原罪作为人类的存在属性，在人性恶的逻辑前提下，强调人作为客体的能动作用，而不是要求主体的上帝调整作为，因为上帝是万能的。在现代社会治理过程中，管理客体并不是被动的，也要通过强化自身的信仰不断获得主动权和自主权，从而为更好地进行治理活动打下基础。

三、信仰在社会治理中的渗透性

信仰是人类的一种重要的精神活动，它在人类的生存和发展的活动中发挥着巨大的作用。"信仰在社会生活中的作用是多方面多层次的，它广泛渗透于社会生活的各个方面，并在不同的层次上发挥作用。"[①] 它的渗透作用主要体现在对人的影响上。在整个社会活动过程中，人是处于主导地位的，可以说任何一种思想都是基于对人的意识、看法提出来的。社会治理的关键是人，根本方法就是提高人的觉悟，激发人的积极性，使每个人懂得怎样对组织的最高目标做出贡献。治理的主体是人，治理的客体虽然兼有人和物，但是对物的管理取决于对人的管理，归根到底还是对人的管理，所以管理客体主要也是人的问

---

① 刘建军：《马克思主义信仰论》，中国人民大学出版社，1998 年版，第 144 页。

题。在我国古代，无论是儒家思想还是兵家思想，都很重视发挥人的作用。人的核心地位和作用，也强化了信仰、价值观、理想信念等文化内涵的渗透作用。

（一）信仰引导规范着人的思想和行为

信仰决定了人对事物的看法和认识，所有思想的形成受信仰支配和影响。因而，信仰对人们的思想言行具有决定性的影响，是主宰人们灵魂的精神支柱，是各种社会活动的原动力，必须把信仰教育置于社会活动的核心地位。管人的关键是管心，心理活动的本质是人脑机能，人的一切行为都是由一定心理活动支配。人是有思维的动物，有对世界、对人生、对价值的看法，有欲望，需要自我实现。人本思想认为，人是决定因素，只有人的思想端正，行为正确，才能达到物尽其用，财尽其效。邓小平同志曾深刻指出："所谓管理得好，就是做好人的工作。"① 人的思想和行为是内在统一的。人的思想和行为的内在统一集中表现在，人的思想和行为紧密相联。人的行为都是受思想支配的，任何行为都可以找到它的深层次的思想根源，人的行为离不开思想；同时，人的行为对思想也有一定的影响作用，当一个人遵循积极向上的行为规范时，必将对其思想产生积极影响，而当一个人出现消极行为时，对其思想也将产生不良影响。人的思想和行为的这种内在统一性告诉我们，人的行为必然与思想直接联系。对人思想的积极引导，必将对人的行为产生积极的促进作用。

思想和行为的这种内在统一性，揭示了人的思想和行为的活动规律。它要求思想不但要发挥教育人的职能，对工作对象进行思想"灌输"，为行为提供科学导向，而且要发挥人的潜能，通过管理手段对工作对象的行为施加影响，使其强化已经形成或正在形成的正确思想，校正已经形成或正在形成的思想偏差，放弃已经形成或正在形成的错误思想。在社会活动中，人的思想和行为的内在统一性表现为：人的思想引导规范着人的行为。思想的目的在于通过向工作对象施加有目标、有计划、有组织的影响，使其形成社会或社会群体所期望的思想观念、政治观点、道德规范，并产生促进社会进步和发展的行为。我们讲治理，主要是对人的行为的治理，而人的行为总是受一定的思想支配，有其目的性，即追求一定目标的有意识的意志行为。这种意识的行为，又是可以预测的，也是可以控制的。人的行为错综复杂，纷繁多样，有的同一目的可能会有多种行为，有的一个行为可能会有多种目的。思想与行为管理是密不可分

---

① 《邓小平文选》第2卷，人民出版社，1983年版，第78页。

的，以思想来约束、规范教育对象的行为是管理人的职能，是治理水平的体现。信仰决定着人的需要，马克思主义认为，没有人的需要，就没有人的行动，没有人的需要，也就没有人的历史。需求具有普遍性，在现实社会中人人都有需求，没有需求的人是不存在的；需求又具有多样性，人的需求呈现多种多样、五彩纷呈的状态；需求还具有主导性，在一定时期，人们总有一个最主要的需求，正是这个主导需求制约着人的思想和行为。有什么样的信仰就有什么样的追求，在管理中要发现人的需要，唤醒人的需要，引导人的需要，这样才有利于驾驭人的动力本源，使管理活动朝着正确的目标前进。

信仰决定着追求，"信仰并不是一种纯然性的精神冥思，信仰说到底是实实在在的现实生活的内化。是对人的价值的永远追求。现实性是它首先具备的本质品格。信仰区别于其他许多同样具有现实品格的精神现象的特质又在于，信仰是终极价值的取向，是人类精神世界和行为实践的精神机制"。① 也就是说，它又是一种理想感召机制。社会活动是一个连续不断的过程，是从低级阶段到高级阶段、低层次到高层次的进化，一个管理行为的主体只有具备了共同的信仰，才能有共同的价值目标和共同的利益追求，才能使人们在共同利益的基础上团结起来，形成强大的凝聚力，保证社会活动健康、持续地进行。

（二）信仰对社会活动中人的塑造作用

信仰决定着信念。信仰，是主体超越现实、超越自我、追求最高价值的自我意识，是对具有最高价值的对象的高度信服、景仰、向往、追求，并以之统摄自己的精神生活，作为自己精神寄托的思想倾向，是主体对终极价值的追求。

信仰以信念为基础，信仰本身也是一种信念，是一切信念中最重要、最根本的居于统摄、支配地位的最高信念。社会活动的进程绝大多数时候都不是一帆风顺的，在遇到困难的时候，信仰的这种支配性的原动力作用就会显现出来。从运作机理上看，信仰是动机的形式化并支配着人类的行为实践，而动机则是在一定的现实根据的基础上特定行为的理想目标的实现动力。纵向上看，社会活动主要是围绕人的活动展开的。在整个流程中，人是活动的施动者，活动方向的确定、路线方针政策的制定都是由人来实施的；最终的服务对象还是人，要满足人的利益需求和实现人的价值；人是润滑剂和杠杆，组织、计划、协调活动过程中程序性和行政性的工作，解决活动过程中出现的矛盾和摩擦，

---

① 陈晏清、荆学民：《中国社会信仰的危机和重建》，《理论广角》，1999 年第 3 期。

优化效能。人的活动贯穿社会治理过程的始末。横向上看，人是社会治理的核心要素和变量。治理的主体是人，人是决定因素。只有做好人的工作，使人的思想端正，行为正确，才能达到物尽其用，财尽其效。

在市场经济体制下，任何系统，都是一个开放的系统，都是靠在与市场的交换关系中获得盈余而生存发展的，这种盈余的获得与内部各种资源有关。人、财、物、信息是主要的资源。物也好，财也好，抑或完善的计划也好，都要通过人、依靠人才能发挥作用，离开了人，再好的设备、再先进的技术、再充足的资金，也发挥不了应有的作用，社会活动中对人的治理是至关重要的。总之，在社会治理中，人既是治理的主体也是治理的客体，社会治理既要管物又要管人，而对物的管理又是通过人来进行的，所以社会治理实质上是胸怀一定目标的人，为实现目标所进行的活动，人的管理是社会治理的关键。

人的社会行为可以独立也可以依托社会组织进行，而社会组织在社会治理中起着重要的作用。社会组织对组织成员信仰的塑造也是至关重要的，学者周振林教授在《凝聚与激活：管理冲突的两大正向功能》一文中对信仰在社会组织中对组织成员的塑造作用进行了论述："社会组织作为一种高级社会群体，其重要特征之一，就是不仅有组织、有目标、有分工、有职责，而且具有鲜明的信仰色彩。这种信仰，主导组织成员的思想，支配组织成员的行为，是整个组织的精神支柱和灵魂。信仰对于任何一个规模较大和前程宏远的组织来说，都是必不可少的。尤其是它的管理者，若缺乏或者丧失信仰，这个班子乃至整个组织就必然死气沉沉，没有活力，难成大事。因此，时刻保持组织成员的崇高信仰，尤其是组织者的崇高信仰，更是组织得以巩固、存在和发展的重要条件。而实现这一重要条件的途径之一，就是牢固树立高尚的信仰，来扼制错误的思想和行为，光大正确的思想和做法，从而使崇高的信仰和理想牢固统率组织成员的大脑，并成为他们的行动规范"。[①]

（三）信仰影响着社会治理的水平

社会治理的目标就是要实现所设定的价值，简单的说，就是稳定、和谐制度和政权的稳固。任何一个团队，唯有其上下都有共同的信仰追求，才能有凝聚力，才能有战斗力，才能无往而不胜。信仰在整个社会治理中起关键性的作用。治理活动的成败，直接决定着管理目标能否实现及实现程度。管理团队建

---

① 周振林：《凝聚与激活：管理冲突的两大正向功能》，《理论探讨》，2004 年第 6 期。

设是不同方向向量的合力，只有向量束沿着同一方向发射，才会产生最大能量的合力，团队建设的动能也就最强。然而，在实践过程中，由于长期的应试教育导致的"高学历、低能力"的管理主体增多，一些管理人员实际上处于"有理想、无信仰"的尴尬境地。他们也有个人的目标和追求，也曾努力尝试，但是由于自身在身体素质、沟通能力、心理承受能力方面的欠缺，他们在实现个人价值的进程中受到了挫折，结果改变了力量方向，从而对整个管理产生了负效应。

因此，必须营造以共同信仰为支撑的文化氛围，这样才能保证社会活动是整体的行为，不至于因为个人的决策失误造成活动的夭折。文化环境对社会治理影响深远。作为一种"软"环境因素渗透到社会系统的各个领域，从而对体制、人员、行为、职能等产生影响；它既为治理提供智力支持、文化条件和精神动力，又向治理提出艰巨任务。更为重要的是，不同的文化环境构筑了不同的文化，并通过文化来影响行为，因此，必须通过塑造共同的、崇高的信仰来培植一种合理的组织文化以达到目标。

塑造崇高的理性信仰是社会治理的根本。塑造信仰要求一种理性的态度和精神，"理性精神要求实事求是而不是凡事从已有的理论原则出发认识世界；理性精神要求健康的怀疑态度和批判力而不是拒绝对自身的怀疑和批判；理性精神要求人们民主协商地解决认识和利益上的差异而不是把自己的利益得失视为绝对标准；理性精神要求人们对全人类的命运有使命感和责任感，对自己的行为要有理智的约束，而不是把理性变成了没有任何价值约束的纯工具性的东西。失去了价值理念约束的工具理性，在为人造福的同时，也给人类带来许多灾难"。① 在整个管理活动中体现着信仰的无限接近，信仰不是一种先天的神的规诺，而是人所处的现实关系和现实环境的升华和外化。在人的行为实践中，信仰的现实性的实现表现出信仰行为对现实存在的肯定和适应。这是信仰实际支配功能的最基本的一面。正如恩格斯指出："在社会历史领域内进行活动的，是具有意识、经过思虑或凭激情行动的、追求某种目的的人；任何事情的发生都不是没有自觉的意图，没有预期目的的。"② 人不同于动物在于人的任何行为实践并不是一种简单的生存活动的复制，而是创造新的价值的活动。

---

① 尹锡昊：《简评管理理论发展中出现的非理性主义趋势》，《山西煤炭管理干部学院学报》，2006 年第 3 期。

② 《马克思恩格斯选集》第 4 卷，人民出版社，1995 年版，第 247 页。

这种新的价值的创造也不是一种随机性的自然本能，而是伴随着特定的精神生活的社会实践活动。在活动的源头就受着特定的理想目的和自觉世界观的支配和导引。

高素质的核心是要塑造崇高的信仰。提高人的素质对于完善社会治理是大有裨益的，而信仰、理想信念作为人素质要素中的支撑性力量，对于强化职业操守、巩固人生观和价值观、完善治理方法模式、实现治理目标具有重要意义。

信仰是最高的价值追求，是居于支配、统摄地位的价值观念，是支撑工作的根本性的要素，是永不枯竭的力量源泉。这种动力学的分析揭示了信仰对于社会治理的重要意义，它应该是而且必须是治理的目标。在当今世界，各国都十分注重对信仰和理想信念的追求，一个国家，尤其是国家的政治精英们如果没有崇高的信仰和理想信念的追求，这个国家就会成为一盘散沙，整个社会大厦、整个社会制度就会坍塌，正如拿破仑所说："信仰是构筑社会大厦的水泥"。信仰归根到底是一种意志力和自觉性，对于增加社会治理主体和客体的行为动力具有重要作用。

第四章

社会治理中信仰价值的功能构成

　　信仰作为一种肯定性的思维方式，作为人类精神意识的一种机制运行起来，其独特的功能表现为强大的凝聚力和向心力。一个群体，包括国家和民族乃至整个人类共同体，除了要有一定的法律制度和道德规范之外，更需要有精神和思想上的统一，需要依靠共同的信仰作为维护其统一的凝聚力，以实现国家乃至全人类社会的团结。这在人类社会治理活动中的表现尤其明显，无论是社会管理组织内部还是各种管理组织之间，信仰作为同一性的价值关怀，在聚合文化、统一规范、增强合力等方面起到了重要的作用。信仰对社会的凝聚力、亲和力，不是对人的精神意志的简单相加，而是在抽象了大家公认的价值判断体系的基础上，对获取成功和肯定的一种向往。人作为社会治理的主导者，共同的信仰驱动人在社会治理中表现出一致性。有了共同的信仰和理想，人们就会相互激励，人们的意志也因此在团体中得到固化和加强，把大家团结起来为共同的理想而奋斗。

　　信仰对社会而言，通常表现为某一社会、民族和社群所选择并确定的一以贯之的价值理想和终极目标；对个体而言，它表现为个体在其生活实践中所选择并坚信不移的主导价值观，对其言行有着支配性和决定性的影响。社会治理不同于传统的统治。统治型社会管理是单一的、单向的。治理型社会管理是多元的、互动的，其主体不再仅仅是单一的政府等掌权者，政权设计也更为多样。因而，在社会治理中既要创新完善过去常用的"硬手段"，更要重视使用"软手段"。信仰正是必要的"软手段"之一，在当前复杂的社会治理中的价值将是巨大的。

一、信仰是社会组织的"粘合剂"

　　无论是在过去，还是在今天，人类对精神世界的追求和享受从没停止过。尤其在当今世界，表面上看起来人与人之间的联系方便容易，交流的时间和空间大大缩短了，但同时人们正越来越遭受精神需求空乏的困扰。孤寂会导致人灰心丧气,对未来失去希望,从而失去奋斗的动力。社会组织就是要规范这些因悲观、厌倦情绪引发的对现有秩序的挑战行为,维持社会各项制度的顺利实施。而信仰恰恰为不同的社会组织提供了行为的规范性和同质性,是社会组织的"粘合剂"。

马克思主义的辩证唯物史观告诉我们,矛盾是对立统一的,任何事物都存在相互依存的两个方面,我们强调信仰对社会组织的凝聚功能,并不否定局部范围内的不和谐和冲突。信仰在思想意识、价值取向层面统一了管理者的认识,但是并不能保障所有人员具体行为上的一致性。同时我们也要看到,这种差异性并不是根本利益上的冲突,而是经过在细枝末节上的稍微修剪之后可以调和的。同时差异性也暴露了社会活动中存在的问题隐患,可以引起管理者的重视并及时清除障碍,这也从反面巩固了原有的凝聚力。

(一)信仰在一个组织内的凝聚作用

信仰在组织内的凝聚作用主要体现在对环境的整合上以及对组织文化的培植上。信仰是一种精神现象,属于意识范畴,是文化的核心概念。文化是在一个相当长的历史过程中逐渐形成的包括物质领域和精神领域的成果,是历史的积淀。它是对整个世界的包括对社会和自然的认识,是人类的内在精神的外在表现;它是每一社会的发展象征,是不同时代精神之所在,也是各个民族的民族精神和民族性格的表现。由于社会文化是在长期的历史进程中形成的,因此它对特定社会的文化特质和社会结构产生了深层次的影响。

因此,社会文化作为影响全社会生活的一个重要因素,渗透到社会生活的各个领域,影响到构成这个社会的各种团体和各个社会成员,并在其中起着比较隐蔽的潜移默化的作用。社会文化在不同的社会领域、社会团体和社会成员身上表现出不同的文化形式,具有独特的文化特征。在社会组织领域,社会文化则表现为组织文化。组织文化是在社会文化的基础上通过社会组织及其工作人员的各种活动而形成的一种精神文化形态。它是社会组织及企业工作人员应共同具备和遵守的理想信念、价值观念、道德标准、行为模式、生活方式及人际关系等各种生活准则与行为规范的总称;它是关于一切社会活动的意识观、价值观、道德观和心理倾向等的总和。组织文化由于其极强的渗透力,直接影响着任何一个社会组织的结构、运转程序、决策过程,以及人员的行为、作风、态度、价值观等。环境是一个变量,处于不断的分解和重构中,如何使新环境能够有效地凝聚起所属人员的注意力和他们为团体贡献的自觉性是关键,组织文化起到了举足轻重的作用。

信仰是文化的原生点，共同的信仰能够使所属人员迅速适应新的环境，找到新的工作激情。这种对所属环境的归属感并不是简单时间和空间范围内的变化所能抹煞掉的，根本原因在于组织文化的稳定性，这才是团体环境真正的边界，它超越了物理和空间上的限制。信仰对组织内部的整合可以加强管理和业务系统之间、各部门之间的沟通与协作，消除组织内各部门之间、各业务环节之间的目标冲突和管理离散现象。通过整合，可以优化管理资源和业务的有效配置，进而提高组织的运营效率和管理效率。因此，组织内部信仰带来的整合会带来竞争优势，这种竞争优势是个螺旋式上升的力量线圈，它不是恒定不变的，而是随着人们对资源的合理运用、技术的成熟进步、文化感召的日益加强而不断前进的。在社会活动实践中，信仰是一种群体意识，这种意识是管理双方在长期关注团队成长、所属人员心理需求、团体比较优势中形成的，它是社会活动的灵魂。它在制定目标、构思发展战略、变革制度、确定手段以推动各项工作协调运转方面，在形成最佳整体合力的过程中发挥着导航作用。

社会组织生存与发展的原动力和活的灵魂在于全体人员能够为了团队的利益牺牲自我，寻找提升竞争力的方法，把自身的价值追求与团队的前途紧密结合在一起，在团队的进步中获得心理满足。这种共同的目标感、使命感、责任感、荣誉感及其在此基础上形成的凝聚力和向心力，是社会组织坚定方向、无坚不摧的精神支柱和活力源泉。在培植组织内部的文化方面，信仰起到了独特的无以替代的作用。社会组织本身是个复杂的系统，虽然在主体思想方向上由于共同的信仰能够统一，但是其内部仍然存在某种冲突的可能性，其中最容易发生的就是所属人员个人利益与组织集体利益相悖。个人在团队里为了满足自身利益的最大化，不可避免地要和其他人进行竞争，如果组织文化的导向容忍了这种行为，竞争的形式和内容就有可能向组织所设想的相反方向发展，其后果是导致组织资源的浪费和所属人员的内耗，最终降低了团队的竞争力，伤及整个组织的利益。因此，如果某一团队不通过对其组织文化的建设来引导员工行为，使他们在组织内部的竞争中处于一个良性而和谐的氛围，后果必然是员工的行为以"利"为导向，给组织的整体利益带来损失。信仰就是要对各种价值追求进行规范，使之能够和团队的发展保持和谐的声音，能够培植统一的组织文化来规范组织内部人员的行为，实现利益的整合。

社会组织是个动态的系统，各个环节之间有机联系并发挥作用，任何一个环节的调整都可能引起整个系统的"共振"，其他环节如果不及时调整，就可能引起整个系统的失衡，从而导致系统的不稳定。因此组织内部的整合与发展必须建立在"互相支援"的机制上，不然，就达不到整合的目的和效果。这种整合是在遵从信仰的前提下以构筑新的凝聚力量为目的的。凝聚力永远是组织内部最原始、最具潜能和爆炸性的力量，它是团队能够在激烈的竞争中保持不败的第一推动力。在信仰所设定的文化氛围中，战略不是在真空中进行的，它必须在管理者创造的体制环境中实施，这也是社会组织必须协调运行的原因。

（二）信仰在不同社会组织之间的凝聚作用

社会组织是由从事管理活动的人和机构组成的，管理活动的主体在从事管理的活动中潜意识地贯穿着管理的理念和一般方法，信仰为这种理念提供了一般的规范性。无论是从道德层面、法律层面还是技术层面，这种规范性都先在地指导和约束人们的行为。在思想上，尽管社会组织存在信仰的多元性，但是在对待社会管理的一般原则上并没有根本性的冲突，这使得社会组织能够保持管理的经常性和一贯性，这种持久性也在潜意识中巩固了社会组织原有的信仰，增强了凝聚力。

社会组织都是为完成一定的组织目标而存在的。任何事物都是相辅相成的，不可孤立地存在，尤其是两个互相比附的事物，没有了参照系，任何一方都无法确定自己的位置。管理行为的目标就是要实现管理主体所设定的价值，简单的说，就是效益，是生产力，是战斗力。任何一个社会管理组织，唯有其上下都有共同的信仰和追求，才能有凝聚力，才能有战斗力，才能无往而不胜。不同组织间的整合对于提高组织外部战略的成功实施具有重要的意义。信仰的凝聚功能发挥了重要的作用，整合就是重新构筑同质性的过程。由于组织间在运作模式、文化、能力等方面存在差异，组织间形成新的组织后，原有的组织文化及习惯、模式和能力体系所形成的均衡被打破，必须要进行新的整合，以建立新的文化、新的运作模式和新的能力体系。凝聚力就是效能，就是品质。很多合并与兼并的企业之所以不成功，重要的原因之一是没有进行有效的整合。我们必须明确，信仰带来整合的实质是将理论、技术和实践融合为一体，恢复管理一体化过程的原貌，推进管理体系的创新和管理品质的提升，使管理理论更具指导性和应用性，使管理技术更具工具性和针对性，使管理实践更具思想性和效率性。

信仰对社会组织的凝聚力还体现在和社会组织的良性互动上。社会组织存在的目的就是为了实现所设定的一系列目标，以实现社会秩序稳定和提高各种管理要素效能。信仰恰恰为社会组织的行为规范提供了价值上的一致性，这种一致性使得社会组织的成员能够在行使管理职能时保持公正性和规范性。共同的价值追求使得社会组织中的个体能够在管理行为中时时保持高度的责任感和使命感，为完成目标而努力奋斗。在社会组织的实施管理实践中，价值追求对于管理活动成败具有重要意义，社会组织的管理者会日益感受到共同的信仰对于实现目标的重要作用，日益明确凝聚力对于团结所属人员的精神意志、激发其奋斗热情的作用是其他元素所不能比拟的，这种渴望与追求将固化原有的价值判断。社会就是在信仰和社会组织的良性互动中不断进步，治理目标也会因此而早日实现。

（三）信仰对整个社会治理系统的凝聚作用

"要团结就要有共同的理想和坚定的信念，没有这样的信念，就没有凝聚力。没有这样的信念，就没有一切。"① 对于社会治理系统而言，它的任务是要对整个国家进行有效的治理，防止国家失序。面对中国这样一个地大物博的国家，维系社会稳定是至关重要的，而稳定的前提就是全国各族人民能够在共同信仰的引领下，倾注全部精力为中国的伟大复兴而努力奋斗。共同的生活信仰与价值体系是凝聚人心、凝聚社会的基本力量，可以实现低成本的有效治理。任何一个社会都不是一成不变的，都有个新旧事物的博弈过程，社会也会随着这对矛盾引发的动力不断进行改革调试，防止矛盾激化危害到人们的切身利益。目前中国就处在这种转型期，随着改革开放的纵深发展，一些在改革开放初期没有被预见到或是潜在的矛盾纷纷浮出水面，如果不及时进行治理，中国的改革开放成果就有被窃取的危险。这其中最大的威胁就是长期的市场经济导致的局部人群价值准则的失落与信仰体系的嬗变，这成为根本的社会问题，成为社会不稳定的重要根源。

社会治理系统要进行有效的治理，必须有一种占主导地位的世界观、价值观、人生观与道德观能够获得大多数人的认同和支持，这样信仰所产生的凝聚作用才会把大多数人团结起来，才能形成良好的思想基础和阶级基础，这也是实现社会有效治理的基本元素。信仰对社会治理系统的作用在不同的历史时期有不同的表现方式。总体说来，在市场经济确立之前，主要的问题是信仰的政治化。在那个年代，政治气氛压倒一切，政治渗透在社会生活的各个领域，政治的特性也因此延伸到人们的日常生活里。在那种政治是统帅和灵魂的社会运作机制中，政治和信仰之间的必要张力完全消失，政治的强制性和暴力性使信

① 《邓小平文选》第3卷，人民出版社，1993年版，第111页。

仰失去了它对政治的应有的牵导和矫正功能，因而当政治导向出现偏斜的时候，信仰不但失去它应有的矫正效力而且会对这种偏斜产生一种强大无比的加力作用。政治失去了原来的理性，信仰也失去了对政治应有的积极的牵引和指导。在这种情况下，社会治理系统的政治变革必然带来严重而显性的信仰危机，也就是信仰屈从于政治的压力陷入迷茫期。在市场经济确立之后，有可能出现和已经出现的问题，是信仰的功利化。信仰作为人们毕生的理想追求和价值信念，失去了它对社会发展和人生导向的神圣性，反而把功名利禄作为唯一的价值追求。信仰的功利化带来的危害是它不再具有恒定性，而是随着现实利益的需求而不断发生位移，信仰在这种情况下同样失去了它对社会经济运作状况的监督作用，从而使市场经济的负面效应在人性层次上（尽管政府可以采取行政措施适当控制）缺乏约束而不断扩大。

信仰在社会治理系统中的凝聚作用恰恰需要的是恢复它的"文化中介"地位。从社会结构系统看，信仰属于社会文化系统的价值观念层面，这种意识现象具有很强的主观色彩，但是由于它是人们对价值追求的一种向往，因此拥有共同信仰的人群组成了一个强大凝聚力的组织，信仰也由于它的超越性和理想性居于最高地位。在社会治理系统中，信仰凝聚功能的发挥通过以下渠道：由于信仰的同质性，人们拥有共同的道德观；由于信仰的指引性，派生出符合信仰需求的荣辱观；由于信仰的终极性，形成人的社会理想观，并通过对以上诸种关系的内化融合形成一种民族精神。就是说，它的作用的发挥必须经过文化的中介而实现，正因为文化中介的缓冲作用，信仰才有可能对社会的经济和政治的运作实现一种理想性的检视和文化性的矫正，以保证社会的良性运转和朝着理想目标前进。信仰对社会治理系统的凝聚作用还体现在信仰的道德方面。信仰对社会治理系统的凝聚力更多的是表现在道德感召方面，任何一个社会治理系统都是有其对社会公众的内在感召力的，它不可能完全依赖外力或暴力来进行管理，这样不仅增加管理的成本，而且不能得到公众的真心拥护和支持。道德信仰作为人们对道德理想目标的确认和笃信，是对道德理想人格和社会道德理想目标的设定和确信。

在社会治理系统中，人既是治理主体又是治理客体，因此人际关系的和谐与否直接决定着治理目标能否实现。道德信仰由于其亲和力和价值取向的一致性成为人们愿意沟通、能够和谐相处的重要元素。道德渗透在人们社会生活的各个方面、各个领域，人与人之间由于对道德的信任，才会积极主动地彼此互相联系，社会秩序也因道德的约束力量才能保持，这种自觉的系统的道德观已经包含着道德信仰的因素。从纵向的历史大逻辑和横向的历史实践上看，任何国家政权对国家制度的设计都内在隐含地考虑着道德信仰因素，这不仅可以降低治理成本，更重要的是道德信仰对公众所形成的凝聚力可以使统治基础更为牢固。失去道德感召力的政治法律秩序是不会长久的，政治法律制度不仅需要从道德那里获得论证和支持，而且其功能就在于促进和保障道德所倡导的社会秩序的建立和稳定。社会治理系统具有开放性，任何与系统具有同质性的个体都可以被吸纳到系统中来，同时被边缘化的个体也可以遵循系统的道德信仰趋近于社会的需求。

社会治理系统就是要营造一种具有亲和力和感召力的社会氛围，使人们愿意生活在其中并自觉为维系社会的稳定贡献自己的力量，而不是因惧怕暴力被动地生活着，这需要人们之间的道德交往是一种深层的价值观和情感的交往。没有道德方面的情感沟通和价值观的认同，社会就只能是一个冷冰冰的社会，这种社会在外在的强制下也许表面上显得井井有条，但并不是人们愿意生活于其中的理想社会。作为社会主义来讲，它离不开人们共同的道德信仰，只有当基本的道德原则和道德规范真正内化为个体的一种自觉的内心要求和精神力量，从而转化为人们的一种道德信仰时，人们之间才能有更多的理解、沟通和相互关心，社会治理系统才能更加稳固。

二、信仰是社会群体的联系纽带

马克思主义是重视理论与实践的统一的，尤其重视理论向实践的转化，在这种转化中，理论力量变成物质力量。这种转变是依靠理论对人的影响、依靠理论掌握群众来完成的。马克思指出："思想根本不能实现什么东西。为了实现思想，就要有使用实践力量的人。"① 又说，理论一经掌握群众就会变成物质力量。群众在长期的斗争实践中需要一种共同的理论或信仰作为行动的向导，指引其利用斗争的谋略集结全部拥有共同信仰的力量进行斗争，这样才能增加人们斗争的自觉性，同时也增加了成功的系数。

（一）信仰是一种深层次的凝聚力

信仰是一种精神纽带，是一个团体、一个阶级或阶层、一个社会或国家的成员团结起来的精神基础、精神动力。邓小平指出："根据我长期从事政治和军事活动的经验，我认为，最重要的是人的团结，要团结就要有共同的理想和

---

① 《马克思恩格斯全集》第 2 卷，人民出版社，1972 年版，第 152 页。

坚定的信念。我们过去几十年艰苦奋斗，就是靠用坚定的信念把人民团结起来，为人民自己的利益而奋斗。没有这样的信念，就没有凝聚力，没有这样的信念，就没有一切。"① 过去我们靠坚定的共产主义信仰把深受灾难的劳苦大众团结起来，在长期的革命斗争实践中，尽管敌我实力相差悬殊，我们还是依靠强大的凝聚力量发展壮大起来，最终推翻了三座大山，实现了革命的胜利。在改革开放大潮中，我们抱着对共产主义的坚定信心取得了一个又一个胜利，用无声的事实有力击退了敌对思想的进攻，这与信仰产生的凝聚作用是分不开的。

信仰归根结底是人类意识活动的产物。这种意识的产生有其自身的主观性，但却是对人类社会最本质的思考，反映了人类最深层次的价值追求，超越了个性满足的局部性和狭隘性。人的自我意识虽然以个体人的存在为载体，但它的本质是类的，是群体的。这种类和群体性表征着人的本体生成中其精神世界的社会性本质，意味着在精神世界中个人和社会的关系性。这种信仰关系在管理活动中体现了客体对主体的信仰，是一种终极性的关怀。马克思曾指出："凡是有某种关系存在的地方，这种关系都是为我而存在的；动物不对什么东西发生'关系'，而且根本没有'关系'；对于动物说来，它对他物的关系不是作为关系存在的。因而，意识一开始就是社会的产物。"② 这说明，蕴含个人与社会关系的个体意识和群体意识是人类自我社会文化生命的肯定和维系。这种强烈的个人价值追求超越了对物质的迷恋而注重在精神上获得肯定和尊重，并逐渐积淀为一种富有生命底色意识的内在精神模式，它为人类的全部行为实践确定动机和目的，并制约着同类之中个体的思想方式和行为方式。

社会治理活动是针对不同人群的行为，把不同人群的思想意识统一到符合管理主体根基性的价值追求上来是信仰的功能所在。只有不同人群的思想意识统一到主流价值观上来，整个社会才会形成一股强大的价值吸引力。信仰承载着人的本质中的最重要的个人与社会的对立统一性，而个人与社会关系也据此成为信仰最根本的内蕴。富有人类精神生命本色的个人与社会的关系造就了人类的最根本的信仰，反过来，人类的各种形式的信仰，又从最根本上表示着人的本质中个人与社会关系的运行与发展。

---

① 《邓小平文选》第3卷，人民出版社，1983年版，第190页。
② 《马克思恩格斯全集》第3卷，人民出版社，1972年版，第34页。

（二）信仰为社会治理提供强大的动能支持

整个社会治理活动的顺利开展有赖于对社会人群思想活动的驾驭。不同人群肯定存在价值判断上的冲突，如何将这些思想进行有效的整合，是管理者必须解决的一个问题。信仰是一种信念，具有信念的基本特征，即对于某些尚未被实现和证实的客观状态、观念等等的确信。此外，并不是任何信念都能成为信仰，信仰是信念的一种特殊的、强化的、高级的形式，信念只是一种意念，信仰则是一种整体性的精神姿态、一种综合的精神活动。信仰的高度稳定性能够吸附游离在主流思想意识边缘的人群，使他们下定决心向主流的思想意识靠拢，从而完成对不同人群思想意识的大一统。只有确定了人们的终极关怀，才会产生强大的凝聚力，才能为管理活动的开展提供强大的动能支持。作为对人们精神需求的牵引力量，信仰调动各种精神因素为它服务。

在管理活动中，信仰所内含的各种价值观念和行为准则都预示着管理行为的发展战略和方向。如果管理对象信仰缺失，那是非常可怕的，没有信仰的生命就等于没有灵魂。但是，信仰的确立，并不在于一时一刻对某种抽象观念的追求，而在于对人类自身的本质力量和生存发展方向的把握，这是个持久稳定的过程。因此，信仰也有自觉与不自觉、科学与不科学、先进与落后的区别。恩格斯说："即使最荒谬的迷信，其根基也是反映了人类本质的永恒本性，尽管反映得很不完备，有些歪曲。"① 例如，在欧洲中世纪，强烈的宗教信仰曾笼罩了一切，"但是人还是不了解，他在崇拜自己的本质，把自己的本质神化，变成一种别的本质；因此伴随着工业革命的新时代到来时，由于原来的信仰逐渐削弱了，宗教随着文化的日益发展而破产了，人处在这种不自觉而又没有信仰的状态，精神上会感到空虚，他对真理、理性和大自然必然感到失望"②。

信仰是人类最普遍的需要，对于个体来说，"信仰是其精神支柱，是人生价值评价的出发点和归宿，是具有无限自我意识的有限自我对无限宇宙的把握。共同的信仰则是民族、阶级或社会群体相互联系的纽带和凝聚核"③。卡西勒这句话一语道破了信仰对于不同社会群体的纽带作用。在历史进程中，信仰一直是联系不同群众的纽带，它不仅是历史运动中鼓舞群众斗争的精神旗

① 《马克思恩格斯全集》第1卷，人民出版社，1972年版，647页。
② 《马克思恩格斯全集》第1卷，人民出版社，1972年版，651页。
③ 卡西勒：《启蒙哲学》，三联出版社，1987年版，235页。

帜，也是团结群众的精神纽带。凝聚力会把从事不同职业、散布在不同空间的群众结合起来，从而释放出比原来更大的能量，实现局部之和大于整体的效果。这种力量的获得并不是物理力量的简单相加，而是共同的信仰催生出不同群体的潜能，使之能够把全身心的精力都投入到所从事的事业当中，发挥超出自身正常的能量，这是自觉性的结果。一个适应历史发展潮流的人心所向的信仰体系，具有无法抑制的扩张趋向，开始是一人、数人的信从和宣传，像星星之火十分微弱，一旦遇到适宜的环境时机就会燃为燎原大火，群众的归附如海纳百川，很快汇为强大的社会群体。在这群体中，人们之间由于志同道合而亲密无间，信任友爱过于兄弟姊妹之情，表现出高尚纯洁、真诚无私的人类之爱。这样的群体是无敌的社会力量和政治力量，在强有力的政治领袖的领导下，政治理想和信仰就会变成现实。信仰对群体的纽带作用还表现在对社会结构的维护上。不同的社会群体虽然在某些价值观念和理想追求上存在差异，但是在维护社会结构的稳定性上观点还是统一的，社会是群体结构的整体，不论是一个民族或是一个国家，总要维护国家的统一，群体中的每一个成员发挥自己的作用的同时都不应当腐蚀和瓦解这个整体。

在现实的社会中，有着各种组织和社会规范，从制约全社会的法律制度和道德规范到各种团体、组织的规章制度，都起着维护社会秩序、增强社会整体性的作用。但是，一个民族和社会群体，更需要有精神和思想上的统一和一致，需要有共同的信仰来维护向心力和凝聚力，实现民族的团结和社会的安定。可以说，一个没有共同信仰的民族是没有希望的民族，一个没有共同信仰的国家也是一个软弱无能、任人欺凌的国家。

（三）共同的信仰可以对人类社会实施超时空的管理

通过共同的信仰，可以使社会、组织或群体内部消除分歧、统一认识、协调行动，从而大大增强成员的归属感和身份感。信仰对群体的纽带作用表现在对人生的定位上，"世界的正当性应当用信仰来证明"[1] 信仰的这种功能影响到分居在各地的同一信仰的人，只要他们有共同的信仰追求。人们满足基本的物质需求以后，更多的要寻求精神上的慰藉和满足，而精神层面上的价值追求体现了信仰的内在规定性。对于不同的群体，他们都生活在一定的社会环境中，其思想都不可避免地受到各方因素的干扰。人生的意义不仅要用现实生活的价值来衡量，而且要用信仰价值来肯定。每个人的生命都是最宝贵的，生命

---

[1]　卡西勒：《启蒙哲学》，三联出版社，1987 年版，第 237 页。

的意义不能局限在个人现实生活的有限时空范围之内，它还要为自己的存在找出根据，为个人的现实生活寻找出超越的价值，从而把自己定位在合理的人生轨道上。人生的过程就是思考的过程，这就是说，每个人都要为自己的生存找到支撑点或生命的立足点，人人都需要信仰，人人都必须有信仰。

现代社会，随着科学技术的发展和社会的进步，人们的视野更广阔了，但是，困扰人生的因素并没有消失，反而由于视野的开阔，未知的领域也扩大了，这就需要我们选择一种合理的信仰作为我们的精神支柱。通过共同的信仰，可以使组织内部和整个组织系统在社会大环境中的地位得以加强和提升，并维持组织存在及其与周围社会环境的界限。信仰的凝聚功能是指信仰在组织运转过程中，对于维持组织存在的疆界、增强组织群体的向心力，所具有的聚拢、整合和凝结作用。信仰的凝聚功能从个体方面说是人的各种道德认识、法制观念、意志情感、文化信念的整合，使人的精神世界凝聚为一体。这种整合超越了对物质的需求，是精神上的一致。个体信仰的形成，在强化认知层面的统一性的同时，也能够充分调动起人的意志、信念层面的潜能。不仅如此，由于人是肉体和精神的统一体，具有物质需求和精神需求，要协调好这两种需求之间的关系，达到身心和谐、人格统一，离开信仰是做不到的。从整体方面说，是共同的信仰使一个组织的成员走到了一起，为一个共同的理想目标而共同奋斗。在共同的奋斗中，成员们团结在一起，凝聚在一起，通过共同的信仰实现双方或多方的互动，从而使各自都更臻于完善。

凝聚力作为社会群体和社会组织精神意识的反映，并不是抽象的，是可以从内心的情感积聚爆发成为外在的力量聚合。凝聚就是不同方向的外力在信仰的引导下形成新的力量漩涡，这种合力能够超越自然或时空的障碍创造出奇迹。对于管理活动而言，管理者期待管理客体能够团结一致，"集中力量办大事"，而不是分崩离析，这也是任何一个社会组织和社会群体的基本立足点所在。尽管因社会制度、组织群体的性质和特点不同，这种凝聚力的表现形式和特点也可能会有所不同，但在社会、组织或群体系统中，只要信仰不表现为相反的解聚涣散作用，它就必然要从不同的方向、角度来促进组织的整合和良性运行。不同国家、不同地区、不同种族、不同语言的人，只要有共同的信仰就可以联结在一起。"全世界无产者联合起来"就是几代不同地域的人为了共同的目标和价值追求而孜孜不倦的努力奋斗。犹太人在失国的情况下，通过遵守和发展共同的教义凝聚了分散在世界各地的犹太人进行复国。在马克思主义看来，个人与社会的关系又一个不断运作发展、不断走向科学形态的历史过程，这就意味着由此而获得本体根据的信仰也是生生不息、不断升华发展的。因此，对信仰蕴含着个人与社会关系的深刻理解，还必须具有历史的辩证的眼光。身处历史洪流中的人类群体，在共同信仰的引导下默默地创造物质和精神财富，必然成为维系社会稳定的重要力量。

三、信仰是社会和谐的基因

和谐是社会组织在动态的环境中，在维护社会稳定和人们和平相处的前提下，通过理性的分析，寻求解决各种问题的方案，以期达到社会管理者预期目标的实践活动。"各种问题"是指"在特定的时间、环境中，在人与物要素的互动过程中所产生的妨碍组织目标实现的问题"。和谐实际上是人与人，人与环境良性互动的结果。信仰是维护社会和谐的重要因素，敌对的信仰必然产生敌对的行为。宗教以自己不同于其他宗教的教义和不同的方式进行传教，必然引起不同宗教组织之间的冲突，即便是一个宗教，也会因为主张和利益的不一致而发生内部教派的冲突。这种冲突，主要是两种方式：一是和平的竞争；二是强制性的斗争，包括武力械斗和进行战争。在世界三大宗教中，基督教和伊斯兰教的冲突，表现得最为长久，最为激烈。

（一）敌对信仰诱发宗教冲突

宗教冲突的原因很复杂，往往和民族斗争、国家斗争结合在一起。其主要表现形式有：教义的不同、价值观的不同，引起意识形态的对立；代表的经济、政治利益不同，引起利益的冲突；为了生存和发展引起与外部其他宗教势力的冲突；与所处的地理环境、周边民族的情况有关的冲突；宗教组织被权力统治者利用，当作政治、经济利益的工具引起的冲突。但从最根本上来讲，由于宗教间在教义上存在着不和谐的声音，再加上外力别有用心的煽风点火，导致了宗教间激烈的冲突。世界三大宗教的产生，都是植根于民众之中，代表广大民众，特别是穷苦的下层人民对正义、和平等的呼求。但是宗教在本身发展中不是一成不变的，由于外界力量的冲击和宗教本身异质性因素的存在，特别是政治力量的亲密接触，使得宗教在发展中出现了裂痕，有的教徒把宗教教义极端化，从而使人们的行为也偏离了理性的轨道，变得激进，大大增加了爆发战争的可能性。

1. 基督教和伊斯兰教起源

公元前1世纪基督教产生于罗马帝国东部地区的下层人民之中，最早在巴勒斯坦地区，从犹太教的一个支派演化发展而来。"基督教"一词最早出现于公元2世纪，用以指称那种虽然来源于犹太教，却又不同于犹太教的传统信仰的，主张应该以耶稣基督作为救世主的信教派。基督教从犹太教中分化独立出来的主要标志之一，就是崇拜耶稣基督。早在公元前1000年，在地中海东岸一带的犹太人中就流传着基督教创始人耶稣的故事。由于罗马帝国奴隶主阶级的压迫，人们寄希望于上帝，而耶稣就是上帝的独生子，是上帝派遣到人间的救世主。耶稣宣传人人平等、博爱行善，反对富人对穷人的剥削，反对罗马帝国的黑暗统治，深受广大被压迫、被剥削人民的欢迎。伊斯兰教产生于公元6世纪，其传播者是穆罕默德。穆罕默德于公元570年出生于麦加城的一个没落贵族家庭，早年从事过放牧和商业活动，到过叙利亚等地，了解到基督教和波斯教的一些情况。后与麦加富孀赫蒂彻结婚，生活比较富裕安定，为他日后从事社会活动和建立伊斯兰教提供了便利的条件。通过深入了解阿拉伯半岛各地的社会发展、宗教改革和民众要求，他立意凭借建立宗教的途径发动社会改革。穆罕默德综合犹太教、基督教和阿拉伯半岛原有的哈尼夫教义，以古莱西部落的神安拉为唯一的主神建立了伊斯兰教，自称"安拉"的使者。当时的阿拉伯社会，经济繁荣但政治涣散，部落间矛盾重重，王公贵族、部落酋长为了巩固利益，希望建立强大的国家，游牧民族也希望联合起来抵御外敌。穆罕默德建立伊斯兰教之后，为了团结人民，反对麦加富商的高利贷，通过传教组成武装力量，在人民的支持下统一了阿拉伯各部，迫使王公贵族和富商接受伊斯兰教，从而使伊斯兰教迅速在阿拉伯半岛传播。

2. 基督教和伊斯兰教教义上的相悖

基督教和伊斯兰教都发源于中东的耶路撒冷，都从犹太教中汲取了大量的营养，从这点上来看，两者本来应该是同宗的。比如两者都信奉唯一的神，基督教中称为"上帝"，伊斯兰教叫做"真主安拉"，无论是基督还是穆罕默德都是神的使者，他们本身不是神，因此不能被崇拜；在对彼岸世界的构想上，两者都主张人只有在现世积极行善，死后才能进入天堂，否则就要下地狱。但是由于要在教义上相互区别，要维护本身的正统，两者在教义上出现了对同一现象的不同解释并相互攻击，从而引起宗教间的激烈对抗。关于使者的观点。在基督教的教义中，上帝之子基督作为上帝的使者来到人间，启示人们如何救赎原罪，获得上帝的原谅得到拯救，死后进入天堂。在伊斯兰教教义中，穆罕默德同样作为真主安拉的使者到人间进行传教，他享有高贵的地位，具有超凡的能力。在《古兰经》中，传播教义的使者最著名的有6位，这其中有基督和穆罕默德。但是按照伊斯兰教排定的顺序，穆罕默德是这个使者序列中的最后一位即"封印至圣"，同时又是"先知"的标志，是安拉最卓越的使者，以往所有使者的集大成者，空前而绝后。伊斯兰教教义关于使者的说法，无疑贬低了基督在上帝使者序列中的地位，必然引起基督教徒的不满，埋下了冲突的种子。关于宗教经典的观点。任何一个宗教都有自己的宗教经典来详细阐释本教的一些教义和主张，基督教的经典是《圣经》，伊斯兰教的经典是《古兰经》。伊斯兰教认为，安拉曾经给每个使者都降示过一部经典，其中包括基督教《新约》中的《福音书》，不过伊斯兰教的教义同时又认为，这几部经典虽然也是天经，但它们要么已经失传，要么被后人篡改，只有《古兰经》才是安拉降示的最后一部天经，它不仅综合了以前的所有"启示"，而且也证实了以前的一切"天经"，因而是唯一神圣的、完美无瑕的。由于伊斯兰教脱胎于犹太教和基督教的母体，但是为了在教义上区别于犹太教和基督教，它总是试图超越原有的关于经典的论述，这样不可避免地要对母体教义产生一定的冲击，信仰上的相悖预示着其后来与基督教的大规模冲突。

（二）社会和谐的现实性困难

和谐就是要实现人和人、人和环境之间的良性互动，但是现阶段处于社会转型的阵痛期，在和谐的进程中出现了许多现实性的困难。

1. 主体意识的多元化

在自然经济社会形态和计划经济体制下，政治的触角伸到社会的每个领域，政治因素成为社会群体处理彼此关系时必须考虑的首要因素。对于社会主体而言，由于屈从于强大的政治压力，每个人都要听从计划体制下各级组织的安排，所谓"集体的事再小也是大事，个人的事再大也是小事"。市场经济建立以后，在经济行为中实行的自由、平等观念逐渐渗透到人与人关系中，也影响了主体意识的选择性，从等价交换等等物化关系中直接折射出价值观中主体意识的生成。社会主义市场经济中，公有制占主导地位，这就决定了人们的经济活动既与自然经济形态中的活动不同，又与资本主义市场经济体制中的活动不同，表现为价值观中的主体意识正在逐渐从抽象的群体意识向现实的个体意识转移，同时，它又趋向于与马克思所说的"真实的集体"① 相联系。这就是价值观中主体意识的多元化。

2. 客体意识的功利化

在社会主义市场经济条件下，客体不是处于绝对的被动地位，而是在市场经济运行规则的引导下表现出很强的主动性。但是，在接受市场规则积极性一

---

① 《马克思恩格斯全集》第3卷，人民出版社，1960年版，第84页。

面的同时，市场经济中关于自私、拜金的不良习气也在影响客体的价值选择，人们从传统的政治禁锢中释放出来，对价值观的选择难免有些仓促和非理性，这给和谐的实现带来一定的难度。在社会主义市场经济的强大推动下，市场成为人与人相联系的中介桥梁，经济利益成为人与人交往的重要内容，客体意识趋向功利化。

3. 环境的松散化

就目前的环境而言，市场经济不断向前发展，但是市场经济所内含需求的法制环境以及配套的制度体系尚未完全建立起来，在市场经济运行中还存在着不规范、不合理的地方，环境相对松散，缺乏有效的法律约束机制。在这样的环境下，作为社会系统中的人无法将自己的价值追求完全转化为现实的效益或生产力，其创造热情受到压抑，影响了主观能动性的发挥，在整个社会治理过程中突发的干扰因素增多，加剧了治理流程的不稳定性，影响了社会治理目标的实现。

社会在不断发展进步，市场经济也在向纵深发展，我们要对现在的"阵痛期"进行反思，才能使社会治理行为不断进步。黑格尔认为："反思以思想的本身为内容，力求思想自觉其为思想"①，从而"让内容按照它自己的本性，即按照它自己的自身而自行运动"②。于是，反思就能使思想更深刻地从对象自身运动的内容中来把握思想所反映的现实。就目前的社会现状而言，主体和客体的价值观都在发生变化，因此关于价值观的研究有一定的积极意义。价值观的研究集中体现着一定群体的利益和要求，或者说，价值观的研究与引导价值观的变化趋势、确立占主导地位的价值观联系在一起，因而集中地体现着占统治地位的群体的利益和要求。对于管理者的启示，就是要建立起共同的反映人们整体需要的价值体系，用共同信仰的凝聚力与向心力谋求治理流程的顺畅性。

（三）信仰为社会和谐治理提供凝聚力

和谐治理强调的是人与人、人与环境的一种和谐关系，主张在设定实现治理目标的方案中要注重对环境的保护，治理主体对于客体要发挥引导和规范作用，治理客体要发挥能动的反作用，同主体形成良好的互动，这样在实现治理目标的进程中人与自然、人与人之间才能形成一种和谐关系，而不是造成对资

---

① 黑格尔：《小逻辑》，商务印书馆，1980年版，第39页。
② 黑格尔：《精神现象学》［上］商务印书馆，1997年版，第40页。

源的过度消耗和人们之间关系的功利化。和谐治理体现了一种战略观、全局观，是从长远利益着手，不计较眼前利益的得失。

1. 信仰的凝聚作用体现在对人的关怀上

在社会主义市场经济条件下，由于市场的消极作用的影响，人与人之间的关系出现了功利化和金钱化。市场经济的一些运行原则如"等价交换"等运用到了社会管理领域，"寻租"现象出现了新的样式，严重影响了社会活动的顺利开展。和谐治理的首要目标就是人的自身素质要好，人际关系要和谐。而信仰恰恰给治理的主体和客体提供了一整套价值追求和理想信念，要求主客体之间建立一种平等的价值对位。因此在社会主义市场经济条件下，随着社会管理主体价值的多元化和客体关系的功利化，树立共同崇高的信仰显得尤为重要。社会和谐治理从组织研究中吸取了很多营养元素，斯格特提出组织研究的三种视角即"理性的、自然的和开放的系统，并认为当代组织属于开放的自然系统模型，把组织看作理性系统的观点已受到极大的挑战"，① 这些组织理论说明社会和谐治理面临的时代背景和任务都发生了巨大变革，作为组织中的人尤其要切实的发挥好主观能动性，在社会活动中起到良好的牵引和指导作用。

2. 信仰的凝聚作用体现在对环境的优化上

中国自古就强调人与自然的和谐相处，尤其是道家思想。中华文明绵延5000年不曾中断和消亡，这与中国人强调天人合一和顺应自然的哲学思想内核密切相关，这也体现了文化的包容性。冯友兰指出："一个组织得很好的社会，是一个和谐的统一，其中各种才能、各种职业的人都有适当的位置，发挥适当的作用，人人都同样地感到满意，彼此没有冲突。"② 《中庸》说："万物并育而不相害，道并行而不相悖……此天地之所以为大也"。普利高津在比较东西方哲学时也指出，受确定性时间可逆定律支配的被动自然概念对西方世界来说是非常明确的。而对中国哲学来说，自然受简单、可知的法则所支配的思想简直是蠢行的范例。随着一些生态问题的不断出现，管理越来越注重对生态环境的优化，这主要表现在寻求一种发展的平衡，不是为了发展而发展，而是注重发展的效能和持续性。除了生态环境以外，信仰的凝聚作用还体现在人文

---

① 斯格特：《组织理论：理性、自然和开放系统》，黄洋、李霞、申薇等译，华夏出版社，2001年第四版，第92~93页。

② 冯友兰：《中国哲学简史》，涂又光译，北京大学出版社，1996年第二版，第158~175页。

环境的优化上。

在人文环境的培植上，无论是管理主体和客体，都在寻求一种可持续性的发展，能够把自身的特长都发挥出来，同时强调对人的合理要求的满足，也就是做到"以人为本"。实际上，对于任何一个组织系统而言，都存在文化和制度这一对矛盾。相对来讲，制度是硬性的，文化则是软性的，信仰的价值层面主要体现在对软环境氛围的营造上。对人文环境的培植不能忽略了文化、道德、信仰这些软性的约束，因为它们会产生巨大的凝聚力和向心力。只有把社会活动中的人置于合适、确定性的位置，并培植一种"以人为本"的人文环境，才能实现人与环境的良性互动，才能最大激发出人的潜能，从而比较顺利地实现目标。信仰产生的凝聚力不是一个抽象的概念，而是具体实在的。如果社会组织在社会管理行为中受到不同的文化冲击，或受到外界利益的引诱而人心涣散，面临分崩离析的危险，那么社会管理行为就不可能有效率，目标也就不可能实现，这时候信仰的同质性和凝聚性功能的重要作用就表现出来了，这种价值体系会号召所属人员抵御外界不良倾向的侵袭，为了实现目标而共同努力奋斗，从而形成强大的合力。

由于社会活动及其环境的复杂和多变性以及由此产生的因果律有时失灵，加上人类认识的有限理性、人的能力有限性、人的不可确知性和行为的不稳定性，社会活动永远会面对一些不能事先确定的东西。并且这种现象随着社会的进步和发展，比例会越来越大。和谐就是要在科学设计的基础上，充分调动人的能动性、创造性和组织的能动性应对这种不确定性。和谐的思想就是围绕要解决的问题，对可以科学安排的内容尽可能加以科学设计，对无法实现科学设计的要营造一种和谐的氛围，使得每一个人有能动性，不断提高自身能力，创造一个大家都能够发挥作用的平台，并使之与科学设计部分相融合，从而使组织能够自主地根据环境的变化来适应和调节。

第五章

社会治理中信仰价值动力系统

　　任何一个社会，最初的形成都是建立在共同的信仰或亚信仰基础之上的。信仰或亚信仰是人类社会形成的重要推动力。无论从纵向历史的角度看，还是横向跨地域对比，信仰在社会发展过程中潜移默化地发挥了巨大的作用。如果把社会比作一台柴油机，文化就类似于柴油，信仰则是生成柴油的石油，信仰出现了缺失，动力就会不足，这也是为什么说信仰是社会发展动力的原因。总结起来，信仰在社会发展过程中发挥的作用，大致可以概括为三种，即原始动力、内在动力和外驱动力。

一、信仰是社会发展的原始动力

　　动机对现实的肯定与否定是推动社会进步、促进社会发展的动力。从人类文明的历程上看，小到个人，大到民族或国家乃至整个人类，并不是任何历史时期都正确地处理好了现实与理想关系。在人类信仰的历史中，存在着现实与理想的冲突，信仰的理想超越性与现实性的统一对人类动机产生制约。信仰的现实性决定了人们必须理解和肯定自身的现实关系，信仰的理想超越性则要求人们必须在肯定现实关系的同时否定现实，从而对社会进步产生推动作用。

　　（一）共同的图腾崇拜是原始社会形成的基础

　　在人类社会早期，自然条件非常恶劣，人类的文明程度又处于比较低的阶段，非常缺乏对抗自然的手段和能力，自然灾害经常给他们带来毁灭性的灾难。人类一方面要依赖自然，另一方面又对自然感到一种恐惧，迫切需要为自己找到一个感情上的依靠。于是他们想象自然界中有一个神秘的存在，"一个能够到处渗透的弥漫的本原，一种遍及宇宙的广布的力量在使人和动物有灵性，在任何物里发生作用并赋予他们以生命"①。这个神秘的存在是看不见摸

----

　　① 布留尔：《原始思维》引克雷特《印度尼西亚的万物有灵论》，商务印书馆，1985 年版，第 432 页。

不着的，但它可以寄居在自然物上。随着人类思想的发展，特别是灵魂观念产生以后，人类不再满足于用神秘的存在来解释自然。"人本来并不把自己与自然分开，因此也不把自然与自己分开；所以他把一个自然对象在他身上所激起的那些感觉，直接看成了对象本身的形态"。① 人类对于自然界的各种现象感到迷茫和不理解，于是他们就赋予自然以灵性，认为它是神，从心理上这是在寻求一种自我慰藉，也是在寻求一种保护，这就为图腾崇拜开辟了道路。

图腾是原始氏族所迷信而崇拜的物体，他们相信在自己与它们之中的一个维持有极亲密而且特殊的关系。个人与图腾之间的关联是一种自然利益的结合，图腾保护人们，而人们则以各种不同的方式表示对它的尊敬，原始族群实行自我管理是因为这个族群有共同的图腾，崇拜甲图腾的人不具有参与崇拜乙图腾族群的资格。在这种信念的支配下，对族群内部的自我管理逐渐形成，因为这个族群有共同的图腾。在长期的生活体验中，人类对身体各器官的功能有了深入的认识，但是由于知识的缺乏，对于自身的一些心理、生理现象仍然感到困惑。生老病死，这是原始人类无法解释的问题，但是他们又希望可以得到一个解释。为了解释这些问题，他们就想象人体中有一个神秘的存在，"他"控制着人的思维和感觉。这个神秘的存在就是灵魂。从根本上说，原始人类创造灵魂也是为了得到一种保护。他们自己赋予灵魂各种超自然的力量，希望可以得到灵魂的保护，免于受到灾难和伤害。同时，原始人类还将人神话，以求在社会活动中维护本族的利益，加强族群内部的凝聚力。

随着社会的发展，人们的关系、社会结构、社会分工都逐渐变得越来越复杂。于是"人们就像以前受自然界这种异己力量支配一样，又受到自己所创造的经济关系、自己所生产的生产资料的支配，受到社会、国家、阶级等社会关系的支配。对于人们来说，这些具有社会属性的力量同样是一种难于理解而又无法抗拒的异己支配力量。"② 人们希望可以在一种相对来说比较正常和顺利的环境中生活、工作，进行社会交换、社会分工等等。可是这些要求在现实中往往无法满足，人们就很自然的想到了神灵。于是他们就给自己崇拜的一些自然神、人、以及其他的神加上了保护、监督、管理的社会职能。随着社会的发展，神灵就成为专门承担社会职能、凝聚族群的一种手段。

---

① 费尔巴哈：《宗教的本质》，三联书店，1964 年版，第 458 页。
② 《中国民间诸神》，河北人民出版社，1986 年版，第 623 页。

（二）信仰是人类社会活动的重要推动力

无论怎样评价社会的信仰，从总体上说，古代社会的信仰是和它相应的社会境况相联系的，封建社会的信仰对它的社会发展起到了重要的凝聚和牵导作用。共产主义信仰是中西文化精华的真正的有机整合与统一。"共产主义是私有财产即人的自我异化的积极的扬弃，因而也是通过人并且为了人而对人的本质的真正占有；因此，它是人向作为社会的人即合乎人的本性的人的自身的复归，这种复归是彻底的、自觉的，保存了以往发展的全部丰富成果的。这种共产主义，作为完成了的自然主义，等于人道主义；而作为完成了的人道主义，等于自然主义。它是人和自然界之间，人和人之间矛盾的真正解决。是存在和本质、对象化和自我确定、自由和必然、个体和类之间的抗争的真正解决。"①我们看到，共产主义既是一种在对西方资本主义社会的政治、经济、文化的现实批判的基础上的新的信仰的选择，即批判地继承了西方文化的精华；又是一种在展示个性自由的基础上，注重集体、社会、人类的新的信仰的选择，即它在整体的方面又和中国传统信仰的精华存在着本质上的一致。

"从马斯洛的需要理论出发，我们认为心理需要是信仰的一个深层动力和重要原因。原始宗教是人类生存的需要，道德宗教是人类安全和伦理道德的需要，宇宙宗教是人类认知与理性探索的需要，命运宗教是人类对终极价值的关怀和自我实现的需要"。②信仰是人类精神力量的外射，是对自身本质力量的一种观照和再现。信仰将不断地迎合时代发展的需要，伴随人类继续前行。"第一，需要是个体活动的源泉，是推动社会发展的一个内在动力。人类的需要可分为两大类，本能需要和社会需要。本能需要来自遗传，是人类保存个体和延续种族的普遍要求。社会需要是人类历史发展的产物，是对文化和精神文明的普遍要求，这两类需要共同构成人类改造世界，推动历史发展的动力。人类发展的过程就是通过各种行动去满足多种多样的需要的过程。第二，需要本身具有动力性，即人类的需要是在不断发展变化的。需要的满足并不使人的需要消失而是在内部改造它，从而又产生新的需要，因此，它永远表现出积极的性质，不断滋长着、更新着，富有积极动力作用，信仰在需要过程中也要适应需要的要求不断地更新发展。第三，人类个性中凡是带有动力性倾向的特征都

---

① 《马克思恩格斯全集》第 42 卷，人民出版社，1972 年版，第 120 页。
② 袁晓松：《论心理需要是宗教信仰的一个深层动力和重要原因》，《内蒙古师范大学学报》1995 年第 4 期。

是需要的变形。动机、兴趣、理想、信念等倾向性的东西都只不过是需要的一种表现形式。当然，这其中信仰也是不能例外的。信仰既已形成，就表明人们对有关自然和社会的理解与认识的真实性的确认。它不仅是人们的一种认识和观念，而且人们对它富有深刻的情感和热情，因此，信仰具有动力作用是需要的一种表现形式"①，对社会发展形成一种推动力。

二、信仰是社会发展的驱动力

随着人类信仰的发展与进步，人类的社会发展水平也在不断提高。在时间上追溯信仰给予的原初动力已经不足以解释信仰在人类社会发展中的巨大作用，空间上的各个国家、各个民族、各种宗教信仰，都发挥着人力不可抗拒的作用，左右着国家的成长、人力的兴盛乃至生产力的提高，更是直接地影响着人类社会的发展。

（一）信仰或亚信仰推动了人类社会发展的进程

历史唯物主义认为，人类历史的发展就共性而言，大体上经历了原始社会—奴隶社会—封建社会—资本主义社会—社会主义社会，五种社会形态从低级向高级依次演进。在人类由低级向高级演进过程中，信仰由于具有较强的历史穿透性而在历史突变的关键环节发挥主导作用。信仰使人类摆脱了野蛮社会，从原始氏族制度的解体到奴隶制度的确立，由氏族部落机关过渡到国家政权机关，是人类社会关系、社会制度和社会组织的一次根本性飞跃。种族和宗教信仰的排他性的扩张，在种族文化、民族文化或国家形成上具有凝固作用。此外，信仰对于民族精神、宗教精神、创造想象力的形成也起到了决定性作用。族群内部管理依赖于图腾崇拜，信仰将人类带入世界历史进程，使人类不断地发展进步，信仰也随之不断发展。

原始信仰使人类开始意识到他们是一个整体，只有在这个整体中才能更好地与险恶的自然作斗争，才能保持自身与社会的存在和发展，这种朦胧的整体意识正是以图腾人和物的同一意识反映出来的。从那时开始，人类就开始寻找一种由图腾这种超自然的集体力量来代表的更有凝聚力的集体组织，以代替原先自然形成的松散的原初公社组织。英国著名图腾研究专家弗雷泽曾说："图腾不仅仅是一个超自然的象征，也是一种社会组织结构"②。首领就从图腾的

---

① 袁晓松：《论心理需要是宗教信仰的一个深层动力和重要原因》，《内蒙古师范大学学报》1995 年第 4 期。

② 弗洛伊德：《图腾与禁忌》，中国民间文艺出版社，1986 年版，第 130～131 页。

超自然意识的演化中得到了代表氏族和部落制定社会规范的权力，而这一权力若再向前跨出一步就演变为政府的公共权力：一种对所有社会成员均具有约束力的社会规范权，这当然还需要其他社会生态条件的配合。以自然经济为基础的基本社会关系形态被马克思称之为"人的依赖关系"。所谓"人的依赖关系"，即某种共同体内部统治与服从的关系，个人从属于原始共同体，这种狭隘的社会关系是以人与自然的狭隘关系为前提的。"这种实际的狭隘性，观念地反映在古代的自然宗教和民间宗教中。"① 在此社会形态中自发生成的信仰形式主要包括：巫术，它是原始宗教的粗糙的低级形式；图腾，是原始宗教的高级形式，它包括图腾崇拜和图腾禁忌，如食物禁忌、同一图腾的部族内禁止通婚等；原始神话，是人类心智进化的一个重要形式。这一时期的信仰形式在学术界一般被统称为原始宗教或原始信仰。

在这一时期的信仰结构中，认识因素与价值因素（或者说真理与价值）、理性因素与非理性因素表现为混沌统一。尽管原始信仰作为精神活动一经产生就有其独立自主性，但在其产生之初确乎是无意识的和自发的。这种自发性一方面体现在信仰心理上，在人类主体性萌动之初，人对自身所处的自然界有着较强的依赖感，为了逃避恐惧与灾祸，很自然地要诉诸对自然神灵的崇拜；另一方面体现在信仰创作上，原始的语言多具写实特征，原始思维无一定之规范，对世界的认识是综合的和直观的，物我不分、人我不分的影子尚在，在这种情况下，原始信仰的创作只能是自发而非自觉的。原始社会形态下，人在自然面前显得很渺小，因此他们通常是共同行动的，与此相关的信仰活动也是原始共同体的集体行为，原始信仰的客体在原始人那里是一种"集体表象"。原始信仰作为早期人类的信仰形态，反映了原始人低下的生产力水平和微弱的自身力量，在此条件下，人对自然的一切都只能无条件服从。原始信仰的全部客体几乎无一例外地来自于自然界，带有深深的自然性色彩。由原始信仰群体性而产生的整体权力意识说明，人们对社会组织系统和社会权力系统中所缺乏的整体社会规范具有愿望和要求。正是在这种愿望和要求的推动下，原始人类开始构造具有整体社会规范的社会组织系统和社会权力系统，"当人们开始形成社会集团时，他们组成部族，其指导精神和最高权威是一个图腾"②。

这一时代的人类对社会秩序的维护和对人们活动的规范主要依靠社会成员

① 《马克思恩格斯全集》第23卷，人民出版社，1972年版，第96页。
② 查普林、克拉威克：《心理学的体系和理论》，商务印书馆，1989年版，第43页。

对传统习俗、道德和部落首领及部落会议权威的绝对遵从和服从。年复一年，代代相续的图腾崇拜、祖先崇拜在知识低下的原始人心理留下了深刻的印象，由此不难养成他们对本氏族的忠诚依赖之情和对部落首领、巫师、祭司（他们往往是一体的）的敬畏神秘之感。但这时，信仰与人们的社会管理实际上是浑然一体的，人们的信仰行为，诸如献祭、祈祷、占卜、巫术等，同时也是当时人们的社会活动的重要组成部分。综上所述，人类的原始信仰是原始社会生活的反映和原始人类智慧的结晶，是史前人类的唯一信仰形式。它的简陋、幼稚、荒诞离奇乃至不可思议，是和低下的生产力水平，狭隘的社会生活和非理性的思维方式相适应的。随着人类由蒙昧走向野蛮，由野蛮走向文明，原始的信仰内容和形式逐渐失去了它的信仰价值，其对社会管理的推动作用变为阻碍作用。它为人类提供的"宇宙图式"、价值标准和人生目的，都在新的科学知识、生产知识面前，在新的生产方式以及由此产生的新的更为丰富的社会生活和精神生活中，成为不堪一顾的谬误和迷信，这就要求新的信仰取而代之。于是宗教信仰从原始信仰的内容和形式中羽化出来，取代原始信仰成为人类自有文明史以来最主要的信仰。

（二）信仰的层次决定着社会发展水平

按照马克思主义唯物史观的观点，信仰作为一种社会意识形态，其产生和发展是由物质基础决定的，生产力的发展水平的高低决定生产关系水平，进而作用于属于上层建筑的信仰。因此，在不同生产力水平下产生的信仰形态是有层次的，是由低级到高级、由简单到复杂的。根据意识对物质反作用的原理，信仰又反过来对人类的生产和社会活动发生作用。"精神生产随着物质生产的改造而改造，随着社会制度的变革而改变。每一时代的理论思维，从而我们时代的理论思维，都是一种历史的产物，在不同的时代具有非常不同的形式，并因而具有非常不同的内容。"[1] 因此，关于思维的科学，和其他任何科学一样，是一种历史的科学，是关于人的思维历史发展的科学。

步入文明时代，人类首先经历了奴隶社会、封建社会两种社会形态。随着生产力水平的提高，相对于自然必然性的人类自由性日渐拓展。随着交换和分工的不断发展，人类社会结构也日趋精密。一方面体现为社会日益分化为阶级、国家、民族等社会共同体；另一方面，社会生活的领域不断扩大，逐渐产生了成熟的政治、经济和文化等专门领域，并且逐步演绎成了包括器物、行

---

① 《马克思恩格斯选集》第 3 卷，人民出版社，1972 年版，第 465 页。

为、制度和精神四个层面的完整的文化体系。特别要强调的是，立足于一定社会经济基础之上的专门的精神活动获得较大的进步，人们对主客观世界的体认已经由"集体无意识"上升到自觉的社会意识的高度。社会意识诸形式，哲学、科学、道德、艺术、宗教、政治和法律思想等都极大发展并对社会生活全部领域产生深刻的影响。在这种历史和文化背景条件下，人类信仰也步入到更高的历史形态——古代信仰形态。古代社会不同于原始社会那样是一个共同体成员间利害相关的单一价值群体，而是一个有着多元价值分立的复合结构。同时，信仰结构中的理性因素和价值因素开始分化，初步产生了所谓知识与信仰、科学与宗教、理性和非理性的冲突，其实质是价值追求和真理追求的矛盾。古代社会正是一个内含信仰不同质态的混合形态，这并不意味着古代信仰的价值结构是处于一种混乱无序的状态。其实，存在着一种将不同信仰质态整合成有机体的核心力量，就是人类不断提高的认识和实践能力。

古代社会人们的主体性有了一定的发展，但是尚未获得完全独立，也还未大到足以与"神灵"相抗衡的程度。人们对价值的认识仍然是模糊的和狭隘的，并非出于完全的自觉，感性的直观、非理性的直觉仍然是其中极具分量的部分。与此相应，在信仰领域，最主要的质态是广泛存在于社会领域中的宗教信仰，此外在一定范围内还存在限于个人领域的科学、哲学信仰，但总体上来看，古代社会基本上是宗教的社会，宗教对社会生活的影响举足轻重。一切非宗教的信仰形式都为宗教观念所统摄，沦为它的侍婢，而一切古代人类的文明与文化成果都渗透着虔诚的宗教精神，散发着浓郁的宗教信息。宗教在传统社会的意识形态方面具有垄断地位。它不仅维系着整个社会的秩序，而且论证了整个社会存在的合理性，与此同时，又在政治、教育、道德、法律等方面发挥着巨大的影响。它的信条、戒律，是人们从事生产活动、进行相互交往以及日常生活中必需遵循的规范。历史上不论是以基督教为主要信仰的传统社会，还是伊斯兰教为主的传统社会，或是以佛教为国教的传统社会，都分别以这些宗教为其主要意识形态与共同的价值体系。在古代社会，宗教承担着整合社会价值观的重任，伦理道德的价值判断及行为规范主要来自宗教。各传统宗教中的清规戒律对几乎整个社会都具有重要影响，宗教的教义常常可以替代法律，是人们日常言行的基本指导和主要评判标准。宗教与政治的结合使封建君主同时就是宗教意义上的神，它的特征是："在所谓基督教国家，实际上发生作用的不是人，而是人的异化。唯一发生作用的人，即国王，是与众不同的存在物，而且还是被宗教神话了的、和天国与上帝直接联系着的存在物。"① 中世纪就是以国王为代表的神权和君权合一的单一的政治社会，个人在被国王异化亦即统治的状态下，好像失去了自身，变得无足轻重。古代宗教一方面通过削弱个人的智性和能力来实现道德的净化，另一方面通过承诺大众的生存与幸福来压制自由的理性，以此来维持各安其位、互不僭越的不平等格局。

近代以来发生在欧洲社会的文艺复兴运动、宗教改革运动和工业革命运动使人们的主体性得到张扬。文艺复兴运动高扬人文精神，宗教改革重新确定了人们的价值方向，而工业革命则从根本上打破了人对自然必然性的盲从，为人类追求自由和解放准备了物质条件。掌握在人类手中的，无论是精神还是物质力量都不断得到日新月异的发展和进步，人类历史已然位于一个新的起点。从此，人真正成为自觉的价值主体，人们相对于自然的价值要求也逐渐突破了满足基本生存需要的层次，而是趋向丰富多彩的发展和自我实现的需要，甚至是过分奢侈的需要。为了满足自己的物欲，人们演绎出一整套发达的工具理性，其中科学技术及其作用的发展更是令人瞩目，后者在今天已然成为推动人类社会发展的第一力量。社会生活的巨大变革极大地冲击着信仰领域。"随着每一次社会制度的巨大历史变革，人们的观点和观念也会发生变革，这就是说，人们的宗教观念也要发生变革。"② 事实上，不仅宗教信仰，非宗教信仰也会发生变革。理性，特别是工具理性的发达，使得人们自由选择的空间空前广阔。人类对象征自然必然性的神灵的依赖大为减弱，人们的主体性和个性得到很大发展，个体可以对是否信仰和信仰什么做出决定。随着社会生活内容的丰富和领域的拓展，人们在具体的政治、经济和文化生活中同样可以获得类似于以往信仰的精神的和情感的体验，这就使得信仰形态突破了以往比较狭隘的、单一的宗教模式，走向多元化和多层次化。

现代社会或现代国家，"以理性的、此岸的天命取代了非理性的、神意的天命"，也就是说，现代社会与国家不再需要宗教作为说明自己存在之合理性的帷幕，社会、国家从神圣化或宗教化，逐渐变得非神圣化即世俗化。同时，由于科学理论不仅被用于对自然界现象的解释，也被用于对人类个体和社会方面的解释，当作为人的意识结构之基础的认识改变之后，人对社会的看法及日常生活的观念也随之发生改变，宗教不再能够为全社会提供共同价值准则与基

① 《马克思恩格斯全集》第 1 卷，人民出版社，1972 年版，第 433 页。
② 《马克思恩格斯全集》第 7 卷，人民出版社，1972 年版，第 240 页。

本世界观。加上社会结构的多元化和人的认识结构的改变，人们的生活行为准则也变得多元，判断其对错是非靠的是法律。因此，宗教的礼仪与教规对个人行为的影响只局限于其成员，不再具有普遍的社会约束力。在传统社会具有垄断地位的宗教在现代社会已退出了社会的中心舞台，不断地边缘化，宗教具有的提供世界观和凝聚力等价值逐渐减弱，或者只能在局部的范围内发挥作用。但是，宗教并没有被其他意识形态或文化形态替代，仍然是近现代信仰结构中的重要形式。这主要包括几个方面的原因。首先，不再具有政治色彩的"宗教价值"即就宗教本义而言的价值，主要表现为调节个人信仰与社会的公共价值之间的关系，向个人提供属于个人生存（生、死、苦难、幸福等）之意义的选择。由于现代社会的结构日益复杂，为人提供的各种机会增多，可能影响人的生活的因素也越来越复杂，致使人的欲望增多，竞争也更为激烈，因此，现实与理想之间的差距会越来越大。此外，现代社会的科技虽然日新月异，但科学并不能够解决人的存在问题。因此，宗教的"宗教价值"在现代社会不仅没有被削弱，反而由于现代社会生活的单面化、非人化、非情感化，由于人与自然的疏离、人与人之间的隔膜而得到强化；由于物质生活丰富与精神生活贫乏的反差而得到强调；由于现代社会给人带来的孤独感、冷漠感而更为人所需要。其次，由于宗教不再主导或者参与政治，因此它转而加强了对道德的强调，尤其是强调宗教与整个社会相同的规范与价值取向。再者，由于现代社会结构中亚社会、亚文化圈的出现，个人的身份趋于复杂化，在这种状况之下，宗教的认同价值也得以加强。宗教的这种价值与社会意义尤其对于社会中的孤独者、社会地位低下的民众、少数民族、外来移民等更具重要意义。

对某种现实力量的盲目崇拜，如国家崇拜、权力崇拜、金钱崇拜以及明星崇拜等，这些世俗信仰虽然往往不具有完备的理论形式，而只是一种社会心理和日常意识，但它们却是推动人们行动的强有力的动机。国家崇拜将自己的国家视若神明，强烈地崇拜国家机器，包含着偏狭的民族主义感情，伴随着对其他国家和民族的敌视，容易导向军国主义。不能把国家崇拜混同于爱国主义，爱国主义更主要地表现为对祖国历史传统、语言文化和美好山河的热爱之情，虽然其中包含有希望自己国家强大的愿望，但不崇拜武力征服，也不会发展成为对别国进行武力侵略的军国主义。对商品和货币的盲目崇拜，是商品社会中一种十分流行的世俗信仰。在这种信仰中，人的本质不是以神的面目出现，而是以物（商品、货币）的面目出现；人与人的关系不归结于人与神的关系，而是归结为人与物、物与物的关系。执迷于对金钱的崇拜，人就会丧失自己作为人的本性，变成金钱的奴隶。对政治权力的崇拜也是一种相当流行的世俗信仰，权力变成一种不受人控制反而来操纵人和摆布人的外在力量。人们或拜倒在权力的脚下，或者竞相追逐权力。权力崇拜往往与金钱崇拜联姻，狼狈为奸。此外，还有科学崇拜，唯科学主义把科学的作用绝对化，把科学看成目的本身，否认社会关系的意义。西方著名科学哲学家赖欣巴哈指出："对科学的信仰颇大程度地代替了对于上帝的信仰，数理科学家被当作一个小神，于是神学的全部危险如独断论和对思想的控制出现在科学崇拜中。"[①]

马克思主义信仰的产生和发展在现代世界信仰的复杂变动中划出了一条明晰有力的轨迹，促进了人类信仰在世俗化过程中的进步，这主要表现在两个方面。其一，在世俗化过程中，人类信仰冲破宗教幻想的樊篱，向着信仰现实化的方向迈进。这一信仰的现实性方向代表了信仰世俗化的积极方面，扬弃了世俗化的消极方面即庸俗化的方面。这种信仰的现实化不是沉溺于世俗享乐，也不是以赤裸裸的方式恢复对盲目的现实力量的崇拜，而是通过对现实及其发展规律的正确、深刻、全面地把握来塑造真实而崇高的信仰，它是现实主义与理想主义，世俗生活与神圣精神生活的和谐完美的统一。其二，在现代世俗化过程中，人类信仰拂掉现代迷信的蛛网，向着信仰科学化、合理化的方向前进。这种信仰的科学化不是把信仰还原为技术，不是把唯科学主义的狭隘崇拜抬上王座，而是从根本上赋予人类信仰以真实可信的性质。

（三）不同的信仰产生不同的社会发展方式

人类进入近现代社会，作为一种社会现象，宗教对社会生活的关注，宗教的伦理规约、价值追求以及终极关怀，在理性化、社会化之后，便会成为一种具有世俗意义的信仰形式，从而对社会的现代化发展产生影响。

儒家思想是中国封建社会占统治地位的意识形态，从这个角度讲儒家思想具有信仰的特点。儒教思想中对社会管理有系统的论述，涉及行政管理、经济管理、军事管理、文化管理等诸方面。然而若从其管理过程加以分类，则可以划分为"克己"和"安人"，即自我管理和社会管理两大部分。儒家思想方式的逻辑发展是以"修己"即自我管理为起点，以"安人"即理想化的社会管理为归宿，最终达到天下大同。儒家管理思想的具体运作路线是：格物—致知—诚意—正心—修身—齐家—治国—平天下。即从管理者本人自我修养的角度出发，首先通过观察和认识事物，来获取广泛的知识，同时注重精神的锻炼

① 赖欣巴哈：《科学哲学的兴起》，商务印书馆，1983年版，第38～39页。

以提高自身素质，使得管理者本人无论在道德修养、行为规范等方面都达到较高境界，实现自身管理的目标，然后推己及人，实行社会管理的操作过程：第一步从周围做起，对家庭、家族行使有效的管理，然后由家扩大到国，实现对国家的治理。在儒家看来，国是家的扩大，家和国在管理上只有地域和人口的不同，管理方法并没有实质性的区别，对家庭、家族的管理方法同样可以有效地用来管理国家。当国家治理有了成效后，儒家思想的最高境界便是求天下于一统，用儒家思想来管理和统率整个世界。儒家伦理在我国 2000 多年的社会发展实践中，积累了丰富的经验，对东方世界各国的社会发展产生了深刻的影响。

宗教文化则是对超验层面的神圣事物的信仰。神圣化正是基于对世俗化的否定而建构起来的，而世俗化则是建立在对神圣化排斥的基础上的。世俗化的终端逻辑即是，拒绝相信不能为经验所证实的关于人、世界或宇宙的说法。但是，"宗教与世俗化并不是完全对立的，并非每一种宗教与世俗化的每一个方面都处于势不两立的对立状态之中。绝大多数世界宗教都经历了一定程度的理性化过程，并因此而对世俗化的发展起了促进作用。"[1] 人类社会的现代化运动始于西方，即近代西方社会的城市化和工业革命拉开了现代化的帷幕。宗教信仰的超越主义为启动既定社会秩序的变迁提供了主要杠杆，而理性主义则为整个社会的总变迁打下了基础。美国著名的现代化学者贝迪阿·纳思·瓦尔马就认为："《新约》和《共产党宣言》是'现代化'的孪生先驱"，基督教的准则和观点形成了他们的道德基础，资本主义的发展是出于对《新约》的信仰和实践的结果。"[2] 社会的文化只有一种形式，即宗教文化。但这种文化既是宗教的，又是社会的。"天主教教会提供了罗马共和国所缺少的东西，就是一套民众教育体系、几所大学和知识交流的方法，它打开了通向人类管理自己的新的可能性的道路。"[3] 也正是由于中世纪教育事业的发达，才可能有近代科学技术的发展及人文主义的复兴。教会对世俗劳动的重视，赋予劳动以救赎的神圣意义，改变了整个社会的劳动观念。尽管这种"劳动"的价值还是建立在神学意义的基础上的，但是它却为后来西欧手工业经济的发展奠定了坚实的精神基础。

---

① 托马斯·F. 奥戴、珍妮特·奥戴·阿维德：《宗教社会学》，中国社会科学出版社，1990 年，第 174 页。

② 贝迪阿·纳思·瓦尔马：《现代化问题探索》，知识出版社，1983 年，第 18 页。

③ 乔·韦尔斯：《世界史纲》，人民出版社，1982 年版，第 797 页。

近代阿拉伯世界经济的繁荣和工业化的发展,在很大程度上得益于伊斯兰教。从伊斯兰教的诞生地来说,麦加城当时不是一个宗教中心,而是一个贸易和商业中心,伊斯兰教的诞生具有强烈的经济色彩。再从伊斯兰教的先知穆罕默德的身世看,他与耶稣不同,他是商人出身。这一切都决定了伊斯兰教具有商业性的特点。"伊斯兰教从它的开始起就和工商业有着联系的。古兰经规定了鼓励并保护工商业作为所有信徒的义务,穆罕默德对沿海市镇的部族提供了经营工商业的机会。"① 伊斯兰教对世界的扩张也并非仅出于政治目的,而是和经济掠夺及扩张有着极其密切的关系。与欧洲中世纪早期教会对经济生活的敌视态度相反,"伊斯兰帝国制定的贸易和交通条例有利于经济发展,因而陆上和水上交通十分繁忙"。此外,哈里发兴修水利,不仅推动过去不受重视的经济作物的生产,而且卫格达运河把流经美索不达米亚平原的幼发拉底河和流经波斯的底格里斯河联成一个水系,对发展交通繁荣经济起到了巨大作用。也许更为重要的是,伊斯兰教向欧洲、亚洲乃至非洲的扩张,不仅传播了伊斯兰宗教文化,也传播了伊斯兰的物质文化和经济思想,它对这些地区的经济发展所起的作用不可低估。

市场经济的日益社会化过程,也就是社会的日益世俗化过程。世俗化虽然是人类迈向现代化的一个重要步骤,但是,作为文化结晶的人类组成的群体——社会,又不可以彻底世俗化。社会的彻底世俗化,将使人类失掉某种精神支柱。人,作为社会性与生物性的合成体,应当有一种神圣感;完全世俗化,人性的潘多拉盒子一打开,就会放出恶魔。尤其是市场经济对人的肉体存在层面的关注,极易导致人自身向物的世界沉沦,从而使人驻足于经验的平面而遗忘超验的价值。因此,一个社会绝不能彻底世俗化,人类应当有一种神圣感。宗教通过在世俗领域之外再造一个神圣的领域,使人在物质享受、感性存在的现实关怀的层面上超逸出来,去思考人生的意义、存在的价值、灵魂的升华等这类终极关怀问题,从而把人的思想从物欲满足、感官享受的平庸猥琐的层面引向精神追求、理性信仰的层面。现代市场经济既把人推向了社会大舞台,为人提供了施展才能、发挥个性的机遇,同时又把人投置到激烈的市场竞争的茫茫大海之中;人们既体验到弄潮的快乐,又被一种时刻为市场大潮所吞没的危机包围着。特别是早期市场经济的博弈性、随机性,使人处于一种起落多变、浮沉不定的险境之中,更加难以把握自己的命运。这样,就有可能使人

---

① 《中世纪经济社会史》上卷,商务印书馆,1997年版,第235页。

陷入悲观主义，从而意志消沉，悲观失望，颓废丧志，玩世不恭，对生活失去信心。而宗教信仰则可以为人消除这种心灵的阴影，提供一种精神安慰和心理支持。尽管宗教信仰是一种消极的，或者如马克思所说的是一种鸦片的"麻醉"方式，但这确有其功能价值："宗教可以使个体和他的群体相协调一致，可以在变幻无常中给他以支撑，在失望中给他以安慰，可以使他归属到社会目标之上，鼓舞他的士气，为他提供认同因素。"①

近年来，伴随着世界经济的发展特别是其利益驱动原则的社会化，人们的职业道德观念发生了剧烈嬗变，职业道德意识消失、敬业乐业精神淡化，这已经成为人们普遍焦虑的一个问题。在这方面，宗教信仰具有某种特殊的功能。泰勒曾指出："宗教对于人有两个功用，其一就是指导并支持人去完成生活所加于他的职责"②，这实质上也就是赋与人一种职业道德感。似乎可以说，人类神圣的职业责任感、尊严感，一开始就和人们的神圣信仰有着渊源，或者说，是宗教神圣感的沉积并延伸形成了人们的职业道德感。即使如佛教那样主张出世静修的，也强调敬业乐业，刻苦修炼。市场经济归根结底是一种竞争型经济，尤其是近代市场经济初期竞争的冷酷性、血腥性，极易造成整个社会生活的功利化和非人道化。

伴随着世界经济的全方位推进，社会冷漠、人们的情感交流断裂和人际关系的紧张、疏远乃至对立亦将日渐凸出。当前人们的恐惧感、疏离感、孤独感、厌世感均由此而生。而宗教信仰，无论是基督教的博爱主义，还是伊斯兰教的兄弟情谊，或是佛教的慈悲心怀，都引导人们向着一个目标努力，即抛弃一己的利害得失，把怜悯、同情、友爱播洒人间。佛家所谓的"大慈与一切众生乐，大悲拔一切众生苦"，就凸显了宗教文化的这一伦理主题。假如人人都具备这种慈爱胸怀，那么，就会营造出一种和谐、亲切、温馨的大家庭氛围，给人以生存之乐趣。

三、信仰是社会发展的内动力

物质和精神的满足是人生的两大需求，为使人们的生活美满幸福，就要不断满足这两大需求。物质需求通过生产大量物美价廉的产品得以满足，精神需求则要依靠信仰。动机决定行为，信仰对社会管理行为本身的作用就在于其影

---

① 托马斯·F. 奥戴、珍妮特·奥戴·阿维德：《宗教社会学》，中国社会科学出版社，1990 年版，第 29～30 页。

② 爱德华·泰勒：《人类学——人及其文化研究》，上海文艺出版社，1993 年版，第 344 页。

响着管理行为的动机，从这个意义上来说，信仰发挥作用的层次是比较深的。

（一）信仰在社会发展过程中的促进作用

信仰的存在是一个国家和民族文明的主要见证。信仰的变化对社会行为的产生与发展起着举足轻重的作用。当今时代各国的信仰几乎都掺杂了商品经济和市场经济的因素，从积极的角度看可以说体现了社会行为的竞争务实精神。信仰的存在为社会发展指出了一个明确的方向。信仰能够使社会发展产生高度适应性，并能根据环境变换做出迅速反应的行为，在社会大信仰前提下形成人们自己的信仰。人的各种行为都是由一定的动机引起的，而动机又产生于人们本身存在的各种需要。人们为了满足自己的需要，就要确定自己行为的目标。人都是为了达到一定的目标而行动的，从一定的需要出发，为达到某一目标采取行动，进而实现需要的满足，而后又为满足新的需要产生新的行为的过程，是一个不断激励的过程。只有尚未得到满足的需要才能对行为起激励作用，而信仰恰恰是解决了人的最高需要。全面的来看待信仰现象，它是精神和宗教思想相互融合的产物。

在社会长期实践中总结出来的道德准则、行为规范和价值标准，通过信仰把人凝聚起来，形成共同的志向和精神动力。把信仰思想融入到社会生活中已不单单是满足个人物质生活的需要，更重要的是它能给人精神上的满足。由于信仰上的多元体系和兼容性，由于宗教等信仰的影响，导致了哲学以伦理思想为基础。文化和信仰的结合，是传统文化和现代思想相结合的一个重要体现。在一定程度上说，没有信仰就没有文化，信仰是文化的重要组成部分，它在人们精神上所带来的凝聚力、向心力是任何其他形式很难达到的，这种精神上的作用反过来也促进了物质上的发展。从唯物论的角度来说，文化上的这种思想只不过是一种形而上学或唯心论，它强调精神、心灵的重要性而把物质放在次要地位，但在未来相当长的时间内，事实上，信仰和宗教信仰仍然是影响社会发展的重要因素。

（二）信仰对社会发展的影响源于它的内涵

马克思曾指出："凡是有某种关系存在的地方，这种关系都是为我而存在的；动物不对什么东西发生'关系'，而且根本没有'关系'；对于动物说来，它对他物的关系不是作为关系存在的。因而，意识一开始就是社会的产物"。①正像个人与社会的关系有一个不断升华过程而走向科学形态一样，信仰中所蕴

① 《马克思恩格斯全集》第3卷，人民出版社，1972年版，第34页。

含的现实与理想的关系，也同样有一个不断走向科学形态的历史过程。陈晏清、荆学民在《中国社会信仰的危机与重建》① 一文中对信仰在个人与社会、理想与现实中的关系进行了论述：信仰蕴含并展示着个人与社会的关系。信仰隶属于人类的精神世界。人类精神世界的产生是以人的自我意识的生成为基础的，人的自我意识虽然以个体人的存在为载体，但它的本质是类的，是群体的。这种类性和群体性表征着人的本体生成中其精神世界的社会性本质，意味着人的精神世界中个人和社会的关系性。这说明，蕴含个人与社会关系的意识和群体意识是人类自我社会文化生命的肯定和维系。而且，在人的整个生命历程中，这种肯定和维系成为一种最根本的精神渴求。这种渴求超越着人类的个体存在形式，在人类的活动中逐渐积淀为一种富有生命底色意识的内在精神模式，它为人类的全部行为实践确定动机和目的，并制约着同类之中个体的思想方式和行为方式。也就是说，这种模式在人类的全部行为实践中已成为一种根基性的信念，我们看到这种信念作为一种超越每个个体的统摄性的精神共有，正是人的信仰。在马克思主义看来，个人与社会的关系又是一个不断运动发展、不断走向科学形态历史过程。这就意味着由此而获得本体根据的信仰也是生生不息、不断升华发展的。

因此，对信仰蕴含着个人与社会关系的深刻理解，还必须具有历史的辩证的眼光。人类从起源发展至今，纷繁复杂的历史过程既展现了文化历史变迁对信仰内容的丰富和拓展，又展示了丰富和拓展后的信仰对文化历史变迁的内在制导作用。正是这种相互作用给人类社会活动带来了内在的动力。信仰蕴含并展示着理想与现实的关系。信仰并不是一种纯然性的精神冥思，说到底是实实在在的现实生活的内化，现实性是它首先具备的本质品格。但是，信仰区别于其他许多同样具有现实品格的精神现象的特质又在于，它是从终极价值取向即终极关怀上指导人类精神世界和行为实践的精神机制，也就是说，它又是一种理想感召机制。

由此可见，在信仰中蕴含着的现实与理想的关系是其另一个基本的文化内涵。这一点我们可以从信仰的运作机理上稍加分析。从运作机理上看，信仰是以动机的形式外化并支配着人类的行为实践的。而动机则是在一定的现实根据基础上的特定行为的理想目标的实现动力。也就是说，动机潜在地受着现实与理想两大方面的制导。一方面，动机受着现实关系的制约。这种现实关系是人

---

① 陈晏清、荆学民：《中国社会信仰的危机与重建》，《江海学刊》，1998 年第 4 期。

们之间的政治、经济、文化等社会关系，人和自然的关系则隐藏在人与人之间的关系后面通过人与人的关系表现出来。任何一个身处于特定现实关系中的个体，他的任何行为的现实性，取决于他对现实关系的肯定和理解的程度。这些外部的现实制约因素虽然是一种人类自身活动的创造结果，但对一个行为个体说来，却是一种既定的现实关系。这种现实关系对人的行为制约，其实质是要求个体肯定和服从人类自己创造的现实关系，要求人们按一定的思维方式和原则规范自身的行为实践，就是说，在一定的信仰支配下从事自己的实践。这种信仰便不是一种先天的神的规诺，而是人所处的现实关系和现实环境的升华和外化。在人的行为实践中，信仰现实性的实现表现出信仰行为对现实存在的肯定和适应。这是信仰的实际支配功能的最基本的一面。另一方面，人不同于动物在于人的任何行为实践并不是一种简单的生存活动的复制，而是一种创造新的价值的活动。这种新的价值的创造也不是一种随机性的自然本能，而是伴随着特定的精神生活的社会实践活动。它的鲜明的特点在于，在活动的源头就受着特定的理想目的和自觉的世界观的支配和导引。

从上述关系论述中可以看出在个人与社会、理想与现实中，信仰处于支配地位，信仰赋予着人类行为的精神机制，信仰对于社会发展的影响源于信仰的内涵，这说明"人类信仰的本质就是自由自觉的主体力图自觉地对现实关系的积极的创造性克服，它不仅是适应世界而且是改造世界，不仅趋利避害有效有用，而且是合法合理尽善尽美。"①

（三）信仰对社会发展的内在作用

信仰的存在与稳定，能够提高社会成员的凝聚力和向心力，增加他们的满足感、认同感和归属感，这一点在各个类型的社会都得到了认可。信仰激励或者信仰表现出来的社会文化激励作用，是对某种事物的追求和憧憬，信仰的动力就是一个人的需求和追求。信仰有利于营造和谐的社会环境。各类组织作为社会大系统中的一个子系统，不断与周围环境进行物质、能量与信息的交换，社会环境相对来说更具有客观性，人的行为适应环境变化的需要，就要研究环境变化的规律和要求，在与环境的相互影响中达到动态平衡，信仰恰恰就能说明一个社会环境的一种或者几种突出特点。

信仰有利于形成社会价值观。任何一个组织的基本概念和信念，对人的行为来说，其核心任务是如何在竞争激烈的组织中提高组织运营效率。信仰对核

---

① 顾伟康：《信仰探幽》，上海教育出版社，1993年版，第27页。

心观念的影响引导社会文化价值观的生成和确立，为人们行为界定了成功的方向和追求的目标。信仰有利于提高社会的综合素质。信仰的构成包括思想文化、技术文化、管理文化、品质文化和娱乐文化。这些文化的整合与相互作用融合在社会之中，形成信仰。这一方面促进了整个社会成员素质的提高，另一方面形成共同的意识和行为导向，保持和维护了团结、协作、融洽的群体关系，客观上加强了组织的团结奋斗、整体发展的效能。

　　进入 21 世纪，信仰的存在遇到了多重挑战：全球市场化的进程，使得原有时代一贯坚持的信仰受到了重重磨难；而网络技术的兴起，又快速便捷地为人们展示了各种价值观和多种表现形式的信仰。一句话：机制变了、时代变了、技术变了，许多国家都面临着重塑信仰的问题，文明的冲突不可避免的也是一种信仰的冲突。在这样的背景下，各种文化都面临着走向何方的困惑，就其深层次原因，与信仰的缺失不无关系。从各国信仰的现状来看，都存在信仰的缺失。从总体上看，信仰缺失及其导致的问题形式上有文化愚民的现象。此类现象常见于那些专制国家，表现为领导人极端强调某种文化价值观念，推广过激的教育手段。这样的政体存在时间有长有短，但是这种政体下形成的信仰无疑会对其国家乃至国家的各个社会组织带来困境。信仰是超越普通文化，引领人类思维的一种价值观，当崇高的价值受到强大物质文明的冲击，其坚持者就有可能会动摇，这就是马克思所说的信仰"异化"现象的根源。现在的社会竞争异常激烈，国与国之间，组织与组织之间，优胜劣汰成为游戏的新规则，竞争的结果直接决定了国家与组织的生存，信仰在其中发挥的作用不可小视。重塑信仰，加强信仰的作用时不我待。一旦缺乏信仰的支持，就会动力不足，导致整个组织发展出现滞后。非洲落后国家及其恶劣的经济状况，军事政变国家无休止的政治混乱，都能说明这个问题的不容忽视。

第六章

转型时期我国社会的信仰状况

中国共产党人能否领导中国人民实现复兴大业？马克思主义的科学社会主义原理是否过时？人类的共产主义理想能不能实现？诸如此类的问题已使一些人（包括我们的党员和干部）产生困惑，这就是所谓的"信仰危机"。信仰是人类自我意识的产物，是与意识发展紧密相联的观念形态，体现了人类对自我、社会和自然环境的理解与情感体验，表现为对某种理论、主义或宗教的信服、敬仰和尊崇，成为一个人、一个群体的向往和追求，是一个人、一个群体的精神支柱、力量源泉和行动指南。一个社会如果不能有效解决信仰危机，便会失去凝聚力，社会成员就必然处于无序状态。改革开放以来，特别是新世纪以来，我国的经济和社会发展取得了令世人瞩目的成就，但是，在发展过程中也出现了一些严重的不和谐现象，其中信仰危机就是最大的不和谐。我们要建设中国特色社会主义，首先必须下大气力解决信仰危机问题，为推进社会主义和谐社会建设打牢思想基础。

一、转型期我国的信仰危机

在我国不断推进社会主义市场经济的社会背景下，人们物质生活越来越丰裕，但人们的精神世界却出现了一些不和谐的音符。当代中国的社会转型虽与西方发达国家具有不同的性质，但是社会转型所导致的人的存在方式的深刻变革也同样引起了人们的精神迷茫和信仰缺失。改革开放和社会主义市场经济的实践活动，一方面把中国人从对狭隘群体的习惯性依附和对抽象价值观念的盲从中解放出来，另一方面又让一些人在世俗文化的冲击下重新迷失了自我。

（一）意识形态多元化与坚持马克思主义指导思想一元化的矛盾

随着改革开放的深入，我国社会经济成分、组织形式、利益关系和分配方式日益多样化，人们的价值选择、社会意识、生活方式也日趋多样化。在处理指导思想一元化和社会意识多样化关系的问题上，产生了把二者割裂开来甚至对立起来的各种观点，他们把马克思主义看成多元意识形态中的一元，否定其在意识形态领域的指导地位，具体表现为：

1. 理论研究中的"三个教条"

理论在科学认识中是不可缺少的基本要素，在认识活动的全过程中无所不在。不仅科学研究的目的是要建立正确的理论，而且在科学研究的任何一个环节都离不开理论的参与。对于不同的认识主体，处于相近的认识环境，面对相近的认识客体，由于所持有的理论不同，所获得的经验也不尽相同。在马克思主义研究中，我们应重视理论研究的作用，更应避免在理论研究中出现以下几种教条。

（1）马教条。在研究中，一些人为了避免与政治有任何牵连，为了使自己的研究具有所谓的"学术性"，极力回避现实生活和现实问题而醉心于文本研究。毫无疑问，致力于马克思主义的研究必须以准确、全面地理解马克思主义经典文本为基础。但是，过分痴迷于文本而无视中国的具体实际，无视时代和中国社会发展的需要，对现实生活中的重大理论和实际问题漠不关心，那就完全背离了马克思主义的基本精神，恩格斯说过："不存在任何最终的东西、绝对的东西、神圣的东西……除了生成和灭亡的不断过程、无止境地由低级上升到高级的不断过程，什么都不存在。"① 正如学者程恩福提到的，"马教条实际上是脱离了时代特征和中国的国情，只强调马恩著作的个别论断，而没有真正地贯彻要结合世情、国情和党情来考虑问题，来进行理论创新和政府决策"②，其后果不仅会对我国当前的社会发展阶段和世界发展态势做出错误的估计，而且严重窒息了马克思主义的生命力，损害马克思主义理论工作的声望，从而客观上助长了社会上对马克思主义的怀疑、动摇乃至否定情绪。

（2）洋教条。在中国近年来的马克思主义研究中，对洋教条的迷信也极为盛行。一是用现代西方一些重要思想家的概念或理论来解读和阐释马克思主义。其中最盛行的是以海德格尔的思想来解读马克思的思想，认为我们以往对马克思主义的理解是有问题的，现在我们应该通过现代西方思想家这个中介来理解和发展马克思主义。这从实质上根本否定了以往马克思主义中国化的成果，也否定了马克思主义中国化的合法性。二是依据西方思想家的观点来评判马克思主义。在对马克思主义的评价上，一些研究马克思主义的中国学者常常以某些西方思想家的是非观为是非，而很少对这些西方思想家的是非观作具体

---

① 《马克思恩格斯选集》第 4 卷，人民出版社，1995 年版，第 217 页。

② 程恩富：《解放思想必须摆脱各种教条主义》，《学习月刊》，2008 年第 9 期。

分析。他们常因其研究受到某些西方思想家的肯定而喜不自胜，甚至忘记了这样一个简单的道理，马克思主义的真理性和价值要靠实践来检验。三是通过论证马克思主义与现代西方思想之间的亲缘关系来赞誉马克思主义。一些学者用与现代西方思想来论证马克思主义的现代性，在他们看来，马克思不仅是现代西方思想的先驱，甚至还开了后现代主义的"现代性批判"的先声，现代西方思想中什么东西时髦，他们就会把什么东西"追溯"到马克思那里。

（3）古教条。改革开放后我国的传统文化得到全面复兴，既受到西方文明的影响，也开始了一个西方文明中国化的进程，使自身具有了鲜明的时代特色。在思想文化方面，"国学热"在20世纪90年代以来达到高潮，把中华传统文化的价值和意义推崇到了极致。他们认为，中华文化几乎包含了人类文明一切精华的源泉，只有中华文化能克服西方文明固有的缺点，21世纪将是中国文化的世纪。随着国际范围内"新文化保守主义"思潮的兴起，古教条在我国理论界似有骤然升温之势。一些人借助于当前的国学热，宣扬用儒家学说来儒化社会主义中国、儒化共产党，试图用孔子的学说来替代社会主义核心价值体系，认为儒家文化才是医治西方工业化以来日趋严重的文明危机、道德沦丧的良药，当代全球性问题只有从中汲取精神资源才能获得圆满解决。这种教条主义的危害是严重的，正如学者程恩福所说，"它既反对马克思主义、中国特色社会主义、社会主义核心价值体系，同时可能它也反对西方的理论"①。

2. 社会生活中的"三股思潮"

纵观我国社会主义意识形态的发展历程，各种非马克思主义甚至反马克思主义的东西总是利用各种机会和渠道，千方百计地同主流意识形态的马克思主义争夺话语权，力图主导中国社会发展的方向，影响中国社会的性质，从而对处于主流意识形态地位的马克思主义构成了冲击。当前，最具代表性的当属民主社会主义思潮、新自由主义思潮和历史虚无主义思潮。

（1）民主社会主义思潮。自2006年下半年开始，鼓吹民主社会主义思潮的文章多了起来。如有人发表文章公开主张抛弃马克思列宁主义，鼓吹"民主社会主义是马克思主义的正统，是马克思主义的最高成果"、"只有民主社会主义才能救中国"② 的谬论。民主社会主义思潮有三个特点："第一个特点是毫无忌惮，公开挑衅共产党的党章和中国宪法；第二个特点是全面，几乎所

① 程恩富：《解放思想必须摆脱各种教条主义》，《学习月刊》，2008年第9期。
② 谢韬：《民主社会主义模式与中国前途》，《炎黄春秋》，2007年第2期。

有的马克思主义观点都受到了民主社会主义的攻击和反对，包括反对暴力革命、反对无产阶级专政、反对社会主义必然取代资本主义、反对阶级矛盾和阶级斗争、反对矛盾学说等；第三个特点是迷惑性很强，往往打着'民主'和'社会主义'旗号。"① 我们要认清资产阶级民主固有的弊端和虚伪性，认清社会主义民主与资本主义民主的本质区别，切不可照搬照抄外国政治制度的模式。民主社会主义打着"社会主义"的旗号，但它反对无产阶级政党掌握政权，"主张实行听任资产阶级政党夺取政权的多党制；反对无产阶级专政，赞成以议会民主、三权分立为形式的资产阶级专政；反对公有制占主体地位，要求实行私有化；反对马克思主义为指导，主张指导思想多元化。它否定的是社会主义的本质特征。否定了社会主义的共性，不赞成社会主义的基本制度"②。所以，就其本质上说它是非马克思主义的。诚然，我们要积极借鉴人类社会创造的文明成果包括政治文明的有益成果，但绝不能照搬西方那一套，绝不能搞多党轮流执政、三权分立、两院制。我国的社会主义民主政治制度，既坚持了科学社会主义关于民主理论的基本原理，又吸收了人类政治文明发展的有益成果。世界上许多国家的历史经验告诉我们，发展民主只能走自己的道路，脱离本国实际，脱离国情，脱离经济社会发展的客观要求，盲目照搬别国模式，不但实现不了发展民主的愿望，反而会给人民利益和经济社会发展造成损失甚至灾难。我国的民主政治制度适合中国国情，鲜明地体现了中国特色社会主义民主政治的本质和特点，具有自己的优势和强大生命力，任何时候都绝不能动摇、削弱和丢掉这个制度。这是关系巩固中国社会主义制度，关系全国各族人民根本利益的重大原则问题。对于西方一些敌对势力对我国实施西化、分化的政治图谋，要时刻保持足够的警惕，保证中国特色社会主义民主政治建设始终沿着正确方向不断向前推进。

（2）新自由主义思潮。新自由主义思潮主要表现为：在思想上，推崇西方资产阶级的自由、人权，极力鼓吹极端个人主义；在政治上，主张实行多党制和议会民主；在经济上，主张"自由化"、全面私有化和市场化。新自由主义思潮否定公有制，贬低和否定集体主义，目的是为了维护资本主义经济制度，为国际垄断资产阶级的扩张政策服务。新自由主义是资本主义经济、政

---

① 徐晓宗：《警惕10种非社会主义思想对人们思想的影响》，《四川文理学院学报（社会科学版）》，2008年第1期。

② 周新城：《民主社会主义不是社会主义的一种模式》，《环球视野》，2007年第5期。

治、社会矛盾发展的产物。在经济全球化条件下，新自由主义取代凯恩斯主义，成为当代资本主义的主流意识形态。新自由主义的目标是建立以发达国家为主导的全球新秩序和资本的世界积累制度。在实践上，新自由主义具有对发达国家和发展中国家实行双重标准的特点。"在经济理论方面，新自由主义继承了资产阶级古典自由主义经济理论的自由经营、自由贸易等思想，并走向极端，大力宣扬'三化'。一是自由化。认为自由是效率的前提，'若要让社会裹足不前，最有效的办法莫过于给所有的人都强加一个标准'。二是私有化。在他们看来，私有制是人们'能够以个人的身份来决定我们要做的事情'，从而成为推动经济发展的基础。三是市场化。认为离开了市场就谈不上经济，无法有效配置资源，反对任何形式的国家干预。在政治理论方面，新自由主义特别强调和坚持三个'否定'。一是否定公有制。几乎所有的新自由主义者都一致地认为，当集体化的范围扩大了之后，'经济'变得更糟而不是具有更高的'生产率'，因此，不能搞公有制。二是否定社会主义。在新自由主义者们看来，社会主义就是对自由的限制和否定，必然导致集权主义，'集权主义思想的悲剧在于它把理性推到至高无上的地位，却以毁灭理性而告终，因为它误解了理性成长所依据的那个过程'，因此，是一条'通往奴役之路'。三是否定国家干预。在他们看来，任何形式的国家干预都只能造成经济效率的损失。在战略和政策方面，新自由主义极力鼓吹以超级大国为主导的全球一体化。经济全球化是人类社会发展的一个必然趋势和一个自然的历史过程。但经济全球化并不排除政治和文化的多元化，更不等于全球经济、政治、文化一体化。新自由主义并不是一般地鼓吹经济全球化，而是着力强调要推行以超级大国为主导的全球经济、政治、文化一体化，即全球资本主义化。"① 新自由主义是古典自由主义和凯恩斯主义的综合，它没有也不可能解决资本主义的基本矛盾。"从政治的角度来看，新自由主义和凯恩斯主义也有共同之处。为了资本主义'千年王国'的长治久安，两者都主张阶级调和。所不同的是，凯恩斯主义在战后的特殊历史条件下，兼顾了经济的增长和工人的利益，同时培育出一个资本主义社会的保护层——'中产阶级'。而新自由主义在20世纪70年代的危机中则无法维持这一局面，在阶级力量对比明显地有利于大垄断资产阶级的情况下只能牺牲工人阶级的利益而保全大垄断阶级的利益。资本主义危机根源于

---

① 中国社会科学院"新自由主义研究"课题组：《新自由主义研究》，《马克思主义研究》，2003年第6期。

资本主义的基本矛盾，凯恩斯主义之所以能够'拯救'资本主义，并不是因为它解决了这个矛盾，而是因为它在一定程度上缓和了这个矛盾，推动了资本主义的发展。但是随着资本主义的发展，资本主义又产生了新的矛盾，而凯恩斯主义由于自身的局限性，无法解决这些矛盾，必然让位于新的理论，由它来推动资本主义继续发展。新自由主义就是在这样的条件下兴起的，当然，这种现象的出现还必须具备一定的外部条件，因此，是各种因素综合作用的结果。"① 发达国家实行新自由主义的结果，一方面拓展了资本主义生存和发展的空间，缓和了资本主义的基本矛盾，另一方面又造成了世界资本主义体系新的矛盾和危机，特别是加剧了发达国家内部以及发达国家和发展中国家之间的两极分化，从而引发了反对新自由主义的斗争。新自由主义的兴起不仅是一个经济现象，同时也是一个政治现象，它的兴起必然有一定的政治环境和条件。新自由主义和反对新自由主义的斗争将一个长期、复杂和曲折的过程，其发展趋势将取决于影响双方力量对比的各种因素。

（3）历史虚无主义思潮。历史虚无主义的泛起，是一种带有国际性的思潮，是以美国为主导的西方国家图谋西化、分化中国的表现。其主要形式有：否定中国革命历史进程，否定四项基本原则；贬损中华民族五千年文明史；丑化党的领袖人物；否定以马克思主义唯物史观为指导的历史研究。历史虚无主义的危害在于，打着学术研究的旗号，制造思想混乱，动摇人们的理想和信念，影响人们对现实社会制度的看法。从政治上看，作为一种错误思潮，它的流传和泛滥会造成人们思想的混乱，甚至导致严重后果，值得我们高度警惕和重视。历史虚无主义所散布的种种言论，不仅涉及史学领域的大是大非问题，更是直接关系到做人立国的根本问题。如果这些原则问题被颠倒、被消解，就会从根本上搞乱人们的思想，一个民族、一个国家就会失去立足和发展的思想基础。恩格斯在《社会主义从空想到科学的发展》一文中指出："以往的全部历史，除原始状态外，都是阶级斗争的历史；这些互相斗争的社会阶级在任何时候都是生产关系和交换关系的产物，一句话，都是自己时代的经济关系的产物；因而每一时代的社会经济结构形成现实基础，每一个历史时期的由法的设施和政治设施以及宗教的、哲学的和其他的观念形式所构成的全部上层建筑，归根到底都应由这个基础来说明。"② 历史虚无主义的一些鼓吹者丧失了起码

---

① 李其庆：《全球化背景下的新自由主义》，《马克思主义与现实》，2003年第5期。
② 《马克思恩格斯选集》第3卷，人民出版社，1995年版，第739页。

的民族良知，他们不但渲染民族失败主义情绪，而且公开走上称颂帝国主义侵略，称颂殖民统治的道路上去。科学的历史观对于人们确立正确的世界观、人生观和价值观关系极大。对历史的颠倒，必然会导致是非、美丑、荣辱标准的颠倒。这种是非判断标准的颠倒，会在社会上造成极大的思想混乱，而社会思想混乱进而就可能会造成政治上的动乱。历史虚无主义者以阴暗、仇视的心理看待人民革命和人民共和国的历史，他们把党和共和国历史上的许多重大事件都加上"左"的罪名；他们利用我们所经历的曲折，把错误无限扩大，借以否定中国共产党领导中国人民取得民主革命、社会主义革命、社会主义建设和改革开放伟大成就这一历史的主体。他们否定中国走上社会主义道路的历史必然性，散布社会主义失败论，颠倒是非，混淆视听，如果听任其发展下去，就会动摇中国人民的共同理想，摧毁近代中国苦苦追求的国家富强、民族振兴的伟大事业。历史虚无主义者不但颠倒了历史，而且也搞乱了人们的历史观。他们通过丑化社会主义国家的历史和现实，特别是通过丑化无产阶级革命领袖来达到这个目的，并且把社会主义国家出现的失误和存在的某些弊端加以无限夸大，以实现他们妖魔化社会主义制度的目的。他们通过这些活动，企图搞乱人们特别是青年的思想，从而达到他们瓦解社会主义的目的。历史虚无主义企图从根本上动摇社会主义中国的立国之本和强国之路。"中国人民的生产力是应该发展的，中国应该发展成为近代化的国家、丰衣足食的国家、富强的国家。这就要解放生产力，破坏帝国主义和封建主义。正是帝国主义和封建主义束缚了中国人民的生产力，不破坏它们，中国就不能发展和进步，中国就有灭亡的危险。……革命是干什么呢？就是要冲破这个压力，解放中国人民的生产力，解放中国人民，使他们得到自由。所以，首先就应该求得国家的独立，其次是民主。没有这两个东西，中国是不能统一和不能富强的"。① 这是近代中国历史证明了的一个颠扑不破的真理。列宁曾经指出："在社会现象方面，没有哪种方法比胡乱抽出一些个别事实和玩弄实例更普遍、更站不住脚的了。挑选任何例子是毫不费劲的，但这没有任何意义，或者有纯粹消极的意义，因为问题完全在于，每一个别情况都有其具体的历史环境。如果从事实的整体上、从它们的联系中去掌握事实，那么，事实不仅是'顽强的东西'，而且是绝对确凿的证据。如果不是从整体上、不是从联系中去掌握事实，如果事实是零碎的和

---

① 《毛泽东文集》第3卷，人民出版社，1996年版，第432页。

随意挑出来的，那么，它们就只能是一种儿戏，或者连儿戏都不如。"① 我们要全面地、客观地把握历史材料，从历史的实际出发，具体问题具体分析，在特定的历史条件下，正确评价历史事件和历史人物。只有这样，才能够把历史现象个别性、独特性的研究与历史规律性的思想统一起来，尊重历史发展的辩证法；也只有这样，才能真正做到把历史的内容还给历史。② 历史虚无主义思潮表面上看是一个学术问题，实际上是一个"理论陷阱"。它攻击的主要方向就是竭力贬损和否定革命，诋毁和嘲弄中国人民争取民族独立和人民解放而进行的反帝反封建斗争，诋毁和否定我国社会发展的社会主义取向。而新中国的诞生和社会主义制度的确立，正是中国共产党领导的人民革命的产物，如果人民革命的这个前提被否定了，社会主义制度也就失去了存在的基础。

综上所述，坚持马克思主义的指导地位同社会意识多样化之间是辩证统一的关系。世界上没有完全相同的政治模式，即使社会制度相同的国家，也存在着差异，不可能有一种放之四海而皆可用的政治发展道路。坚持马克思主义在意识形态领域的指导地位，并不排斥社会意识的多样化。中国特色社会主义政治发展道路，是中国共产党领导中国人民选择的符合我国国情的唯一正确道路，是我国发展社会主义民主政治的唯一正确道路。众所周知，马克思主义是在吸收大量人类文明成果的基础上创立的，社会意识的多样化能为马克思主义的发展提供丰富多样的思想营养。马克思主义正是在不断吸收人类的文明成果中向前发展的，也是在同各种错误思想的辩论和斗争中向前发展的。列宁说过："马克思的学说依靠了人类在资本主义制度下所获得的全部知识的坚固基础"。③ 马克思主义要不断向前发展，必须研究、吸收、借鉴人类所取得的各种新的思想成果，包括自然科学和社会科学发展的最新成就。我们在坚决反对这些错误思潮的同时，应该坚持用一元化的指导思想引领多样化的社会思潮，既尊重差异、包容多样，又有力抵制各种错误和腐朽思想的影响，巩固和发展健康向上的主流意识形态。

（二）大众对信仰的淡化与人们社会价值判断之间的矛盾

"人不仅仅是自然存在物，而且是人的自然存在物"。④ 人的存在不是静止的，而是意味着创造性的活动。转型时期是物质财富不断积累的过程，同时人

---

① 《列宁全集》第 28 卷，人民出版社，1959 年版，第 364 页。

② 参见梁柱、龚书铎主编：《警惕历史虚无主义思潮》，人民教育出版社，2006 年版。

③ 《列宁全集》第 39 卷，人民出版社，1986 年版，第 298 页。

④ 马克思：《1844 年经济学哲学手稿》，人民出版社，2000 年第一版，第 107 页。

们的精神世界也在不断地受到冲击，随着改革的新鲜元素不断和原有的系统因子发生碰撞，人们的价值观念和行为方式也发生变异。马克思在论述事物的异化时曾做过多处具体论述，他认为"人的异化，一般地说人同自身的任何关系，只有通过人同其他人的关系才得到实现和表现"①。物的异化离不开人的异化，在"日常生活中对意识形态的淡化，反映在人的思想中，形成了重物质利益轻精神追求的观念，使实用主义、相对主义、功利主义、个人主义、拜金主义、消费主义等观念深刻影响人们的价值判断"②。这主要表现在以下几个方面：

1. 对社会主义前途困惑化

上个世纪80年代后期，在一些社会主义国家的改革发展中，出现了偏离社会主义方向的逆流，导致苏东社会主义政权的倾覆，世界社会主义运动出现空前低潮。中国共产党人顶住压力，不怕压，不信邪，坚持全面贯彻"一个中心、两个基本点"的基本路线，取得了各项改革的重大胜利。在改革过程中，也产生了各种各样的问题。一些人（包括我们党内的一些同志）对党的领导、对马克思主义和共产主义产生了迷茫和困惑，有的甚至产生了抵触情绪。

2. "官本位"思想顽固化

邓小平同志多次指出，"世界观的重要表现是为谁服务"③。改革开放已经30多年了，可是传统的"官本位"思想仍有很大的市场。一些干部把官阶大小作为衡量人生价值的唯一标志，把职位的升迁看作自己的最高追求，为达到升官目的，常常处心积虑、不择手段。他们不仅四处"跑官"、"要官"，而且千方百计"买官"、"骗官"，充分暴露了一些干部头脑中根深蒂固的"官本位"意识。在"官本位"者的灵魂深处，马克思主义的理想和信念已经荡然无存。中国2000多年的封建社会缔造了"官本位"的思想，"旧中国留给我们的，封建专制传统比较多，民主法制传统很少"④。"官本位"思想的流行客观反映了中国社会法制观念的淡薄抑或说在操作层面缺乏现实基础，它是人治思想的一种表现。市场经济的发展客观上需要平等的竞争环境，健全的法制

① 《马克思恩格斯全集》第42卷，人民出版社，1960年版，第98页。
② 陈锡喜：《当前意识形态工作面临的矛盾和加强意识形态工作思路的探索》，《毛泽东邓小平理论研究》，2005年第5期。
③ 《邓小平文选》第2卷，人民出版社，1983年版，第49页。
④ 《邓小平文选》第2卷，人民出版社，1983年版，第332页。

体系，而这些都是目前中国社会所缺失的元素。对于一些干部来讲，对官阶的追求可以使之轻松支配其他领域的社会资源，这是"官本位"思想根深蒂固的最根本原因。

3. "钱本位"思想市场化

在马克思看来，"钱是从人的异化出来的人的劳动和存在的本质；这个外在本质却统治了人，人却向它膜拜。"① 现实生活中享乐主义、拜金主义盛行，很多人认为在世界上的众多选择当中，金钱是最为真实可靠的。于是，越来越多的人加入到金钱崇拜的行列中，富豪、大款日益成为人们崇拜的对象。利益和金钱的重量在人们心中一天天暴涨，犹如洪水一样猛烈冲击着人们奉守多年的道德论理和价值堤岸，金色的浪潮已经席卷到我们生活中的方方面面。不可否认，在现实生活中，金钱的确可以满足我们一些基本的物质需求，然而，信仰的追求是灵魂的净化，是精神世界的完整性和纯洁性的表现，钱只能作为一种工具而存在，它不是我们毕生奋斗的目标，对于这一点必须认识明确，否则会陷入万劫不复的深渊而不能自拔。

4. "神本位"思想蔓延化

人类对于神以及其他一切自然物的崇拜，是以神及其他自然物的人格化和神灵化为前提条件的。从华夏民族对神崇拜的演变和发展轨迹来看，经历了对自然的神——人化的神——英雄的崇拜过程；从西方启蒙运动者高举人文和科学两面旗帜开始倡导人权、赞扬人的尊严和价值，到倡导科学，鼓舞人们探索自然界，宣传人的解放来看，人的自由是同中世纪的神本位的思想相对抗为基础进行的。在劳动过程所创造的神却成了今天我们顶礼膜拜的对像，神只不过是人的本质的自我异化，是人的本质的虚幻反映，是人的本质的外化，人们把自己的本质力量赋予神，又让神来统治自己。近年来，在市场经济发展过程中，曾经一度销声匿迹的封建迷信思想又死灰复燃，一些新形态的迷信和伪科学的泛起，使人们无形中受到影响。一部分人缺乏精神寄托，开始笃信神灵，在遇到挫折困难时，不积极进取，而是拜神求佛。封建迷信以及神学宗教的扩张，已经占领了一些人的思想阵地，成为人们理想信念和价值追求上的障碍。

5. 是非标准模糊化

正义在有些人心目中已经没有了正确标准，人们不再像以前那样嫉恶如仇地去揭露、谴责坏人坏事并与之展开斗争，而是变得对此置若罔闻、避而远

---

① 《马克思恩格斯全集》第1卷，人民出版社，1960年版，第447页。

之。歹徒满街追杀弱女子竟无一人挺身而出；伪劣产品充斥市场，"空壳奶粉"造成的"大头娃"触目惊心，"三鹿奶粉"的后果更是不可想象；娱乐场所提供色情服务，艳照传播、明星涉黑、吸毒、酒后驾车等事件频发；生活中谎话连篇，电影《手机》引发了对信任危机的空前关注；刑事暴力犯罪活动日益猖獗；因信仰危机而导致精神空虚，甚至悲观绝望的大学生也大有人在；享乐主义、极端自私自利、损人利己的思想和行为泛滥。面对这些现象，我们不得不承认，社会正义感正在丧失。社会秩序的良性运行在于有一套合理、稳定的价值判断体系作为保障，如果失去最起码的价值判断标准，那么整个社会将陷于无序，人们也会缺乏安全感。是非标准属于价值判断范畴，如果是非标准模糊，那么人们对最基本的道德、伦理、正义、公平等观念将无法达成共识，体制和政策将无法起到应有的规范作用，人与人之间也无法达成契约观念，社会最终会处于失控状态。

综上所述，任何一个国家、一个民族，不管其精神生活多么复杂、思想文化如何多样，都必然要有一种占主导地位的文化形态和思想体系。中国特色社会主义理论体系坚持和发展了马克思主义，赋予马克思主义新的内涵，开辟了马克思主义发展的新境界，是马克思主义中国化的最新成果，是当代中国的马克思主义。中国特色社会主义理论的思想观点直接对当代世界及其发展做出了新概括，既立足中国国情，又放眼世界。只有坚持马克思主义在意识形态领域的指导地位，用一元化的指导思想引领多样化的社会思潮，社会思想文化的发展才能演奏出和谐的乐章。

（三）意识形态领域面临着对马克思主义信仰主导地位的挑战

世界多极化、经济全球化的曲折发展，科学技术的日新月异及其对当代人类生活的深刻影响，为马克思主义的发展提供了新的机遇，也使马克思主义信仰面临着极大的挑战。

自上世纪80年代以来，特别是东欧剧变、苏联解体之后，在一部分人中出现了"信仰危机"。从世界政治经济局势上看，世界政治多极化，出现多种文化的交错，影响了人们的精神文化和价值取向，使现实文化也处于不断变化发展之中。随着社会不同阶层的分化，一部分人的马克思主义信仰也不可避免地发生了变化。西方思潮的传入使一些人逐渐淡漠了中国传统文化和民族精神，淡漠了马克思主义信仰和价值取向。西方国家的和平演变仍在进行，一些人盲目追求西方的生活方式，推崇西方的民主政治和思想文化，使马克思主义信仰受到了影响。我国还处于社会主义初级阶段，社会主义市场经济体制不完善，社会主义建设的经验不足，经济文化仍在发展之中还存在着诸多弊端，拜金主义、享乐主义、极端个人主义乘虚而入，使一些人对社会主义事业产生了怀疑，而爱国主义、集体主义、奉献精神则被一些人排斥。

金融危机的蔓延使一些发达国家又一次例证了资本主义制度的局限性，拉美的经济危机、东亚的金融危机、俄罗斯"休克疗法"的失败，都与"新自由主义"的经济政策直接相关，这既说明了"新自由主义"的局限性，也从另一面证明了马克思的预见的正确性。在经济全球化的背景下，中国的强大和崛起势必会对全球的政治、经济格局甚至对世界历史的发展进程产生深刻的影响，因而中国的发展战略和发展模式也必然会引起西方发达国家的深切关注。同时也应看到在 21 世纪的中国，马克思主义信仰同样面临着新的挑战，其核心是如何获取广大人民的信任，并成为他们的理论支柱和实践动力。如何提高党员干部的领导水平，包括马克思主义的理论素养、个人的思想境界、建设社会主义的能力等等，是当前面临的重要问题。意识形态领域越来越成为各种思想文化相互激荡冲击的前沿，成为各种非马克思主义与马克思主义争夺的重要区域。

马克思主义作为我们的立国之本，是用以抵制资本主义的腐朽思想和极端个人主义、拜金主义、享乐主义的侵袭，用来占领人们思想的主阵地，满足人们在全面建设小康社会过程中对精神文化生活需求的良方。如何坚持和发展马克思主义给思想教育工作提出了更高要求。马克思主义只有在现实中才能发挥自身的思想理论优势，才能发展和完善自我，才能在促进经济发展的基础上展现自身的优越性。这是马克思主义信仰在当代中国的现实物质基础之所在。江泽民同志提出了哲学社会科学与自然科学"四个同样重要"，对各级政府提出了对哲学社会科学"五个高度重视"，对广大哲学社会科学工作者提出了"五点希望"。面对新形势和新任务，面对新机遇和新挑战，我们应把中国特色社会主义理论体系作为教育的主题，因为中国特色社会主义理论体系是在和平与发展成为时代主题的历史条件下，在我国改革开放和社会主义现代化建设的伟大实践中，在总结我国社会主义建设正反两方面历史经验和改革开放以来新鲜经验，并借鉴其他社会主义国家兴衰成败经验教训的基础上逐步形成和发展起来的。我们要牢牢把握这一主题，适时调整教育方案，始终坚持马克思主义在我国意识形态领域的主导地位。同时要进一步解放思想，"解放思想是我们适应新形势、应对新挑战、认识新事物、完成新任务的根本思想武器，也是贯穿邓小平理论、'三个代表'重要思想以及科学发展观等重大战略思想的灵魂。

在中国特色社会主义理论体系的形成和发展过程中，我们党对科学社会主义的坚持和发展，对社会主义历史经验的总结和吸取，对中国特色社会主义道路的开辟和拓展，对建设、巩固和发展中国特色社会主义一系列重大问题的新认识、新实践，都是以解放思想为前提为先导的。正是坚持解放思想、实事求是、与时俱进，中国特色社会主义理论体系才能在继承前人的同时又能不断创新、在排除各种错误倾向干扰的同时又能汲取各种失误的教训，不断解决新课题、实现新突破、开拓新境界，在实践中不断获得新的丰富和发展。"① 我们只有继续解放思想，与时俱进，运用马克思主义世界观和方法论研究新情况、解决新问题，才能科学认识发展的趋势，才能科学应对意识形态领域中马克思主义信仰主导地位面临的新机遇新挑战，科学把握时机，在发展中开创中国特色社会主义事业的新局面。

二、信仰危机的内部因素剖析

纵观整个社会，不难发现我们国家正处在一个特殊时期，经过 30 余年的经济高速发展，带来了市场的繁荣和国力的增强。与经济高速发展同时，整个社会文化也在接受前所未有的冲击和挑战，社会的信仰体系面临着巨大的挑战。经济的繁荣和物质的丰富并不能填补人们思想上的空虚和文化上的失落，很多人找不到自己活着的意义，人们对社会价值观的认同，对道德伦理的认知，对传统文化的继承和发展，对未来社会发展的探索产生了变异，社会道德和诚信危机的蔓延，拜金主义、个人主义、贪污腐化等现象所造成的负面影响，对人们的信仰体系不断形成冲击。任何事物发展变化都有其原因所在，产生信仰危机的内部因素主要有以下两个方面。

（一）经济转型带来的利益重组与社会转型力量的变迁是根本原因

随着改革开放的深入和社会主义市场经济的发展，我国经济社会生活的各个层面都发生了深刻的变化，人们的思想活动具有了更多的独立性、选择性、多变性和差异性，社会意识形态呈现出多样化的特点。人们的主流意识形态要在多元价值之间实现合理整合，以维护社会的稳定和发展，就必须论证自身的合理性，以维护自身在意识形态领域的主导地位。

1. 经济转型带来的利益重组与社会转型的阵痛是根源

经济转型指的是经济体制的转型，即一种经济体制向另一种经济体制的转

---

① 习近平：《在中央党校 2008 年春季学期开学典礼上的讲话》，《求是》，2008 年第 4 期。

变。由于体制转型的艰巨性和复杂性，大规模的制度变迁对转型国家的政治和经济产生了巨大的影响。随着市场经济竞争机制的作用发挥，利益的多元化、多样性变得日益明显。人们利益差异伴随着经济转轨过程而出现多样化，在市场经济中，作为市场主体的自然人和法人，对自身利益的满足和追求是其从事各种活动的深层驱动力，这有利于促进市场经济的发展和效益提高，也有利于激发人们开拓进取、敢于拼搏的精神，促使他们在社会转型过程中产生追求自己利益的意向和行动。在经济领域中全面引入市场经济体制，让市场取代中央计划成为配置社会资源的主导力量，有利于使经济发展在最短的时期内达到与最发达的工业化国家相当的水平。在市场经济发育不成熟，没有统一的、规范的市场时，市场经济要求遵循的竞争性、平等性、自主性、开放性等原则也不能得到充分体现，这势必要对社会政治生活造成极大的抑制。而另一方面，随着市场经济运行中自主性对整个社会生活影响的增大，负效应也相伴而生。人们求利的欲望，投机心理的内在冲动，极易导致拜金主义和极端个人主义，这种扭曲和变态的求利行为严重影响了社会经济、政治生活。市场经济的竞争性原则、平等交换原则是价值规律作用于经济活动不可缺少的调节手段，但竞争也会刺激人的个人主义行为，有的损公肥私、弄虚作假，有的通过不正当手段谋取私利，有的把经济手段应用于官场，从而导致腐败现象频发。邓小平同志曾深刻指出："中国的事情能不能办好，社会主义和改革能不能坚持，经济能不能快一点发展起来，国家能不能长治久安，从一定意义上说，关键在人。"[①]这个人不仅在于干事业的人，还在于人的思想观念的发展变化，随着市场经济的发展，需要进一步促进人们思想观念的更新，促进人的意识现代化和独立人格的形成。人们能否通过自身建设，提高驾驭市场经济的能力，加强对市场经济的宏观调控，把它产生的积极效应充分发挥出来，将其消极影响降低到最低程度，将是一个关系到经济转型顺利与否的重大问题。

经济转型对原有社会政治经济体制造成了巨大冲击，改革使国家的政治和经济发展前景面临较大的不确定性风险。经济是最大的政治，这并不是说要把国家变成一个经济组织或一个经济实体。相反，这是通过推动社会主义生产力的发展，真正实现工人阶级和劳动人民不仅在精神上而且在物质上彻底翻身的政治理想。现阶段以经济建设为中心，既是中国社会发展的客观要求，也是党从政治上观察社会主义发展的必然结论。转型所造成负效应对人们冲击是巨大

---

① 《邓小平文选》第3卷，人民出版社，1983年版，第380页。

的，尤其是对执政党的冲击，因此防范和铲除腐败分子也是一项重要任务。邓小平指出："中国要出问题，还是出在共产党内部。"① 可见小平同志早已清楚地认识到，任何社会阶段的历史环境都有着二重性，既有积极作用也有消极的反作用。我们只有顺应历史发展的规律，及时推动历史环境的转变，不断克服社会转型期出现的副作用，适应历史发展中一定阶段的客观情况，才能应对经济转型所出现的新情况和新变化。

2. 新的社会阶层出现和生产资料占有方式的改变是根本因素

改革开放后，我国实行以公有制为主体、多种所有制共同发展的所有制结构。经济成分日益复杂，非公有制经济占我国经济总量的比重不断攀升。这些非公有制经济形态的发展，催生了民营科技企业的创业人员和技术人员、受聘于外资企业的管理技术人员、个体户、私营企业主、中介组织的从业人员、自由职业人员等新的社会阶层。列宁曾指出："在为阶级矛盾所分裂的社会中，任何时候也不可能有非阶级的或超阶级的思想体系。"② 当前，新的社会阶层力量和影响力不断壮大，有的甚至成为社会的知识精英和资本精英，并逐渐上升为社会的新贵和强势群体。从所有制与意识形态的分析范式中不难理解为什么社会中各种非马克思主义思潮，虽然其具体理论千差万别，但是主张私有化和市场化是其共同的诉求和理论内核了。可以预见，随着改革的进一步深入，非马克思主义、反马克思主义等非主流意识形态对马克思主义主流意识形态的冲击力度还会进一步加大。同时，我们也必须看到，意识形态越是纷纭复杂，就越需要主心骨；社会越是多样化，就越需要引导社会协调发展的理想信念和奋斗目标。

（二）社会转型导致的思维方式的变化是重要原因

我国已进入社会全面转型时期，社会转型是社会经济、政治、文化结构分化重组、递升跃迁的历史运动。原有体制的打破，新体制的生长构建，多重利益关系的调整，社会分层的加速，社会多重性和多样性特征日益明显，是整个社会从僵滞走向变革、由封闭走向开放、由落后走向文明的现代化的历史过程。它所表现的是，空间上的全方位，时间上的加速度，内容上的多层次和内涵上质的飞跃，社会结构必将发生一系列巨大变迁。面对发展中一定阶段的客观情况，我们应正视其所表现出来的特殊性，客观分析而不能回避这种变化。

---

① 《邓小平文选》第3卷，人民出版社，1983年版，第380页。
② 《列宁选集》第1卷，人民出版社，1995年版，第326~327页。

1. 社会转型导致的思维方式的变化是重要因素

我国社会是由传统社会向现代社会，由农业社会向工业社会，由封闭性社会向开放性社会的转变过程。在经济体制上，正在形成以公有制为主体、多种经济成份共同发展的多重并存局面，使物质生活由自然经济过渡到市场经济，与此相应，社会生活必将由权力主导型关系向权利主导型关系过渡；在政治体制上，由高度集中的传统政治权力向社会主义民主法制体制转变，多重分层权力运作机制开始形成；在文化形态上，占主导地位的社会主义文化，与具有悠久历史积淀的传统文化、反映现代工业文明成果的现代文化等多种文化并存；在社会整合规范系统中，出现了法律规范、政治规范、伦理道德规范以及宗教规范、习俗规范等的多样化并存，引起了人们的生产方式、生活方式和思维方式的深刻变革，而且引起人们价值观念的更新与转型。再加之，我国的改革是在实践逐步摸索出来的，社会主义传统体制与市场经济相对立的观念在许多人的头脑中已根深蒂固，深层次的思想问题并未得到根本解决。随着生产力迅猛发展，不断把人的认知能力和交往方式推向一个陌生的未知领域，在思想准备不足的情况下，使社会成员产生一种普遍的窘迫感和茫然感。人们的价值观念呈出多样性，既有反映市场经济要求的平等、自由、公平、竞争、契约、利益、开放等现代形态的价值观念，又有传统的与现代的、保守的与激进的、国内的与国际的、现代的与后现代的各种思潮和意识的交织，从而导致人们看不到市场经济是有效的资源配置方式，不能站在社会发展的高度看待市场经济对生产力发展的巨大推动作用，仍然用计划经济条件下形成的思维方式、原则方法处理市场经济发展中出现的新情况、新问题。这些社会转型遭遇的特殊情况，必然要反映到作为社会观念的意识形态中来，使社会观念处于一种紊乱状态。

2. 社会舆论宣传的导向作用发挥不明显是主要因素

改革开放的深入，经济体制的转变，社会经济成分、组织形式、就业方式和利益关系的日益多样化，西方资产阶级的道德规范、价值观念和生活习俗的侵入，东西方文化的碰撞，使部分人对权力、知识、金钱、神、圣人产生极大兴趣，而对建立共产主义的社会制度这一远大目标越来越淡化。很多人认为"理想、理想，有利就想"，讲理想不如讲实惠！传统的观念被颠覆，正确的或不正确的被混淆，一些人以恶搞的名义掩饰自己对信仰的迷茫。由于我国正处于社会主义初级阶段，现实社会中存在一些暂时不能解决的问题是正常的。传统的思想政治工作手段大多是单方面"填鸭式"的灌输（念文件、读报纸、听大课等），受教育者对于传递出来的教育信息只是被动地接收，对思想认识触动有限，甚至有时还会出现"拒收"的情况，这就大大降低了思想政治教育工作的效率，甚至出现抵触情绪。舆论宣传的导向作用发挥不明显，报刊杂志和电视、电影作品很少涉及有关信仰方面的内容，一些报刊热衷渲染明星绯闻、新奇事件，严重干扰了人们对理想信念的追求，使人们不能以正确的态度认识市场经济的观念和理论，不能以正确的方法对待西方文化，使共产主义价值观和信仰被遗忘。

三、信仰危机的外部因素剖析

外因是变化的条件，内因是变化的根据，外因通过内因而起作用。从总体上来说，信仰危机出现的原因有外因和内因两方面。社会的变革、当代资本主义的新变化、经济全球化以及我国进行的改革开放和市场经济体制的确立，对人们的信仰自觉不自觉地产生了影响。

（一）当代资本主义意识形态新变化对我国意识形态领域的影响

资产阶级的意识形态是资本主义社会占统治地位的思想体系，它包括资产阶级的政治法律思想、哲学伦理思想、宗教思想等各种观念形式，并渗透到社会生活的各个领域，形成为错综复杂的巨大精神网络。在资本主义社会里，资产阶级意识形态直接或间接地反映社会的经济及政治特点，体现资产阶级的利益和要求，从思想上维护资本主义制度。我们要全面了解资本主义制度的本质特征，需要进一步剖析建立在资本主义经济基础上的政治制度和意识形态及其新变化，从当代全球资本主义积累方式的新变化、调节方式的新变化、社会结构的新变化，以及与此相关的全球资本和劳动关系、资本主义与第三世界关系的新变化，到"9·11"以来资本主义的新变化，从意识形态、政治哲学的高度研究当代全球资本主义的发展与矛盾，从而把握全球化的趋势和未来。

1. 资本主义意识形态的新变化的特点

随着整个社会的进步，民主生活的领域逐步从政治民主向经济民主、文化民主等方面扩展。资本主义经历了从自由资本主义到垄断资本主义再到国家垄断资本主义，一直到当前经济全球化和政治格局多极化下的资本主义的几个发展阶段。资本主义国家的公众和社会集团对直接参与国家重大决策的要求越来越高，民主化浪潮日益高涨，总的来说，就是由政治领域向非政治领域延伸。在这种形势迫使下，许多西方国家逐步调整自己的政策，修改自己的法律文件，采取具体措施，加强了公民在经济、民族、种族、性别等社会生活方面的平等权利，这些措施的应用范围和作用虽然仍十分有限，但是在一定程度上反映了当代西方民主发展的趋势。

　　资本主义理论经历了从亚当·斯密、萨伊的自由放任主义，凯恩斯的国家干预主义，货币主义和供应学派的新自由主义，再到布莱尔、吉登斯等人的"第三条道路"的变迁。作为全球化时代资产阶级的一种主流思想派别，新自由主义或新保守主义把古典自由主义的自由市场和自由民主的主张，与传统保守主义的捍卫传统道德的要求结合起来，以维护国际垄断资产阶级对本国工人阶级和其他劳动人民以及广大发展中国家的剥削和压迫，赋予了西方自由主义思想一些新的特点。资本主义在各个领域不断进行着调节和改善、改良，这种调节又有其不可触动的底线和限度，这就是生产资料的资本主义私有制。在主张恢复自由放任的市场经济同时，它反对日益膨胀的官僚机器对经济和社会生活的管制；推崇市场机制的作用，反对国家对经济活动的计划调节；维护资本主义私有制，反对实行公有制；维护既定的社会秩序和道德法制，主张个人自由高于政治民主和社会平等，反对现代的多元民主和激进的平等主义，在不同程度上表现了对广大中下层民众的民主权利和平等要求的压制和剥夺；鼓吹贸易自由化，要求发展中国家放松对资本和金融市场的管制，等等。这些特点对我国意识形态领域呈现出整体性、全面性、结构性、深层性、连锁性、长期性、模糊性、剥蚀性的影响。

　　冷战结束以来，以美国为首的西方资本主义发达国家坚持冷战思维，推行霸权主义，继续在意识形态领域对社会主义国家进行和平演变。随着同西方交流与合作的扩大，西方文化大量涌入，特别是西方传媒与网络作用加强，西方意识形态对我国影响已然与过去不同。在过去西方封锁、我国封闭的情况下，西方意识形态的影响是直接的、分散的、偶然的，我们可以采取比较简单的应对措施。改革开放以后，各种西方意识形态和文化思潮不断涌入，给人们带来一些新知识、新见解的同时，也对马克思主义的指导地位和主导性、权威性产生冲击。当代资本主义意识形态正在尽力利用其强势和高势能，来增强其主宰性、中心性。资本主义国家的对内镇压职能更多地披上了资产阶级民主的外衣，资产阶级通过思想影响和政治欺骗，麻痹人民的斗争意志，巩固自身的垄断统治。资本主义国家的对外职能则由赤裸裸的争夺世界霸权的军事暴力，逐步转向了采用"新殖民主义"方式，对经济文化落后国家进行"经济兼并"。就外资企业来讲，一部分高层、大部分中层企业决策和领导人员，是土生土长的被输出国（中国）的公民。比本国其他公民更丰厚的薪俸、更优越的工作环境、更高的社会形象地位等等，使这些为跨国公司录用的中国人会产生一种较强的优越感，这种优越感由于不是依托于自己的祖国而是寄附于跨国公司，因而，这些"国际人"或"中性人"在利益的归属感上可能会出现问题和疑惑，会淡化祖国和民族的观念，从而会对我们一贯坚持的爱国主义、集体主义和社会主义等观念提出挑战。中国加入 WTO，西方的生产关系、管理方式、先进的生产工具和商品涌入中国的同时，西方的意识形态也会在中国大规模地"登陆"。这种意识形态的登陆，既有不知不觉的一面，也必然会有有意识有目的的一面。

2. 社会主义在意识形态领域面临不对等的竞争

经济全球化中资本主义与社会主义之间的文化互动与交流，有益于增进彼此的相互理解，但也给社会主义发展带来巨大压力。这种交流与互动形成的不是本质主义式的定位而是一种关系定位（随着全球结构关系的变动而变动），在这种结构化的关系当中，社会主义意识形态处于不平等的劣势位置。美国为谋求全球霸权暗中策划的"软战争"，其核心内容是推行新自由主义的意识形态，作为攻击社会主义国家和第三世界的政策武器。"9·11"后美国又对其进行了改变、包装和完善，推行新帝国主义（新殖民主义、新干涉主义），蛊惑性进一步增强。"9·11"事件对当代西方社会的冲击和震撼是相当剧烈的，西方发达资本主义世界已经产生并将继续产生一系列深刻的新变化。这些新变化不仅是发生在实践层面的政策转变，而且是在社会发展、意识形态和政治行为诸层面出现的重大历史性转折。这些新变化表明"9·11"以后的西方已经不同于"9·11"以前的西方，"9·11"后的资本主义目前正在经历又一次重大调整和关键转折。

当代资本主义意识形态的新变化在话语权和叙事结构上表现得更明显。随着中国对外开放的迅速扩大，西方话语的强势地位会清晰地展现在我们眼前。以可乐、麦当劳、美国之音、迪斯尼、好莱坞等为代表的物质和精神产品的大举进军，在一定程度上造成一个以美国为核心的文化现象，而这种文化现象可能会对中华民族的精神支柱、社会主义的意识形态产生无形的压力。资本主义意识形态的灌输也不再是赤裸裸的，而是在文化的相互融合与渗透中，通过科技手段、话语体系把意识形态巧妙包装起来以推行他们的文化与生活方式，达到意识形态霸权和信仰控制的目的。他们还通过美国主导的全球传播网络，在社会主义文化的各个层面进行意识形态的传播、辐射和渗透，这导致社会主义的社会转型、价值认同和规范整合更加曲折、困难。

综上可见，当代资本主义在各方面都发生了许许多多的新变化。我们既要坚持以马克思主义基本理论作为观察研究这些变化的指导思想，又要对这些新变化做出新的有理论深度、有说服力的科学分析，这两个方面是相互影响、相互促进的。意识形态领域里的斗争是长期的、复杂的。西方一些学者所宣称的"意识形态终结论"、"后意识形态时代"等等论断，是没有根据的，是违背客观历史事实的，我们不能失去警觉。当代资本主义国家也绝不会因为借鉴社会主义的一些做法而变成社会主义或自动进入社会主义。在当代世界走向全球化的时代，我们一定要在积极参与国际合作，广泛吸收资本主义国家科学文化优秀成果的同时，坚决抵制资产阶级腐朽思想的侵蚀，捍卫马克思主义的思想阵地。因此，我们必须旗帜鲜明地划清社会主义与资本主义的原则界限，以免混淆是非，引起思想混乱。坚持以马克思主义为指导，可以保证研究当代资本主义新变化的正确方向，而对这种新变化进行有深度的科学分析，又能推动我们不断深化对马克思主义基本理论的理解。

（二）经济全球化对马克思主义在意识形态领域主导地位的影响

经济全球化的深入发展使社会主义与资本主义国家之间的合作与斗争置于一个新的背景和条件之下，使它们之间的关系出现了许多新形式、新特点。经济全球化并不仅仅产生经济后果，而同时也会产生思想文化、意识形态方面的后果。世界经济政治的科技化、全球化、多极化及和平与发展的时代主题，使全球的整体发展水平不断提高，国际间的相互依赖程度也不断提高。社会主义国家与资本主义国家都将卷入全球化过程，其相互关系将得到进一步发展，其相互依赖将得到加强，而一个阶段里对话与合作将成为其关系的主流。资本主义与社会主义国家之间的对立依然存在，矛盾又有新的发展，甚至时有激化，但其斗争形式则有新变化、新特点，并呈现新的发展趋势。

1. 全球化的根源是一体性和异变性

经济全球化是人类生活中最重大的历史进程和趋势，经济全球化促使民族国家的经济界限被打破，使不同的经济制度被纳入统一的全球化经济体系之中。一体性和异变性从矛盾着的方面推进着全球化进程。一体性主要是一种趋同性，异变性则是全球化中的异常而又必然的变动趋势。异变性主要表现为差异化，隐性表现为销蚀化，显性表现为滞退化。如果说一体性是常动性趋势，异变性则是异动性趋势，二者都是客观存在。虽然全球化的参与者是多元的，其中包括不同性质的国家，但文化的同质化和异质化将各自在自己的方向上深化而又相互纠缠不清。我国的改革开放不仅具有经济的意义，也具有政治、文化和意识形态的意义，这是思想和文化的解放，也是意识形态的变革，变化令人欣喜。改革开放后各种冲击社会传统及现有规范的新思想、新观念和新行为不断产生，同为社会成员，普遍实行市场经济并共同参与世界同一市场竞争，共同参与国际分工、国际贸易和对外直接投资，共同遵守国际规则和国际贸易惯例，共同遵守全球化运作规程，使社会主义经济与资本主义经济在具体体制层面上日益密切与融合。全球化催生各种文化和意识形态方面的新的意外、变化和异己因素，使不同制度国家的经济、政治、文化、科技相互联系日益加强。全球经济的协调、世界制度性安排、国际机构的协调将进一步消除不同制度国家和谐交往的行为障碍，各国的政治经济活动，将按照国际条约、相互协定以及规范和惯例来运作，而且区域化经济集团意识形态色彩愈加淡化。"西方化"与"反西方化"，或者说"美国化"与"反美国化"，以及与此紧密相关的全球化与反全球化，是我国目前文化安全与意识形态领域最令人关注的两个极端，而其影响已经远远超出文化与意识形态本身，涉及方方面面，直至人们的风俗习惯和日常生活。

在当代，虽然不同社会制度国家的依赖关系是不平衡、非对称的，经济全球化过程中的输赢也是司空见惯的现象，但全球经济的不可分割性和不同社会制度国家利益的相互关联性，必然使不同社会制度对一定时期内形成双赢利益新格局的最终认同。不同制度国家的各方面发展以及出现的各种问题都会对对方产生正面或负面的影响。资本主义经济波动同样会波及社会主义国家或带来不同程度的影响。在经济领域，只有落后的发展中的社会主义国家的经济也发展起来，发达资本主义国家才能获得更为广阔的市场。在文化领域，改革开放后的中国，传统文化也得到全面复兴，中国既受到了西方文明的深刻影响，也开始了一个复兴传统文化，使西方文明中国化的进程。一些中国人特别是中国的年轻人欣赏、追求、效仿美国的价值观，包括美国的生活方式、政治经济制度和管理方式，甚至美国的意识形态和人文精神。在他们看来，美国的一切似乎都是最完美的，美国是他们心目中的"天堂"。他们显然是走向了另一个极端。在思想方面，20世纪90年代以来达到高潮的"国学热"简直把中华传统文化的价值和意义推崇到了极致。他们认为，中华文化几乎包含了人类文明一切精华的源泉，只有中华文化能克服西方文明固有的缺点，因此，21世纪将是中国文化的世纪，对中国传统文化的推崇甚至到了良莠不辨的地步。

全球化的主观性根源是日益强烈的区域化。辩证地看，区域化是全球化一体性的阶段性标志，也是异变性产生的重要根源。区域化具有强烈的主观性和一定的排他性，实际上是一种区域利益中心化，所以在全球化当中区域化的两重性非常突出。小区域范围内的均质化，虽然提高了区域内的一体性和同质化，但是却加剧了世界范围的异变性和不均衡，造成了利益流动的严重倾斜和负效应的块状转移，反映在文化和意识形态上便是焦躁感、冲突感、恐惧感、对立情绪、仇视心理和自大症等。全球化激起了人们的各种美好愿望，也给世界带来了普遍的不安全感。随着经济全球化的发展，各国的综合国力较量中经济实力的分量明显凸起，各国都把发展经济科技放在首位，以便在未来的国际政治经济格局中争得更加有利的位置。在文化与意识形态的体制性基础安排中，价值理性和工具理性可能进一步失衡。文化安全和意识形态所依托的固有体制的缺陷和弊端不断暴露出来，形式规范和逻辑规范进一步冲突以至背离，正是在这一背景下，社会主义与资本主义在经济领域的矛盾和斗争也日益突出。这场为掌握新的全球经济而进行的全方位经济战，旷日持久，内容广泛，包括科学技术、产业结构、国际贸易、货币金融以及资源、人才、综合国力等方面，确实给社会主义国家造成了新的巨大压力。价值观作为文化安全和意识形态的核心支撑，需要与时俱进以填补人们的价值虚位、信仰缺位和精神错位，在此基础上的价值规范和行为规范也要及时调整。正如邓小平所说："巩固和发展社会主义制度，还需要一个很长的历史阶段，需要我们几代人、十几代人、甚至几十代人坚持不懈地努力奋斗，决不能掉以轻心。"① 我们对资本主义必然灭亡、社会主义最终代替资本主义的艰巨性和长期性要有充分的认识。

以上种种归结为一点，全球化表现为一系列内在矛盾，如一体化和分裂化、一元化和多元化、集中化和分散化、本土化和国际化等等，这些给意识形态带来了诸多深层次的难题，在处理时孰轻孰重，各国往往难以定夺。这些矛盾着的两个方面不是平行发展的，谁起主要作用很难把握，对同一事态不同的人经常得出相反的结论。全球化背景下的意识形态问题最终还是我国的现代化与民族独立问题。异变性趋势在今后全球化的扩展期和加速期中会非常突出，而且变化中的模糊性因素和不确定因素非常多，也会产生不少震荡性的结果。所以全球化中的新旧主体都会感到不适应，我国的应对也将极其困难。如何在矛盾中实现共赢，这是我们要在战略上解决的难题。

2. 全球化背景下意识形态面临的深层冲击和挑战

中国特色社会主义所展现出的勃勃生机，成为当前东西方矛盾整体缓和情

---

① 《邓小平文选》第3卷，人民出版社，1993年版，第379～380页。

况下的一个凸显点。经济全球化的进程不仅给我国政治经济发展带来深刻的变化，而且极大影响并冲击着人们的生产生活方式、思维模式、思想行为方式、文化习俗及社会心理等。我国的政治结构需要意识形态来支撑，我们要增加意识形态的针对性、灵活性、进步性、包容性，使意识形态的工具理性和价值理性均衡合理，使国家意识形态、政党意识形态和社会意识形态形成积极互动和良性循环，这样我们才能完成现代化建设和民族独立的双重任务。虽然近年来我国遵循"韬光养晦、决不当头"的方针，努力倡导不以意识形态划线、不以社会制度定亲疏，并在实践中大力发展与各国的伙伴关系。但入世后意识形态的边缘渗透，使我国意识形态领域呈现出主导性与多样性相统一的发展局面。一方面，我国要接受世贸组织法规并调整、修改我国相关法规使之保持一致。另一方面，我们要进一步借鉴发达国家的法制思想、管理理论和比较成熟的市场规则以及职业道德等。除此之外，我们还要创造一个比较宽松的市场环境和培养国民的宽容态度。西方敌对势力不愿看到一个强大而统一的社会主义中国屹立在世界的东方，便变本加厉地对我实施"西化"、"分化"战略。西方敌对势力认为，中国"对未来的美国构成的挑战最大"，在美国诸多的双边关系中，与中国的关系"存在的问题也最多"。从经济发展、综合国力等层面看，中国被看成是一个正在崛起的大国，一个潜在的战略对手。从 1999 年开始，在美国国防部和中央情报局的重要战略报告里，中国被列为 2015 年后美国最可能遇到的头号潜在对手，中国的潜在挑战被大肆渲染。

在文化与意识形态的体制性基础安排中，价值理性和工具理性可能进一步失衡。种种迹象表明，对中国"非敌非友"、"接触与遏制"双管齐下、在"全面交往中又打又拉"正在成为美国新世纪的对华长期政策。一个国家对文化主权维护的强烈诉求形成了它回应全球化的重要方式之一。在多彩文化世界里保持和强化自强不息的民族精神，仍是新世纪实现民族复兴的文化根基。积极地维护文化主权，已经成为维护国家利益的重要领域。中国既要以先进文化抵制文化的"西化"，在吸收西方优秀文化的同时抵制西方殖民文化和文化霸权主义，更要以先进文化实现民族文化的发展和创新。当今世界仍是一个以主权国家对权力的追求作为动力的世界，只是全球化中的权力扩张更为隐秘，更具欺骗性，文化也因而成为主要手段之一，成为综合国力竞争的重要内容。全球化加剧了民族文化间的激荡，使各种文化更加接近，通过传媒相互交流、渗透乃至融合，传统民族文化更加丰富多彩。但另一方面，世界各种文明之间、民族性与世界性之间、传统性与现代性之间发生碰撞和冲突，深刻冲击着人们的文化心理和价值选择。同质化与异质化这两个相互矛盾的发展趋势将同时并存于全球化的发展过程中，不仅是全球化过程中文化发展所表现出来的一种现象，也是文化发展的基本趋向。我们要看到不同民族文化之间的交往和融合是大势所趋，同时决不能忽视文化交流中的副作用及其危害。正如邓小平所指出的："美国，还有西方其他一些国家，对社会主义国家搞和平演变。美国现在有一种提法：打一场无硝烟的世界大战。我们要警惕。资本主义是想最终战胜社会主义，过去拿武器，用原子弹、氢弹，遭到世界人民的反对，现在搞和平演变。"①

在普世价值和全球道德的掩盖下，国际规则的改变逐渐扭曲，强势文化正在剥蚀甚至瓦解弱势文化，这些使得全球化中的规则竞争日趋激烈。规则背后体现的是国家实力、价值观、道德标准和利益主导性。一种制度一旦形成就有了相对的稳定性和惯性，它标志着某种利益分配模式的固化，在规则制定中说了算的大国不仅可以凭借实力而且可以凭借制度本身的惯性使自己的特权合法化和长期化，既掌握话语主导权，又控制了利益分配权。全球化的历史必然性使任何国家都要积极参与世界交往，这就为制度霸权提供了条件，在这里规则霸权和文化霸权便统一了起来。这种霸权比军事霸权对中国的压力更大。

综上所述：全球化已经不可避免地从经济领域深入政治、文化与意识形态领域，我国由于历史的特殊性、发展的阶段性和制度的特质性，在文化、意识形态和政治方面所受到的全球化冲击、挑战和压力比经济方面要大得多，也比很多国家特殊得多、严重得多，这其中的关键是我国的现代化与民族独立在全球化背景下能否同步保持、同步前进。经济全球化既不意味着资本主义的全球化，也不预示着社会主义的终结。社会主义和资本主义仍将和平共处、长期并存，其相互间的较量与斗争，在全世界范围内仍将是一个长期的、复杂的、艰巨的进程。

（三）改革开放和市场经济所引起的社会变化对人们信仰的冲击

改革开放和市场经济的确立，使我国社会主义建设出现了前所未有的繁荣稳定局面。同时，以市场经济为导向的改革，又使我国的社会信仰状况发生重大变化，出现许多新情况新问题。市场经济建立同社会信仰有着密切的联系。人的信仰正确的不去不占领，邪恶必然要占领。在市场经济的冲击下，原有的一些价值观念和行为模式发生了变化，人们在新旧观念交替时期尚未找到合适的结合部，因此产生信仰危机的原因是多方面的，归纳起来主要有以下几点。

---

① 《邓小平文选》第3卷，人民出版社，1993年版，第325~326页。

1. 国际共产主义运动走入低谷动摇了人们的社会主义信念

"纵观 150 多年的历史，可以看到：国际共产主义运动不是'平坦的涅瓦大街'，而是在曲折的斗争中发展的，1989～1991 年间的苏东剧变被视为资本主义战胜共产主义的标志"。① 很长一个时期以来，由于许多人一味简单地从经济和社会发展角度来比较分析祖国内地与港台、北朝鲜与南朝鲜、前苏东地区与美日等一些经济发达国家的差距，误认为社会主义不如资本主义，进而怀疑马克思主义。尤其是在苏东社会主义国家蜕变之后，更是如此。

2. 经济多元化和西方的各种价值观对人们传统思想的冲击

随着改革开放的不断深入，我国的经济逐步进入多元化时代。非公有制经济的比重越来越大，这自然容易使一些人怀疑公有制为主体的社会主义的必要性，进而怀疑共产党和马克思主义长期存在的必要性。有些同志，以为社会主义初级阶段没有所有制结构的本质规定性，以为意识形态同经济基础没有密切的决定性关联。

3. 腐败现象的日益严重，使一些人怀疑我国的政治制度

腐败问题屡禁不止，已经成为我国深化改革的大碍，不仅影响党和政府的形象，而且直接影响党执政地位的巩固。尽管日本、韩国、印度等西方资产阶级多党制也都存在较严重的腐败问题，美国、英国、菲律宾等存在明显的"资本垄断式"资产阶级民主制的严重弊端，但那都是发生在外国的事情，主要生活在改革时期的我国中青年，只看到本国的腐败现象，以及社会生活中存在的一些不民主现象，从而对共产党领导和社会主义制度产生动摇。

4. 贫富差距拉大，影响了人们对社会主义本质的认识

"随着经济体制改革的不断深入，非公有制经济发展加快，在国民经济中所占的比重也不断增大。既然有非公有制经济存在，那么就必然出现雇工、剥削现象。在社会分配上所带来的直接后果就是允许'按资分配'，即非公有制经济的经营者、业主通过投资获得大量非劳动收入。此外，还有人们通过储蓄、购买股票、股份、房屋出租等形式获得经济收入的'按资分配'。而且，这些'按资分配'的收入，在一部分人的总收入中所占的比重也越来越大。'按资分配'必然会造成社会成员之间经济收入的差距，再加上地区之间、行业之间的工资差距，使得社会成员之间的贫富差距扩大"。② 社会上，两极分

---

① 戴跃侬：《当代社会主义困惑之探析》，《扬州大学学报（人文社会科学版）》，2000 年第 6 期。
② 戴跃侬：《当代社会主义困惑之探析》，《扬州大学学报（人文社会科学版）》，2000 年第 6 期。

化的程度越来越高，形成了富者越富、贫者越贫的较为明显的"马太效应"。在 2005 年世界银行的《世界发展报告》中统计数字表明，中国的基尼系数已经达到 0.45，超过国际公认的 0.4 警戒线，如今中国 20% 最贫困人口收入份额只有 4.7%，而 20% 最富裕人口收入份额则高达 50%。贫富差距的拉大使社会弱势群体的数量不断增加。据统计，目前我国弱势群体的规模已达 1.4 亿～1.8 亿人左右，约占全国总人口的 11%～14%。这些无疑是与科学社会主义"按劳分配"、"共同富裕"的原理相矛盾的。构建社会主义和谐社会，面对思想文化和价值观念的多样化，我们更需要强调和坚持指导思想和主导价值观的一元化，重视和巩固社会的理想信念，确立和强化民族的精神支撑；更需要坚持马克思主义的指导地位不动摇，坚持用发展着的马克思主义指导实践，牢牢掌握意识形态领域的指导权、主动权、话语权。

第七章

树立科学的信仰提升社会治理水平

　　构建社会主义和谐社会，要求我们深入研究社会治理规律，更新社会治理理念，改革社会治理体制，大力推进社会治理创新。推进社会治理创新，更新社会治理理念，完善社会治理体制，创新社会治理方法，提高社会治理水平，这是世界各国面临的共同课题，更是我们构建社会主义和谐社会的一项紧迫任务。在经济全球化、信息化的推动下，经济社会呈现出加速变迁的趋势，人类遇到了许多前所未有的新情况新问题。在人的精神生活中，核心的东西，就是要树立科学的信仰。要树立科学的信仰，关键是要掌握科学理论。没有科学理论作为基础，正确的信仰是无从谈起的。非科学的信仰虽然能够给人以强大的精神支柱，却会误导自己的人生。只有树立科学的信仰，我们才能有健康向上的精神生活，才能使自己的人生充满着幸福和意义，社会才能和谐。

一、马克思主义是科学的信仰

　　科学信仰的表现是将得到科学证明的真理性认识，转化为实践活动的信仰和信念，坚信已被证实的科学真理，将之内化为自己的信仰，用它指导自己的行动，并在实践中进一步检验其真理性。中国共产党人对马克思主义的信仰就是如此。由于信仰是对科学真理的坚定信念，因而科学知识与信仰不再根本对立，而是作为实践本身的两个相互关联和过渡的环节在实践活动中统一起来。这种统一中保留了二者的差异，这是两个环节的差异，不具有两个独立实体之间差异的意义。邓小平曾经明确指出："马克思主义是科学。它运用历史唯物主义揭示了人类社会发展的规律。"[①] 马克思主义作为科学的世界观和方法论，深刻地揭示了自然界、社会发展的客观规律和必然趋势，是无产阶级改造客观世界和主观世界，实现自身自由和解放的强大思想武器；是当今我们推进改

----

　　① 《邓小平文选》第3卷，人民出版社，1993年版，第382页。

革，构建社会主义和谐社会，实现中华民族伟大复兴的强大思想武器。

（一）马克思主义是唯一科学的信仰

近现代以后人类信仰的结构中理性因素和价值因素开始分化，产生了所谓知识与信仰、科学与宗教、理性和非理性的冲突，其实质是价值追求和真理追求的矛盾。单从观念领域来说，真理和价值两种追求的对立源于一种传统观念。按照这种传统观念，自然界是有规律可寻的，是一个客观的领域；而社会历史领域则是一个主观的领域，无所谓客观规律，科学在这个领域无能为力，只能由宗教来占领。其认识论的根源在于西方的哲学家们在自然规律的探索中能够接受唯物主义，在社会历史、人生价值领域却陷入了唯心史观。自从马克思创立了唯物史观，上述这个令许多人困惑的问题，就有了令人信服的答案，使信仰完全建立在科学基础上成为可能，使信仰得以从宗教中解放出来。当然，这里所谓科学不限于自然科学，还包括人文社会科学。马克思主义作为一种信仰，体现了真理与价值、科学与信仰、信仰活动与现实生活、信仰的动力效应与人类社会发展方向的高度统一，它在与来自各方面的非难、误解和挫折的斗争中发展壮大，并为各国无产阶级和革命人民所掌握，成为国际共产主义运动的指导思想。我国革命、建设、改革的历史充分证明，没有马克思主义，就没有中国共产党，就没有新中国；没有马克思主义及其在中国的新发展，就没有中国特色社会主义。马克思主义在中国的指导地位，不是个别人也不是一个党的主观意志决定的，而是历史的选择、人民的选择。青年学者虞新胜等人发表在《江西社会科学》2005年第11期的文章《马克思主义信仰的哲学思考》，对马克思主义信仰提出了新的见解，参见该文可以得出以下结论。

1. 马克思主义信仰体现了对人的关怀——科学价值

马克思主义信仰与其他信仰的区别之处在于，马克思主义把人作为最终的主体来实现价值关怀，强调人有主观能动性，能够通过自身的追求和努力实现所设定的价值目标。马克思在揭露神话与宗教的本质并与之进行激烈的批判中正确把握人的主体地位：信仰是那些还没有获得自己或再度丧失了自己的人的自我意识和自我感觉。这里所说的没有获得自己的"自己"和再度丧失自己的"自己"都是指具有主体意识的人。正是由于对人的主体地位的肯定，马克思才把处于自然崇拜阶段使自己消融于自然界的异己力量的人叫做没有获得自己，而把服从于上帝权威的人叫做再度丧失自己，这正是马克思主义信仰和其他信仰的不同之处。"从前的一切唯物主义（包括费尔巴哈的唯物主义）的主要缺点是：对对象、现实、感性，只是从客体的或者直观的形式去理解，而不是把它们当作感性的人的活动，当作实践去理解，不是从主体方面去理解。"① 提升人的主体性地位，人才真正会有意愿和激情去为价值目标努力奋斗，才能在奋斗过程中实现自身与价值目标的对接，才能真正发挥自身的潜能。在这里，人作为主导性的因素，始终是实践重要的推动力量，在此，马克思主义把实践作为主体与客体结合的汇合点，把实践看作是正确解决主、客体矛盾的唯一途径，并且认为，道德、纪律、制度等其他政治上层建筑也必须依赖信仰的支撑。马克思主义信仰强调人的主体性地位，是注重人的主观能动性和现实转化性。从马克思主义信仰与其他信仰对象的比较中可以得到证明：神话与宗教都崇拜神灵或上帝，对崇拜者来说，他清醒地认识到自身的努力并不是要成为上帝和神灵，只是通过努力换取上帝和神灵的宽恕和同情，来实现自己的目标，也就是自身的努力和付出同上帝的怜悯是一种交换关系；对马克思主义来说，自身与信仰对象是合二为一的、没有差异的，信仰对象就是信仰者确信并应努力践行的目标，是可以通过努力实现的，因此，这种信仰对于主体的动力性远远超过对上帝和神灵的崇拜，它意味着信仰对象将通过信仰者的主体转化为信仰者内在的观念与意识。

2. 马克思主义信仰是批判的产物——科学方法

人类实践活动本身是一个无限的历史展开过程，任何主义或思想都是历史过程的一个停靠点。马克思主义不是先验存在的，它在向人们描述美好世界、对人们心灵进行慰藉的同时，进行着对现实世界的超越，对旧事物的批判，从而使对象革命化。所以马克思主义信仰从一开始就具有强烈的斗争性和批判性，它既从批判旧事物的过程中吸取了教训，避免自己犯同样的错误，同时又在批判旧事物的过程中获得了前进的动力和新鲜元素，丰富了思想内涵。这种批判过程并没有因与旧的思想斗争的结束而停止，在自身思想内部，马克思主义也同样进行否定之否定的反思，不断适应社会历史变化的新环境，这个过程是无限的。按照黑格尔的说法，"无限就是有限的展开过程"。信仰就是要寻求作为世界统一性的"终极存在"、寻求作为知识统一性的"终极解释"、寻求作为意义统一性的"终极价值"。马克思主义信仰在批判的过程中实现了对旧事物的扬弃，也正是在批判过程中形成了辩证唯物主义和历史唯物主义价值观和方法论，它在实践过程中体现出自身思想内涵的真理性及对人的吸引力和

---

① 《马克思恩格斯选集》第 1 卷，人民出版社，1995 年版，第 54 页。

生命力，因此，它具有无限的指向性，为人类在世界中提供了安身立命之本，即人类存在的"最高支撑点"，它将承载着人们的希望，指引着人们实现自身的价值目标。

3. 马克思主义信仰是对理性的超越——科学态度

马克思主义信仰崇尚理性，作为信仰的主体能够对信仰对象产生心理上的认同，并理性地运用各种方法逐步实现自己的目标。由于个人价值体系和信仰目标的一致性，信仰主体不会在心理层面上和价值目标产生偏差，从而保持奋斗的激情和活力。信仰是以对价值目标的相信为前提的，体现出一种综合性的精神状态，通过这种状态进行理性的分析和论证，从而找到实现价值目标的最佳方法。但是，如果客观条件造成这种实践行为中断无法继续下去，那么信仰就会激发超越理性的行为，它是情感上的强化，从理性的相信发展到必须在行动上不可遏止地表现出来的主体精神状态。传统的信仰观认为，当信仰内容与主体的价值终极指向高度吻合，他就渴望拥有此信仰，然而，当主体的理性和经验尚无力论证和验证这种信仰具有真理性，是真实可靠的、令人信服的观念时候，他就痛苦、灰心。"理性主义的失败有几个原因。它剪断了想象力的翅膀；限制了情感；曲解了社会的冲动；掠夺了宗教的全部奇迹；忽视了人类本性中热情奔放的一面"①。所以马克思主义信仰是对理性的超越，是感性和理性的完美统一。克罗纳关注信仰，声称宗教想象优于理性，认为与理性相比，"信仰居于首位，它超出理性的力量之上，并完成理性的事业"②。这也是信仰的力量所在。

4. 立足国情放眼世界坚持和发展马克思主义——重要原则

马克思主义中国化体现了真理的具体性。在中国，是马克思主义中国化；在世界，是马克思主义民族化。世界上没有抽象真理，一切以条件为转移。不论搞革命还是搞建设，都只能在马克思主义指导下，从实际出发，独立探索适合自己国情的发展道路，固定的模式是没有的，也是不可能有的。对于一个国家、一个政党来说，最根本的是国情实际和世界实际，需要把二者统一起来，全面加以把握，这是坚持和发展马克思主义的重要原则。正如列宁所说："我们决不把马克思的理论看作某种一成不变的和神圣不可侵犯的东西；恰恰相反，我们深信：它只是给一种科学奠定了基础，社会党人如果不愿落后于实际

---

① 罗斯：《社会控制》，华夏出版社，1989年版，第231页。
② 克罗纳：《信仰的首要地位》，1943年英文版，序言第8页。

生活，就应当在各方面把这门科学推向前进。"① 中国共产党人如果只研究世界、不研究中国，那就会脱离中国国情，做不好中国的事情；同样，如果只研究中国、不研究世界，那就会落后于世界潮流，也做不好中国的事情。离开了这两条，坚持和发展马克思主义就是十足的空谈。党的十七大报告提出，要"统筹国内国际两个大局，树立世界眼光，加强战略思维，善于从国际形势发展变化中把握发展机遇、应对风险挑战，营造良好国际环境。"② 中国化内在地包括当代化，但当代化并不等于就是中国化，它还包括马克思主义基本原理同时代特征相结合的一面。马克思主义中国化与当代化的统一体现了真理具体性与过程性的统一。国际环境历来是我们党确立路线方针政策的重要基础。当代中国同世界的关系发生了历史性变化，中国的前途命运日益紧密地同世界的前途命运联系在一起。

马克思主义当代化体现了真理的过程性。世界上没有一成不变的所谓永恒真理。事物是过程，实践是过程，认识是过程，真理也是过程。马克思主义是历史的产物，但它之所以没有成为历史的陈迹，关键就在于它与时俱进，当代化是其永恒的追求。马克思主义并没有结束真理，而是在实践中不断开辟认识真理的道路。毛泽东同志十分重视研究中国国情，认为认清中国的国情，乃是认清一切革命问题的基本的根据。同时他又十分重视研究世界，中国已紧密地与世界联成一体，自力更生是我们基本的立脚点，中国与世界紧密联系的事实也是我们的立脚点。邓小平同志在强调我们的现代化建设，必须从中国的实际出发的同时，也明确指出，无论是革命还是建设，都要注意学习和借鉴外国经验。他强调："世界形势日新月异，特别是现代科学技术发展很快。现在的一年抵得上过去古老社会几十年、上百年甚至更长的时间。不以新的思想、观点去继承、发展马克思主义，不是真正的马克思主义者。"③因此，坚持和发展马克思主义，必须既立足中国国情，又放眼世界。④

（二）坚持马克思主义在我国意识形态领域的指导地位

信仰是人类最高的价值追求，信仰问题至关重要，它的动摇能使一个团体、一个政党乃至一个国家面临生死存亡的威胁。苏联共产党，建党时230多万党员，到1990年初达到2300多万，数量增长了近十倍，可恰恰就是这时苏

---

① 列宁：《我们的纲领》，《列宁选集》第1卷，第3版，第274页。

② 《胡锦涛在党的十七大上的报告》，新华网 http://news.xinhuanet.com，2007年10月24日。

③ 《邓小平文选》第3卷，人民出版社，1983年版，第291页。

④ 参见杨春贵：《论马克思主义中国化与当代化的统一》，《人民日报》，2008年3月31日。

联解体了，苏联共产党也失去了政权。说到苏共瓦解的根源，俄罗斯前任总统普京认为其根本原因是腐败，而腐败又始于信仰动摇。"殷鉴不远，在夏后之世"，对信仰危机的问题不给予足够的重视，实在是一件令人害怕的事情。认真总结历史的经验和教训，深刻认识和把握新形势下坚定信仰的现实要求，坚持马克思主义和共产主义信仰，坚持马克思主义的指导地位，进一步推进马克思主义中国化，对于构建社会主义和谐社会具有十分重大的理论和现实意义。

1. 努力使中国化的马克思主义成为人们坚定的信仰

面对国际国内的新情况新问题，我们必须坚持以马列主义、毛泽东思想和中国特色社会主义理论体系为指导，坚持党的一切从实际出发、解放思想、实事求是的思想路线，紧跟时代发展的潮流，不断研究新情况、解决新问题、形成新认识、开创新境界。在信仰教育上，切实加强马克思主义和社会主义的理想信念教育，马克思主义和社会主义的理想、信念，是在同反马克思主义、反社会主义思潮的斗争中逐步坚定起来的。实践表明，信仰的阵地始终存在着一个你争我夺的问题，只是争夺的形式、手段、内容有所不同而已。马克思主义的指导地位只有在与实践的结合中、在指导实践发展的同时而又不断发展自身中，才能真正实现。我们在深入研究新形势下理想信念教育面临的一系列新问题的同时，应正确对待社会主义发展进程中出现的曲折和失误，引导和帮助人们树立正确的价值观念，用马列主义、毛泽东思想，特别是中国特色社会主义理论体系来释疑解惑，这样才能使社会主义拥有越来越多的信仰者。马克思、恩格斯早就说过："占统治地位的思想不过是占统治地位的物质关系在观念上的表现，不过是以思想的形式表现出来的占统治地位的物质关系。"①

2. 正视社会主义自身发展中存在的问题，并在实践中努力解决

社会转型的关键时期，社会信仰问题就会与社会主义自身存在着的问题相互联系起来，如何正视并解决这些问题，是解决信仰问题的关键。如何正视并逐步解决我们自身发展中存在的问题，可以从以下几方面来认识。"其一，要努力在改革开放进程中不断解决矛盾、问题，消除不利于坚定信仰的消极因素。例如正确认识并处理改革、发展、稳定的关系，妥善解决利益关系的调整、利益矛盾的冲突，以及减缓并逐步消除部分社会成员之间收入差距悬殊、少数社会成员的消极腐败等问题。其二，要努力防止在改革开放进程中出现偏离社会主义发展方向的问题，例如把积极探索公有制的实现形式说成是搞私有

---

① 《马克思恩格斯选集》第 1 卷，人民出版社，1995 年版，第 98 页。

化，把鼓励多种经济成份共同发展说成是公有制经济不如私有经济优越，把国有企业改革误以为是放弃公有经济，把允许多种分配形式的存在误以为是对按劳分配的否定等。在理论和实践中，对这些问题必须做出明确的回答。其三，要严厉惩治腐败，完善党和政府的形象。现阶段广大人民群众对共产主义的信仰主要是通过对党和政府的信赖表现出来的。由于社会上特别是我们党和政府内部的腐败现象屡禁不止、前仆后继，严重损害了党和政府的形象，挫伤了人民群众的感情。我们必须在加强对各级领导干部的反腐倡廉教育和制度建设的同时，进一步加重对腐败分子的惩处力度，提高腐败的风险度，真正使那些想搞腐败的人望而却步。"① 党的十七大报告指出，中国特色社会主义道路之所以完全正确、之所以能够引领中国发展进步，关键在于我们既坚持了科学社会主义的基本原则，又根据我国实际和时代特征赋予其鲜明的中国特色。结合中国实际和时代特征运用科学社会主义基本原则来解决我们在发展中出现的问题，是坚持中国实际和时代特征的统一，体现了马克思主义中国化与当代化的统一。对于深刻理解中国特色社会主义的精神实质、深刻理解如何坚持和发展马克思主义，具有重要意义。

3. 进一步密切党与人民群众的血肉联系

胡锦涛同志指出，"我们党的根基在人民、血脉在人民、力量在人民。保持党同人民群众的血肉联系，是我们党无往而不胜的法宝，也是我们党始终保持先进性的法宝。"② 在现阶段，我们党要真正获得广大人民群众的信任和拥护，必须进一步密切党与人民群众的血肉联系，努力提升自己的人民性品格。一是要把是否符合群众的根本利益作为检验我们工作的唯一标准。胡锦涛同志指出："一个政党，如果不能保持同人民群众的血肉联系，如果得不到人民群众的支持和拥护，就会失去生命力"。③ 这就要求我们党必须把人民赞成不赞成、拥护不拥护、满意不满意、高兴不高兴作为衡量和检验自己工作的唯一标准，把群众呼声当作"第一信号"，把群众富裕当作"第一目标"。在整个改革开放和现代化建设的过程中，都要努力使工人、农民、知识分子和其他群众共同享受到经济社会发展的成果，切实把最广大人民群众的切身利益实现好、维护好、发展好。二是要不断完善党员干部密切联系群众的机制。要高度重视

---

① 高健生：《关于信仰问题的思考》，《党建研究》，2000 年第 2 期。
② 胡锦涛：《在庆祝建党 85 周年大会上的讲话》，《人民日报》，2006 年 7 月 28 日。
③ 胡锦涛：《在庆祝建党 85 周年大会上的讲话》，《人民日报》，2006 年 7 月 28 日。

和维护群众最关心、最现实、最直接的利益，高度重视和解决群众生产生活中面临的各种难题，努力使党的群众工作取得实效。广大干部特别是领导干部应及时准确地掌握基层群众的生产生活情况，努力做到想人民群众之所想、急人民群众之所急、务人民群众之所需，采取有力措施维护人民群众的切身利益。总之，坚定社会主义信仰，始终是共产党人团结、凝聚人民群众，努力实现奋斗目标的精神动力。我们要全面推进社会主义和谐社会建设，必须首先实现全社会的思想和谐。只要我们坚定地信仰中国化马克思主义，紧紧团结在以胡锦涛同志为总书记的党中央周围，坚持邓小平理论、"三个代表"重要思想和以人为本的科学发展观，就一定能够战胜各种艰难险阻，完成构建社会主义和谐社会的历史重任。在以胡锦涛同志为总书记的党中央领导下，只要我们在继续推进改革开放和现代化建设的历史进程中，既坚持马克思主义的基本原理和原则，又不断进行理论创新和实践创新，马克思主义就能在中国大地上焕发出更加蓬勃的生机与活力，马克思主义在意识形态领域的指导地位就会坚如磐石，任何力量都不能把它动摇。

（三）坚持解放思想、实事求是的思想路线

解放思想、实事求是，是马克思主义活的灵魂，是引导社会前进的强大力量。"解放思想"就是要以实践来检验一切，自觉把思想、认识从那些不合时宜的观念、做法和体制的束缚中解放出来。"实事求是"就是一切从实际出发、理论联系实际和在实践中检验真理和发展真理。解放思想和实事求是是内在统一的。解放思想是实事求是的内在要求和前提，实事求是是解放思想的目的和归宿。解放思想要求我们从对马克思主义的错误的、教条式的理解和认识中解放出来，从主观主义和形而上学的桎梏中解放出来。实事求是思想路线的根本体现就是尊重实践、尊重群众。就其共同的具体目的性而言，就是在坚持中国特色社会主义建设实践的基础上，不断使马克思主义与时俱进，不断促使马克思主义中国化，解除错误的教条式的思想框架、观念和学说的思维方式，保持开放的思维方式来把握现实的变化和趋势，树立符合时代发展要求的新观念、新思想，充分发挥人的主观能动性和创造性，坚持实事求是的思想路线，尊重实践，在实践中发现真理、运用真理、检验真理、发展真理。历史经验表明，解放思想、实事求是，是我们适应新形势、认识新事物、完成新任务的重要思想武器，是党永葆生机和活力的法宝。什么时候坚持这一思想路线和思想作风，我们的事业就成功，就前进；什么时候背离这条思想路线和思想作风，我们的事业就会遭受挫折，甚至倒退。

1. "解放思想、实事求是"是对马克思主义最好的继承和发展

建设与发展中国特色社会主义是一项具有革命性、创新性的事业。解放思想、实事求是不但表现为提出一系列新思想、新观点、新论断，形成一系列新的策略，创设一系列新的制度，更为重要的体现在价值观与思维方式所发生的一系列重要的深层次的转变与革命。中国共产党在社会主义革命和社会主义建设中沿着一切从实际出发，理论联系实际，实事求是，在实践中检验真理和发展真理这条思想路线前进，不断地使马克思主义哲学得到丰富和发展。邓小平简要而科学地指出："马克思、恩格斯创立了辩证唯物主义和历史唯物主义的思想路线，毛泽东同志用中国语言概括为'实事求是'四个大字。实事求是，一切从实际出发，理论联系实际，坚持实践是检验真理的标准，这就是我们党的思想路线"[①]。坚持马克思主义的指导地位，就应把思想认识从那些不合时宜的观念、做法和体制的束缚中解放出来。马克思主义是不断发展的开放的理论体系，并非静止不变的。建设与发展中国特色社会主义，同时也就是不断解放与开拓思想的过程，时代发展和实践变化的需要赋予马克思主义新的内容，我们要从对马克思主义的错误理解和教条中解放出来，从主观主义和形而上学的桎梏中解放出来，融入到建设与发展中国特色社会主义的伟大实践之中，不断推进马克思主义中国化的理论创新。胡锦涛同志曾说过要"坚持解放思想，实事求是，与时俱进，勇于变革，勇于创新，永不僵化，永不停滞，不为任何风险所惧，不被任何干扰所惑，使中国特色社会主义道路越走越宽广，让当代中国马克思主义放射出灿烂的真理光芒。"[②] 解放思想不能脱离马克思主义的指导，不能离开实事求是，否则就会偏离正确的方向，就成了主观主义的胡思乱想，成了脱离实际的标新立异。坚持马克思主义，归根到底，就要毫不含糊地坚持马克思主义的立场、观点、方法和基本原理，以现实生活的问题和变革的实践为支点，以生活实践为理论和学说的最终权威，敢于怀疑已有的理论与思想、勇于突破传统理论的束缚，要不断进行自我批判，不断推动理论丰富与发展，显现出马克思主义理论开放性与不断创新的理论特征。马克思、恩格斯之所以能突破形而上学和唯心主义的理论桎梏，解除了青年黑格尔的观念束缚，扬弃各种乌托邦的思维逻辑，透视与把握现实生活的本质，创立了无产阶级和人类解放的科学理论，科学地揭示了人类社会发展的规律，实现人类思想

---

① 《邓小平文选》第 2 卷，人民出版社，1994 年版，第 242 页。
② 《中国共产中国共产党第十七次全国代表大会文件汇编》，人民出版社，2007 年版，第 12 页。

史上的革命与飞跃，究其内在思想机理，在于他们敢于直面现实。当马克思"第一次遇到要对所谓物质利益发表意见的难事"① 时就突破了原有思辨哲学在观念论域中的思维定势，从观念领域下降到物质生活领域来加以分析。"为了解决使我苦恼的疑问，我写的第一部著作是对黑格尔法哲学的批判性分析"②，这一理论态度正充分地表达了马克思主义的"整个世界观不是教义，而是方法。它提供的不是现成的教条，而是进一步研究的出发点和供这种研究使用的方法"③。这也就说明了马克思突破原有的思维框架，实现"解放思想"的重要一步。我们要发展马克思主义，同样是要运用马克思主义的立场、观点、方法和基本原理，结合不断发展着的实际，创造性地解决实际问题。邓小平同志指出："在一切工作中要真正坚持实事求是，就必须继续解放思想。"④ 客观事物是发展变化的，人类社会实践也是发展变化的。胡锦涛同志指出："解放思想、实事求是、与时俱进，是马克思主义活的灵魂，是我们适应新形势、认识新事物、完成新任务的根本思想武器。"⑤ 现实生活发生了一系列的变化，如何应用理论已经需要再重新加以分析与思考，也就是说必须解放思想，不能无视现实条件的变化而固守已经得出的理论结论。解放思想，就是使思想和实际相符合，使主观和客观相符合，按照客观规律办事，就是实事求是。今天，解放思想的过程，就是把马克思主义基本原理与发展中国特色社会主义的具体实践相结合的过程。

解放思想一定要以坚持马克思主义为根本前提，从根本上说，解放思想就是使思想和不断变化发展的实际相符合，使主观和客观相符合，在各种思想文化相互激荡、意识形态领域的斗争异常激烈的条件下，对社会生活中涌现出来的各种时代性课题，做出科学的、创造性的回答和解决。创造适合时代特点、反映时代精神的先进文化，牢固树立人民群众是历史创造者的观点，真正把实现、维护和发展广大人民的根本利益作为出发点和归宿，作为衡量一切工作和方针政策的最高标准，才能使党永远得到人民拥护，永远立于不败之地。这也告诉我们，发展是对马克思主义最好的坚持，丰富是对马克思主义最好的

---

① 《马克思恩格斯选集》第 2 卷，人民出版社，1995 年版，第 31 页。
② 《马克思恩格斯选集》第 2 卷，人民出版社，1995 年版，第 32 页。
③ 《马克思恩格斯选集》第 4 卷，人民出版社，1995 年版，第 742~743 页。
④ 《邓小平文选》第 3 卷，人民出版社，1994 年版，第 364 页。
⑤ 胡锦涛：《在学习〈江泽民文选〉报告会上的讲话》，来源：http://www.hnta.cn，2006 年 8 月 15 日。

继承。

2. 用"解放思想、实事求是"的思想路线指导具体实践

马克思主义发展就是在不断解放思想、破除陈腐观念，革新原有认识，推进理论创新，实现理论的自我超越中进行的。马克思、恩格斯曾明确指出"这些原理的实际运用，正如《宣言》中所说的，随时随地都要以当时的历史条件为转移……"① 随着改革开放的深入和社会主义市场经济的发展，社会经济成分、组织形式、就业方式、利益关系和分配方式日益多样化，人们思想和行为的选择性、差异性变化明显，如何引领其正确的方向，是我们党面临的时代课题。事实告诉我们，什么时候坚持解放思想，敢于解放思想，真正地解放思想，我们的事业就顺利发展；什么时候思想僵化，固守"书本"和"教条"，我们的事业就必然遭受困难和挫折。马克思曾指出："光是思想力求成为现实是不够的，现实本身应当力求趋向思想。"② 面对世界的大变动和我国的新发展，面对前所未有的机遇和挑战，如果我们党不能始终站在时代前列和实践前沿，党的理论就不能发展，改革开放和现代化建设就不能前进，我们就不能应对各种挑战，就有被时代进步潮流所淘汰的危险。因此，必须把始终坚持解放思想、实事求是的思想路线和思想作风放在首位。解放思想，就意味着矫正错误的认识、回到正确的价值立场和思想观念上来，并根据现实发展的问题，突破既有的思维与认识框架，实现理论创新与制度创新，为实践提供相符合的观念引导，推动实践的发展。正如邓小平同志所说"我们讲解放思想，是指在马克思主义指导下打破习惯势力和主观偏见，研究新情况，解决新问题"，"解放思想必须真正解决问题"。③ 我们只有继续坚定不移地解放思想，与时俱进，努力提高运用马克思主义世界观和方法论研究新情况、解决新问题的能力，努力提高马克思主义与中国发展实际相结合的本领，才能科学认识当今世界和当代中国发展的潮流和趋势，科学应对我国全面参与经济全球化的新机遇新挑战，准确把握我国发展的新要求和人民群众的新期待，只有这样才能制定适应时代要求和人民愿望的行动纲领和大政方针，才能把握时机加快发展，才能在不断解放思想中开创中国特色社会主义事业发展的新局面。在这一意义上来说，指导中国特色社会主义建设的，只能是马克思主义中国化最新的

---

① 《马克思恩格斯选集》第 1 卷，人民出版社，1995 年版，第 248～249 页。
② 《马克思恩格斯选集》第 1 卷，人民出版社，1995 年版，第 11 页。
③ 《邓小平文选》第 2 卷，人民出版社，1994 年版，第 279 页。

理论成果。这就要求我们秉承马克思主义的基本精神与品质，不断地解放思想、实事求是、与时俱进、科学发展，只有这样才能推动马克思主义中国化，从而推动中国特色社会主义建设实践的发展。

在探索社会主义道路的进程中一个最大的思想解放，也是一个最彻底的实事求是。江泽民同志强调："马克思主义具有与时俱进的理论品质。如果不顾历史条件和现实情况的变化，拘泥于马克思主义经典作家在特定历史条件下、针对具体情况作出的某些个别论断和具体行动纲领，我们就会因为思想脱离实际而不能顺利前进，甚至发生失误。这就是我们为什么必须始终反对以教条主义的态度对待马克思主义理论的道理所在。"① 在发展中解放思想、实事求是就要在政治思想领域破除迷信，反对一切从"本本"出发，排除各种错误思想的干扰，用中国特色社会主义的旗帜引领全党的思想，在马克思主义指导下打破习惯势力和主观偏见的束缚，研究新情况，建立新体制，解决新问题。我们要把思想统一到坚持改革开放、推动科学发展、促进社会和谐、全面建设小康社会上来，用以纠正那些束缚生产力发展，使社会主义丧失了生机与活力的僵化认识和错误认识。对于理论认识的这种变化，恩格斯明确地说："因为很可能我们还差不多处在人类历史的开端，而将来会纠正我们的错误的后代，大概比我们有可能经常以十分轻蔑的态度纠正其认识错误的前代要多得多"。江泽民说："我们必须坚持党的解放思想、实事求是的思想路线，大力发扬求真务实、勇于创新的精神，创造性地推动党和国家的各项工作，在实践中不断丰富和发展马克思主义。"② 这既是对我们党在新世纪里进一步改进和加强党的作风建设的要求，也是对马克思主义理论发展和党的理论建设的精辟论断。只有如此，才能适应生产力的发展，才能深入而具体地分析、解决社会主义建设中所面临的问题，探索建设与发展中国特色社会主义的道路与规律，才能与建设与发展中国特色社会主义的伟大实践形成良性的互动逻辑。

一种先进的思想意识往往会引领社会制度的变革，一个社会主流的思想意识一般会外化为社会制度，从而反作用于经济社会发展。可以说，没有好的思想，不可能有好的制度；没有思想解放，不可能有制度创新。列宁对待马克思主义的态度，我们也可以用列宁的两句话作出概括："我们决不把马克思的理

---

① 江泽民：《在庆祝中国共产党成立八十周年大会上的讲话》，来源：http://www.xinhuanet.com，2001年7月1日。
② 江泽民：《在庆祝中国共产党成立八十周年大会上的讲话》，来源：http://www.xinhuanet.com，2001年7月1日。

论看作某种一成不变的和神圣不可侵犯的东西"，"马克思主义者必须考虑生动的实际生活，必须考虑现实的确切事实，而不应当抱住昨天的理论不放"。思想解放还是僵化，解放的程度如何，最终要看是否有利于贯彻落实科学发展观、构建社会主义和谐社会，是否有利于发展生产力、增强综合国力、提高人民生活水平。必须看到，我国仍处于并将长期处于社会主义初级阶段的基本国情没有变，人民日益增长的物质文化需要同落后的社会生产之间的矛盾这一社会主要矛盾没有变。解放思想是思想解放的过程，也是认识统一的过程。面对前所未有的机遇和挑战，一方面，我们要勇于解放思想，不断深化对共产党执政规律、社会主义建设规律、人类社会发展规律的认识；另一方面，我们要善于统一思想。当前，影响干部群众思想的因素和渠道越来越复杂多样，需要继续解放思想，也需要反对消极错误的思想观念，把全党的思想进一步统一到中国特色社会主义理论体系上来，统一到党的十七大精神上来。胡锦涛同志在党的十七大报告中指出："解放思想是发展中国特色社会主义的一大法宝，全党同志要坚持解放思想、实事求是、与时俱进，勇于变革、勇于创新，永不僵化、永不停滞"。[①] 在新的历史起点上只有坚持解放思想、实事求是的思想路线，才能把我国社会主义现代化建设推向更大的胜利，才能开创中国特色社会主义事业的新局面。

在坚持理论联系实践的基础上，我们应该旗帜鲜明地反对将"马克思主义"僵化、教条化的经院主义，打破因僵化、教条所带来的观念逻辑与思维格局，破除根深蒂固的对社会主义的教条式理解，破除对外国经验和西方模式的盲目崇拜，保持清醒头脑，立足社会主义初级阶段这个实际，科学分析我国全面参与经济全球化的新机遇新挑战，全面认识工业化、信息化、城镇化、市场化、国际化深入发展的新形势、新任务，深刻把握我国发展面临的新课题、新矛盾，更加自觉地走科学发展道路，奋力开拓中国特色社会主义更为广阔的发展前景。着眼于新的实践和新的发展，科学地研究新情况，灵活地解决新问题。江泽民同志曾明确提出："马克思主义是我们认识和改造世界的强大思想武器，是指导中国革命、建设和改革的行动指南。马克思主义不是教条，只有正确运用于实践并在实践中不断发展才具有强大的生命力。"[②] 我们用"发展

---

① 胡锦涛：《高举中国特色社会主义伟大旗帜 为夺取全面建设小康社会新胜利而奋斗》，《人民日报》，2007 年 10 月 25 日。

② 江泽民：《在庆祝中国共产党成立八十周年大会上的讲话》，来源：http://www.xinhuanet.com，2001 年 7 月 1 日。

着的马克思主义"、用马克思主义中国化的最新理论成果来指导建设与发展中国特色社会主义的实践，从中国的实际出发，发现真问题，解决新问题，不断探索、总结社会主义建设的规律，不断探索建设与发展中国特色社会主义道路的新途径，不断丰富中国特色社会主义理论体系的新内容，不断推动中国特色社会主义建设事业新发展。

解放思想、实事求是的思想路线表明，只有坚持马克思主义与时俱进的理论品质，才能真正丰富发展马克思主义。马克思指出："理论在一个国家实现的程度，总是决定于理论满足这个国家的需要的程度。"① 在新的历史条件下，解放思想、实事求是，就是要从社会主义初级阶段的实际出发，按照实践标准，用"三个有利于"判断各方面工作的是非得失，自觉地把思想认识从那些不合时宜的观念、做法和体制中解放出来，从对马克思主义的错误的教条式的理解中解放出来，从主观主义和形而上学的桎梏中解放出来。只有这样，才能在建设有中国特色社会主义的伟大实践中把马克思主义不断推向前进，才能使我们的思想和行动更加符合客观实际，使党的方针政策更加符合社会主义初级阶段的国情和时代发展的要求。

二、马克思主义信仰对社会治理的指导作用

正确、全面认识马克思主义信仰在社会治理中的指导作用，关系到整个社会未来的生存发展，客观准确地分析和把握马克思主义信仰对社会治理的作用是科学认识社会治理的基础。只有通过深入分析社会治理的主要要素，才能从整体上把握社会治理行为变化发展的共同规律。从单一研究治理技术问题领域转到研究更为根本的战略和策略问题上来，关注马克思主义信仰的理性和非理性，研究马克思主义信仰对社会治理的影响以及马克思主义世界观、方法论和管理思想对社会治理的具体作用，是社会治理活动的重要组成部分。

（一）马克思主义信仰为社会治理提供了科学的世界观和方法论

社会各项事务的治理是社会发展的重要组成部分，脱离了社会的整体发展和运动，人们就根本不可能理解社会的各种现象和本质。马克思主义能够成为人们的信仰，为人们所接受，是因为马克思主义作为一种世界观理论体系不仅有其科学性，而且还有其价值性，人们可以按照它的真理来改造世界。同时它的精神价值依赖于物质价值并为之服务，这是人类改造世界的基础，而唯物史

---

① 《马克思恩格斯选集》第1卷，人民出版社，1995年版，第11页。

观就是运用唯物主义和辩证法分析解释社会历史的整个发展过程，从而揭示历史的运动和发展规律。

1. 历史唯物主义方法论的确立是马克思主义产生的重要标志

历史唯物主义方法论的应用，为人们更科学地认识社会现象的发展规律提供了科学的方法论。所谓方法论，就是关于方法的本质、原则和特性的理论，即研究如何运用客观规律自觉地认识世界和改造世界的理论体系。历史唯物主义作为认识社会的一般方法论，就是研究如何运用社会唯物论和社会辩证法的基本原则自觉地认识社会和改造社会的理论体系。它提供的是对待和处理主观意识和客观历史之间关系的基本理论、原则、手段、工具和途径等，以此指导人们去正确认识和改造人类社会历史。恩格斯说："世界的真正的统一性在于它的物质性，"① 历史唯物主义方法论是马克思主义研究社会现象的最根本的方法论，而方法是就功能来说的，它是人们达到预期目的的一种手段、工具和途径。关于社会的本质和规律的科学体系是历史观，对它的自觉运用是方法论。任何方法都只能来自对象的内容，即来自对象自身的本质和运动规律，是对理论显现出来的本质和规律的自觉运用。所以，唯物史观的一个基本要求就是揭示历史运动的基本动力和发展规律，从而为揭示社会治理活动的现象和发展规律提供基本的框架，为研究社会治理活动中的各种关系和形式的本质奠定的坚实的理论基础。历史唯物主义是认识社会的一般方法论原则，弄清了历史观的科学体系和它提供的方法论的基本原则，然后运用这些基本原则去指导社会科学的研究和实践，反过来，这一切又进一步丰富和发展唯物史观的基本理论。

列宁指出马克思用以得出历史唯物主义范畴、原理的方法"是从社会生活的各种领域中划分出经济领域，从一切社会关系中划分出生产关系，即决定其余一切关系的基本的原始的关系。"他又指出："只有把社会关系归结于生产关系，把生产关系归结于生产力的水平，才能有可靠的根据把社会形态的发展看作自然历史过程。"② 这"两个划分"、"两个归结"、"一个过程"深刻揭示了马克思唯物史观基本立场的方法论原则。马克思主义的一个基本任务就是探讨和揭示人类社会治理活动的基本动机和发展规律。这一任务既是由马克思主义管理思想决定的，又是由马克思主义方法论本身决定的。整个唯物史观的

---

① 《马克思恩格斯选集》第 3 卷，人民出版社，1995 年版，第 83 页。
② 《列宁全集》第 1 卷，人民出版社，1959 年版，第 107 ~ 110 页。

基本立场本身就是一种方法论，即在社会生活中贯彻从物质关系到思想关系，而不是从思想关系到物质关系的方法，这是历史唯物主义最基本的唯物辩证的方法论原则。

从社会发展的客观条件认识社会治理现象是历史唯物主义对社会事务认识的客观基础。历史唯物主义揭示了劳动在人类社会形成和发展中的决定作用，指出了社会的物质关系对政治关系和思想关系的决定作用，阐明了社会存在与社会意识辩证关系的基本原则，指明了要从社会存在说明社会意识、从生产力说明生产关系、从经济基础说明上层建筑，以及从生产力和生产关系、经济基础和上层建筑之间的相互作用及其矛盾运动来说明社会发展规律的辩证唯物主义认识路线，无论是对社会科学的研究，还是对社会实践的认识和改造都具有普遍的方法论意义。从实践活动或劳动活动这个"历史上和实际上摆在我们面前的、最初的和最简单的关系出发"，① 社会科学只有遵循这一唯物辩证的认识路线，才能正确地概括经验材料，得出科学的结论。考察社会形态的变革，不能以社会意识为根据，必须坚持社会存在决定社会意识的原则，人们在社会实践活动中，必须依据生产力的水平以及它和生产关系的对立统一来确定自己的任务，始终能提出自己能够解决的任务，如果从书本到本本，空谈民主与法治，不解决社会实际问题，是毫无意义的。

以经验观察的实证的方法来分析和认识社会治理现象的本质是历史唯物主义对社会事务认识的基本方法。唯物史观的每一个原理、基本观点都可以在运用来观察社会生活时成为方法。历史从人的活动开始，"人的类特性恰恰就是自由的自觉的活动。""有意识的生命活动把人同动物的生命活动直接区别开来。"② 人的活动的本质是实践活动，而实践活动的基础是生产劳动活动。在社会存在和社会意识、生产力和生产关系、经济基础和上层建筑的辩证关系中，矛盾双方决定作用和反作用的原理和基本观点，都为我们观察社会生活提供了对立统一的方法。矛盾双方相互作用所构成的由基本适合到基本不适合，再到新的基本适合的辩证否定运动的原理和基本观点，为我们观察社会生活提供了质量互变和辩证否定的方法。

从社会管理不断发展的过程来认识社会治理现象是历史唯物主义对社会事务认识的基本要求。历史唯物主义的基本范畴、基本原理之间构成一个体系，

---

① 《马克思恩格斯选集》第2卷，人民出版社，1995年版，第43页。
② 《马克思恩格斯全集》第42卷，人民出版社，1972年版，第96页。

它的基本范畴体系和理论体系本身也应当成为我们观察社会时的方法论。马克思主义关于阶级和阶级斗争的理论，为我们观察阶级社会和社会主义社会中那些带有阶级性的现象提供了阶级分析的方法，阶级分析方法与历史唯物主义的科学态度相结合是我们评价历史活动的原则。列宁在给伊·费·阿尔曼德的信中指出："马克思主义的全部精神，它的整个体系，要求人们对每一个原理只是（α）历史地，（β）只是同其他原理联系起来，（γ）只是同具体的历史经验联系起来加以考察。"[①] 这就是说，完整地准确地从思想理论的体系上、从理论和实际的相结合上，把握每一个基本范畴和基本理论原理，并运用于具体的实际，成为人们认识活动和实践活动的方法论。

2. 辩证唯物主义和历史唯物主义共同构成了马克思主义方法论基础

在马克思主义的理论体系中，历史唯物主义和辩证唯物主义是基本的、统一的方法论。辩证唯物主义是人类认识发展史的科学总结，它建立在现代科学和先进社会实践的基础上，并随着科学和实践的发展而不断丰富发展。辩证唯物主义的认识论既唯物又辩证地解决了人的认识的内容、来源和发展过程的问题。它认为物质可以变成精神，精神可以变成物质，而这种主观和客观辩证统一的实现都必须通过实践。处理人与人社会关系实践是建立在一定生产劳动实践基础之上的人们之间交互作用的过程，包括经济领域的、政治领域的和思想领域的等等，其中经济领域的交互作用是其他一切社会关系赖以形成和发展的基础，其他都是建立在这一基础之上并为其服务的上层建筑。实践的观点是辩证唯物主义认识论第一的和基本的观点。奠立在一定生产基础之上的经济基础和上层建筑的矛盾统一体，构成了具体的社会形态。生产力和生产关系、经济基础和上层建筑，即生产方式与社会形态之间的辩证关系，也是社会存在和社会意识的辩证规律，由此揭示出整个人类社会发展是个自然历史过程。

认识来源于实践，又转过来为实践服务。实践、认识、再实践、再认识，循环往复，以至无穷，这就是人们正确地认识世界和能动地改造世界的无限发展的过程。人类社会的管理现象是社会发展的一个重要组成部分，自然界和社会的发展规律当然适用于社会现象。辩证唯物主义是客观世界的最一般规律的自觉反映。它看到物质是自然界和人类社会一切现象的基础，世界的统一性在于它的物质性，"物质和意识的对立，也只是在非常有限的范围内才有绝对的意义，在这里，仅仅在承认什么是第一性的和什么是第二性的这个认识论的基

---

① 《列宁全集》第47卷，人民出版社，1959年版，第464页。

本问题的范围内才有绝对的意义。超出这个范围，物质和意识的对立无疑是相对的"。① 物质和意识是对立统一的，统一的物质世界中原本没有意识，物质和意识的对立产生于实践，它们的统一又在实践中实现。因此，辩证唯物主义的认识论是能动的，辩证唯物主义是无产阶级的世界观，是无产阶级政党战略和策略的理论基础，是无产阶级科学地认识世界和改造世界的强大思想武器。

辩证唯物主义又是彻底的辩证法，是完整、深刻而无片面性弊病的关于发展的学说。它揭示了事物内部矛盾双方的相互联系和相互斗争是事物发展的内在原因，是一切现象自我运动所体现的客观真理。马克思主义把唯物辩证法归结为关于外部世界和人类思维运动的一般规律的科学，辩证法就是运用马克思主义的辩证法对人类社会管理现象进行分析的原则。马克思主义承认社会意识在社会存在发展中的巨大作用，但又明确指出，社会意识归根结底取决于社会存在，人类社会的发展是由物质力量即生产力的发展决定的。"只有把社会关系归结于生产关系，把生产关系归结于生产力的高度，才能有可靠的根据把社会形态的发展看作自然历史过程。不言而喻，没有这种观点，也就不会有社会科学"。② 社会历史也是统一物质世界中的具有自身客观规律的运动形式，是物质运动的最高形式。唯物辩证法的基本观点是把客观世界视为一个不断发展、不断运动的过程，认为客观世界不会是静止的、一成不变的。因此，马克思主义在研究一切社会现象和自然界的客观现象时均是运用这一基本的世界观和宇宙观，恩格斯说："社会一旦有技术上的需要，这种需要就会比十所大学更能把科学推向前进"。③ 认识产生于实践的需要，并必须回到实践以满足实践的需要，因此实践又是认识的最终目的和最后归宿。实践扩大了人们的视野，使人们接触和感知越来越多的现象，为认识提供了可能。世界上的一切事物都是相互联系、相互作用、相互制约的，而不是独立的、互不相干的。

综上所述：马克思主义信仰为社会治理活动提供了具体的方法，告诉我们只有通过改造客观事物的实践活动才能拨开笼罩在事物表面的现象的迷雾而暴露事物的本质。只有具备洞察事物本质的理论思维能力，才能在现实的实践中发展和提高。我们只有在实践中不断地创造出各种理论和方法，扩大和增强人

① 《列宁选集》第2卷，人民出版社，1990年版，第147~148页。
② 《列宁选集》第1卷，人民出版社，1990年版，第8页。
③ 《马克思恩格斯选集》第4卷，人民出版社，1995年版，第732页。

感知现象的能力，才能理解事物的本质，进一步对自身进行更好的治理。实践是检验认识是否具有真理性的唯一标准，在社会治理中应用唯物辩证法，就是将其基本原理全面运用于社会治理领域的实践。

（二）马克思主义管理理论对社会治理活动的指导

随着现代科学的分化，出现了与原有基础学科邻接的领域，科学越分化，学科之间的界限就越小，各门科学之间的联系也就更加紧密，形成了各门学科普遍联系的科学体系。历史唯物主义的方法论原则为科学一体化趋势指明了历史趋势并奠定了基础，提供了综合和概括职能、认识和定向职能等。我们从其内部各个层次之间的联系，从其外部与自然界和人类思维的相互联系中，来把握社会的本质和规律。面对国际国内形势的变化，如何对待马克思主义，如何使马克思主义创新和与时俱进是我们面临的现实问题。信仰上的坚定源于理论上的坚定，列宁说："没有理论，党就会失去生存的权力，而且不可避免地迟早注定要在政治上遭到破产。"① 从社会规律上看，它制约着人们自觉的活动，但人们可以认识它、利用它，达到为人类服务的目的。

1. 基于理性：追求效率的社会治理

现代科学的发展已经走向了整体化的趋势，社会有机体是分层的、有序的，各个层次之间的稳定联系构成了社会的基本结构和基本矛盾，社会基本矛盾的相互作用及其矛盾运动构成社会运动变化发展的一般规律。在社会治理中，如何解决行政管理现代化过程中面临的各种问题和压力，提高政府行为的有效性？对此各个国家均无万全之策，只有通过渐进的改革和创新，不断推进行政管理现代化进程，在改革与发展中激发政府的活力、扩大行政参与、提高行政能力，以保证行政行为的有效性。一般在认识上先从人的活动这一社会现象入手，然后揭示隐藏在背后的社会本质和规律。由于经济发展阶段的提升，市场机制日趋完善，政府必须调整其与市场的关系，充分发挥各自的功能及整合效能。随着公共事务不断增多，权力结构不断分化，组织分工细化，出现了组织间相互制约、相互依存、相互合作的局面，政府管理也必须适应这一变化，在追求适应、创新的同时，达到追求效率的目的。提高政府管理效率以"劳动生产率"为衡量标准，不断提高行政效率，追求政府行为的有效性，是期望利用政府行政能力来满足社会对公共物品需求的结果。但是，有效政府必须立足于科学决策的基础之上。提高管理效率的方法包括实行行政责任制、运

① 《列宁全集》第5卷，人民出版社，1959年版，第337页。

用奖励的方法、减少行政性损耗等等。现代政府面对越来越复杂多变的公共事务及行政环境，确保政府行为有效性的关键在于使行政系统和行政环境在复杂的相互作用中实现动态平衡，并根据环境的变化不断进行管理理念、体制、制度和管理方式等方面的持续创新。要采用科学管理的方法进行社会治理，将最先进的管理方法运用于社会主义的社会治理中。通过理性的决策提高管理效率，即有效实施政策的科学管理机制成为服务型政府建设的重要任务。

随着我国社会主义市场经济的不断完善，公共管理领域将实现由低效率、高成本的低效政府向高效率、低成本的廉价政府、廉洁政府的历史性转换，从而使科学决策和民主决策成为体现现代政府治理能力和水平的重要标志，也直接关系到一个国家的综合国力和国际竞争能力。从实践的观点来看，无论是改造自然界的活动还是改造社会的活动。都是通过人类的实践来完成的，所以归根结底它们都是属于社会的历史的活动。列宁也认为泰勒制既是资产阶级剥削的最巧妙的残酷手段，又包含一系列的最丰富的科学成就，这种科学管理方法也可以为社会主义政府所利用。追求高效是政府行政的内在要求，效率化是公共行政现代化的重要标志。追求效率最大化是公共行政的根本目标，世界各国都在为提高公共部门的效率而努力进行机构能力建设。但是，对效率的追求是建立在"以人为本"的基础上的。

所以，历史唯物主义集中体现了马克思主义哲学的社会功能。它既是认识社会现象的哲学方法，又是一般社会学方法。它的范畴和原理既有解释和说明社会现实的作用，又对社会实践具有指向性、可实现性的价值。政府机构的使命是要提倡一个尽可能有效率的行政组织，目的是为了有效地提供公共服务，针对治理结构的特点，加大市政体制、治理模式创新的力度，探索适应未来建立和谐社会需要的政府治理、合作治理和社会自治的模式以及相关环节。

2. 基于非理性：人的全面发展的社会治理

社会治理以社会公正为价值指向，以人的全面发展为目标。而人是社会的主体，从人的视角切入，更能抓住和谐社会建设的关键，有利于化解社会矛盾，构建新型的人际关系，促进社会转型。从泰勒的科学主义管理理论到梅奥的人际关系理论、马斯洛的人的需要层次说、布莱克的组织行为说等管理理论的提出，管理理论发生了由"以物为本"向"以人为本"的转变，实现由一元治理向多元协同治理的转变，形成政府主导、市场推动、社会协同、全民参与的社会治理建设新格局。在市场经济条件下，要调动利益相关者共同参与治理，首先要解决政府"越位"和"缺位"的问题，积极引入市场机制，充分调动企业等社会力量的积极性和创造性，整合区域内的社会资源。其次，在思维方式上，从人的活动这一最原初的、最简单的抽象开始，通过分析方法，把人的活动分解为各个部分，对各个部分的本质和属性再加以具体规定，在错综复杂的活动之上形成各种概念、范畴，经过综合，找出范畴之间的稳定联系，最后达到逻辑的具体，即对社会的本质和规律具体的规定。再次，在治理方式上合理授权与分权，使市场运作机制深入到治理的方方面面，形成政府与市场、政府与企业之间的良性互动，逐步建立起"小政府、大社会"的模式，将部分职能配置给中介组织，减轻政府的负担，降低运作成本，同时提供更多的公共服务产品。逐步树立政府治理的"掌舵"而不是"划桨"身份，在市场、企业和社会能有效发挥作用的地方，政府都退出，但是在保证社会服务的公平、合理方面，政府则积极充当宏观调控角色。

各种管理理论，不论是麦格雷戈的 Y 理论，还是人际关系理论、组织行为理论及后现代管理理论等等，其所谓以人为本的意义只是在于描述了作为管理对象的人的规定和特征，在人与物的关系上不断提升了人在管理中的地位，在不同程度上肯定了人的价值和作用，从而不断发展了管理理论。然而，由于他们从根本上还是把人作为手段而非目的，不论他们怎样肯定人的地位和作用，其管理理论的实质仍然是以物为本的，物仍然是管理追求的最终价值目标。只有马克思主义的管理理论才不仅把人当作手段而且当作目的，不仅把物的发展指标而且把人的发展指标作为衡量管理水平的标准，这种管理观才真正做到了"以人为本"。马克思认为："共产主义社会是以每个人的全面而自由的发展为其基本原则的社会形式创造现实基础。"① 构建以人为本→以人民为本的和谐发展的人本管理，是马克思主义的基本观点。人的价值是自我价值和社会价值的统一体，个人只有对社会做出贡献，实现其社会价值，获得社会的尊重和满足，才能实现自我价值。个人的发展与社会的发展也是一个统一的历史过程，个人的发展目标也是社会的发展目标，人类社会将从必然王国走向自由王国，人本管理就是实现人自身、人和人、人和社会、人和自然的和谐发展。

3. 市民社会

马克思主义认为，市民社会是国家的真正基础，市民社会决定国家。所谓市民社会，主要是指和政治国家相对的私人生活领域，首先是人们的物质生产

---

① 《马克思恩格斯全集》第 23 卷，人民出版社，1972 年版，第 649 页。

活动领域。市民社会包括各人在生产力发展一定阶段上的一切物质交往。它包括该阶段上的整个商业生活和工业生活。这种受生产力所制约、同时也制约生产力的交往形式，就是市民社会。马克思主义提出了市民社会理论，它成为当代西方公共管理运动中的主要思想来源之一。从人的自由与全面发展出发，马克思主义关于市民社会的观点是我们正确理解政府与社会关系的基本出发点，是马克思主义人文关怀在当代中国执政党的社会治理理念中的体现。科学发展的本质和核心是倡导一种"以人为本"的社会治理价值观，其本质是社会治理者应当把"以人为本"作为治理社会的原则，把"以人为本"作为一切社会治理规范和制度的价值。社会治理的目的在于促进社会公平，实现人的全面发展。社会治理的目的不仅在于提高社会的效率，更重要的是在此基础上体现社会公平，以人的全面发展为最终宗旨。党的十七大报告明确指出："人民当家作主是社会主义民主政治的本质和核心。"① 人民当家作主是社会主义的本质要求，而人民的城市人民建、人民的城市人民管就是这一理念的具体体现。让广大人民群众参与社会管理，才能充分调动人民群众的积极性和创造性，关注效率、发展，认识到只有高效率才能为社会全面进步和人的全面发展提供物质基础，才会有更高层次的公平。

在社会治理模式的创新中，多元社会治理主体相互协作和参与管理公共事务，使政府与公民，政府与公民和社会组织在传统社会管理模式中的管理与被管理、控制与被控制之间的关系变成了相互协作的关系。在价值取向上坚持以人为本，是因为社会是由人组成的，促进人的全面发展是社会治理的出发点和落脚点，在生产力发展的一定状况下，就会有一定的交换方式和消费方式，在生产、交换和消费发展的一定阶段上，就会有一定的社会制度、一定的家庭、等级或阶级组织，就会有一定的市民社会。有一定的市民社会，就会有市民社会所正式表现出的政治国家。只有市民社会才是国家的原动力和决定国家的力量，决不是国家制约和决定市民社会，而是市民社会制约和决定国家。

（三）马克思主义信仰对各种社会组织的影响

随着改革的深化和社会主义市场经济的发展，经济成份、利益主体、社会组织和社会生活方式日趋多样化，不可避免地会给人们的思想观念和人与人之间的关系带来一些影响。在社会治理活动中，马克思主义亦发挥着巨大的指导作用。马克思主义信仰作为真理性信仰，在漫长的历史进程中，对实践产生了

---

① 《胡锦涛在党的十七大上的报告》，来源：http：//news．xinhuanet．com，2007 年 10 月 24 日。

巨大的作用。在不同的社会治理组织中，马克思主义信仰通过对治理主体以及文化环境的影响而产生良好的治理效能。

1. 马克思主义信仰对社会组织的影响

我们这里所讲的社会组织是指区别于拥有公共权力的具有单一目标而联合起来的服务性组织，它们不以攫取公共权力为己任，不以盈利为目的，只是单纯为了实现组织所追求的单一目标，如爱卫会等社区组织。同国家不同的是，国家是个机器，是一个工具，而且是一个复杂的工具，是由许多部件所组成的互相联系的有机整体。国家是一个特殊的机器，具有公共权力是国家组织与其他社会组织的根本区别。社会组织作为一种高级社会群体，其重要特征之一，就是不仅有组织、有目标、有分工、有职责，而且具有鲜明的信仰色彩。这种信仰，主导组织成员的思想，支配组织成员的行为，是整个组织的精神支柱和灵魂。信仰对于任何一个规模较大和前程宏远的组织来说，都是必不可少的。尤其是它的管理者，若缺乏甚至丧失信仰，这个班子乃至整个组织就必然死气沉沉，没有活力，难成大事。因此，时刻保持组织成员的崇高信仰，特别是组织管理者的崇高信仰，更是组织得以巩固、存在和发展的重要条件。马克思主义信仰对社会组织最大的影响在于它的动力性。由于这些组织大多数是自发形成的，因此马克思主义信仰只是作为社会组织进行管理的强化剂和兴奋剂，在情感上强化和激发组织成员管理行为的热情，这种热情一旦被点燃，就会迅速地燃烧，转化为永不枯竭的动力。作为一种真理性信仰，马克思主义信仰为社会组织管理主体的管理行为提供动能，使管理者管理行为的原动力源源不竭，具有持久的稳定性。根据需要层次理论，唯有最高层次的需要，才具有永久性的激励作用。马克思主义信仰能够激励社会组织的管理者树立管理的服务意识，应该说是人类社会最高层次的追求，它超越了美国心理学家马斯洛所建构的五个层次需要模式，是超越人类个体满足自我需要之上的社会需要的体现，因而管理服务意识常常集中表现为人们对理想社会实现需要的追求。

2. 马克思主义信仰对行政组织的影响

马克思主义信仰对行政组织的影响在于它的正确指引性。行政组织与社会组织的最大区别在于它的公共权力性。在转型时期，市场经济向纵深发展，客观上需要一个公平的竞争环境和法制氛围，但是，由于中国两千多年的封建社会残留下来的"官本位"思想在一部分党员干部心里根深蒂固，他们把权力看作是自身价值的最终体现，从对公共资源的支配上获得私欲的满足，而把服务意识、公仆意识抛在脑后。面对改革中出现的诸多前所未有的新矛盾、新问题，一个不容忽视的问题是，部分党员理想信念动摇，甚至产生了"信仰危机"。有的党员看似信仰马克思主义，可是他们的信仰只是停留在机械地、教条地背诵一些基本原理与条文上，在复杂的情况变化面前，做不到与时俱进，跟不上时代前进的步伐。这些思想导致行政组织在进行管理时，没有以广大人民群众的利益为最根本的出发点，给党和人民的事业带来巨大的危害。邓小平明确指出："中国共产党员的含义或任务，如果用概括的语言来说，只有两句话：全心全意为人民服务，一切以人民利益作为每一个党员的最高准绳。他的目的是要实现社会主义、共产主义。"① 马克思主义信仰就是要在价值层面引导行政组织的管理者树立正确的价值观和权力观，一切以人民的根本利益作为出发点和最终归宿，并从中实现个人的价值，把坚定马克思主义理想信念作为共产党员保持先进性基本要求的首要内容来加以强调，确实抓住了问题的要害，具有很强的现实针对性。马克思主义信仰作为真理性信仰，它的科学性就在于它不是一成不变的，而是随着客观环境和条件的变化而不断填充内容，这体现了对自身不断批判的勇敢精神，要重视密切联系社会实际与社会实践，应当常到人民群众中去听取意见，观察人民的实际生活，调查研究，才会有事实作科学研究的基础。把坚定马克思主义理想信念作为共产党员保持先进性基本要求的首要内容来加以强调，确实抓住了问题的要害，具有很强的现实针对性。马克思主义信仰能够正确引导行政组织的管理主体合理利用手中的权力为人民大众办实事，从而实现了资源的合理配置和社会的和谐发展。

3. 马克思主义信仰对企业组织的影响

马克思主义信仰对企业组织的影响在于科学发展。企业组织的最大特点在于它的盈利性，任何企业都是以追求利润为根本目的，但是有的企业为了追求自身利益的最大化而忽视了社会效益，片面追求经济效益，在手段上无所不用其极，社会形象不佳。马克思主义信仰体现了科学发展的观点，它引导企业组织的管理者要以人为本，通过营造企业文化，使作为管理客体的企业员工对团队确实有"家"的归属感，这样才能投入全部热情为企业的目标而努力奋斗。加强企业文化建设，对于提高企业管理水平具有十分重要的意义。企业管理行为是由人们的信念和意志决定的，而人们的信念和意志又取决于企业的文化建设。在企业内部塑造积极科学的企业文化，是提高企业管理水平、实现管理目标的重要手段。

---

① 《邓小平文选》第 1 卷，人民出版社，1994 年版，第 257 页。

　　"以人为本"的企业文化更加注重员工的自我价值的实现和人的全面发展，是企业竞争的"法宝"之一。管理主体与客体的良性互动，有利于主体及时掌握客体的情况并做出调整，同时通过客体的积极反馈及时发现企业存在的问题，防止矛盾由量变到质变的激化。人的思想在企业管理中占有重要作用，我们强调对人的管理，不仅仅是对人的行为的管理，同时更应该重视对人的思想的管理。在计算成本和产出时，不止单纯计算经济利益的增加，还要考虑到是否有利于资源的合理配置和可持续发展，考虑企业追求的价值取向是否对社会有正面引导作用，这是企业是否能够成功的关键。在传统管理理论看来，机器和设备等物的因素是企业中的重要因素，而人不过是在其规章制度规范下为其带来利润和财富的"工具人"、"经济人"、"社会人"。这无疑表露了传统管理理论重物不重人、"以物为本"的思想特点。此时的人不被看作企业的主体和主人，而仅被看成可以自由买卖的"劳动力"或"人力"。新型管理哲学的企业文化强调"以人为中心"，把人看作企业的主体和主人，同时主张重物又重人、以人为中心，并实现人本与人力的内在统一，始终坚持人是企业的主体和财富。世界 500 强企业管理演变的历史证明，优秀的企业文化应该"以人为本"，以顾客为中心，努力服务社会。马克思主义信仰的科学发展观体现了和谐的特点。作为企业，只有和谐才能产生凝聚力，才能战胜面临的各种困难。任何企业的成长都不是一帆风顺的，都会遇到这样或那样的困难，只有具有强大的凝聚力，企业才能一致对外，打出去是个拳头，收回来是个整体。在企业构建文化的建设过程中，企业在最大限度地发挥个人创造力的同时，对其人生的发展和工作的动力也应有明确的目标，使其工作有意义，产生一种积极向上的思想，这是激发员工动力的重要因素。企业文化是优秀传统文化与时代精神的融合，用文化的精神来焕发员工自身的力量，发挥聪明才智，为群体的发展做出贡献，个体对于群体事务的参与对员工的思想会产生巨大的驱动力，不但强化个体的"主人翁"地位的自我感觉，也增强了个体对群体的归属感。先进的企业文化，不仅仅是建设社会主义先进文化的需要，更是企业自身发展的需要。人是企业文化的主体，企业文化不仅要靠人来创造，而且还要靠人来丰富。在企业管理中通过以人为本的管理模式来调动员工的积极性，强化员工的责任感，做到人尽其才，才尽其用是企业文化最重要、最直接的功能。通过对员工的价值观、敬业精神、道德思想等的引导，形成"以人为本"的企业文化核心，是企业管理活动的关键。

　　企业文化建设坚持以人为本的核心观念，用以人为本的核心价值观建设企业文化，立足于企业所处的社会文化背景，在以人为本的企业理念指导下，探索新的企业文化行为模式。在组织内部树立一个共同的、科学的组织文化，企业的管理活动就会更加符合客观规律，符合广大员工的利益。企业文化随着企业环境的不断变化而不断加强，以此来实现组织目标与个人目标的融合。"以人为本"的企业文化，强调以人为中心的管理活动，通过尊重人、理解人、关心人和服务人来充分发挥人的主动性、积极性和创造性，最大限度挖掘人的潜能，更好地实现个人目标和组织目标的契合，注重管理团队中人的发展，以达到推动企业管理目标实现的目的。通过人性化的管理在员工中建立起共同的理想目标和道德观念，使员工在观念上确立一种内在的自我约束、自我管理，更加自觉地规范自己的行为，创造性地做好自己的工作。建设"以人为本"的企业文化，重在营造企业文化环境氛围，企业要有活力，就要不断提高员工素质以促进企业文化建设。我国的企业文化是社会主义的企业文化，它必然要受社会主义思想原则、道德规范、行为准则和集体主义价值观的指导。企业要通过加强员工的理论学习和参与社会公益活动来提高员工的道德观念，使员工懂得应该做什么、不应该做什么，搞清为什么活着、活着为什么，应追求什么样的人生价值，等等。进一步增强员工追求真理的意识，养成良好的社会公德、职业道德和家庭美德，从而树立正确的思想道德观念。树立"以人为本"的企业文化观，要处理好价值导向与教育方法的关系。任何管理活动都是一个开放的系统，它要受到来自外界环境的影响和整个社会的道德伦理、价值追求的规范和约束。企业文化一旦形成，就会对企业经营管理发挥重大的影响和制约作用，企业的竞争力源自职工的创新力，而职工的创新力要靠企业文化建设来提升。当企业处于上升趋势或体制转轨的变革时期，企业文化活动就会变得异常活跃，这时求新求变的企业精神、追求成功的企业作风、推动先进企业文化的建设、促进经济持续增长就会成为企业文化的核心工作。企业文化代表多数人的根本利益，必须把维护好、发展好、实现好企业广大员工的根本利益作为一切工作的出发点和归宿。当我们培养和认定企业价值观时，它已是现代企业文化发展的必然趋势，随着人民生活水平的提高和物质需求的不断满足，单纯利用经济手段已难以提高人的积极性，探索如何利用新的方法和手段塑造新的企业文化并显现出它超凡的魅力是企业管理者所面临的新挑战。优秀的企业文化不但有利于理顺企业内部关系，还有利于充分调动员工的积极性，更有利于全面提高企业素质，企业管理者在企业文化塑造中既要注意发挥理性和逻辑的力量，坚持以理服人，又要充分考虑受教育对象的个性特点和情感因素，注重以情感人，以进一步增强文化的针对性和吸引力、感染力，使员工围绕企业的共同远景，产生奋发进取的团体意识。优秀的企业文化是人类宝贵的精神财富，它可以把一种微观文化现象变成一项神圣的事业。企业文化通过精神、理念和传统等无形的因素，对员工形成一种约束力，使员工在认同企业价值观念的前提下自觉约束自己的行为，这样才能做到尊重人性，才能把员工引导到企业所确定的目标上来，把企业所倡导的价值观念转变现实，为真正实践科学发展观、建立和谐社会和人性化社会打下良好的基础。

三、在实践中树立马克思主义信仰

信仰是指向未来的，真理性信仰能够引导人们树立科学的世界观、人生观和价值观，激励人们正确面对各种挑战，在困难和挫折中始终保持积极、乐观、向上的精神面貌。要继续推进建设中国特色社会主义的伟大事业，就需要牢固树立马克思主义信仰，这样才能为构建社会主义和谐社会而不懈努力。邓小平同志曾指出："我们过去几十年艰苦奋斗，就是靠用坚定的信念把人民团结起来，为人民自己的利益而奋斗。没有这样的信念，就没有凝聚力。没有这样的信念，就没有一切。"① 坚定的马克思主义信仰和共产主义理想，是引导、激励广大人民群众艰苦创业、建功立业的精神明灯。胡锦涛同志说："我们必须居安思危，增强忧患意识，坚持用发展的眼光审视和评估自己，以改革的精神加强和完善自己，永不自满，永不懈怠，不断把马克思主义中国化推向前进，不断把中国特色社会主义事业推向前进。这是我们党始终保持先进性的根本要求。"② 所以当下必须在全社会牢固树立马克思主义信仰。

（一）用中国化马克思主义来指导意识形态领域建设

马克思主义中国化就是马克思主义基本原理同当代中国具体实践相结合的过程，就是按照中国特点去运用马克思主义，实现马克思主义基本原理同中国具体实践相结合。邓小平同志曾经说过："我们坚持的和当作行动指南的是马列主义、毛泽东思想的基本原理，或者说是由这些基本原理构成的科学体系。"马克思主义是不断发展的，会随着时代的发展而不断增添新的内容。我们所说的坚持马克思主义的指导地位不动摇，指的是坚持马克思主义的基本原理、基本方法不动摇，并在实践中检验和发展马克思主义。

---

① 《邓小平文选》第 3 卷，人民出版社，1993 年版，第 190 页。
② 胡锦涛：《在新时期保持共产党员先进性专题报告会上的讲话》，新华网 http://news.xinhuanet.com，2005 年 1 月 14 日。

1. 坚持与发展马克思主义，巩固马克思主义在意识形态领域的指导地位。

马克思主义是我国社会主义意识形态的指导思想，它不仅是哲学社会科学建设的根本，也是治党治国的根本。加强对意识形态工作的领导，确保社会主义的意识形态安全，必须坚持马克思主义观点，坚定共产主义信念，真正认识人类历史发展的客观规律。任何时候都要坚持马克思主义的基本原理，否则，党和国家的事业就会因为没有正确的理论基础和思想灵魂而迷失方向。我们要运用马克思主义的辩证唯物主义和历史唯物主义，正确认识和把握社会历史的发展规律，并把这一客观规律自觉运用到具体的管理实践当中。以马克思主义为指导不是一句空话，而是要以马克思主义的立场、观点和方法，以马克思主义的基本原理指导哲学社会科学其他学科的建设，指导中国特色社会主义的发展，用马克思主义的最新成果引领社会主义意识形态的建设和发展。与此同时，我们也必须坚持党的思想路线，一切从实际出发，理论联系实际，实事求是，在实践中检验真理和发展真理，反对在对待马克思主义问题上的教条主义。充分认识我国的历史发展阶段，对于当前所涌现出的社会问题有一个正确的把握，充分认识当今面临的复杂多变的国际国内形势，坚持马克思主义的指导地位，不断提高认识世界的能力。"面对来自各方面的挑战，社会主义意识形态建设的任务极为繁重，迫切需要以马克思主义的最新成果为指导，回答意识形态领域中的重大理论和现实问题；需要以马克思主义的最新成果为指导，对新现象、新问题作出新的理论概括和总结，不断推出有理论深度、有社会影响、有创新价值的理论成果，丰富社会主义意识形态理论体系，使社会主义意识形态具有强大的说服力、战斗力、吸引力，真正成为社会思潮的主导力量，为社会大多数成员提供精神支撑"。①

历史唯物主义和辩证唯物主义是马克思主义给予我们的重要思想武器，只有时刻坚持用马克思主义理论武装头脑，以共产主义远大理想和中国特色社会主义信念为核心，以集体主义为主要内容，以树立和落实"以人为本"的科学发展观为主要任务，才能明确我们奋斗的目标和方向，以及继续前进的无限动力。加强社会主义意识形态建设，首先要划清马克思主义意识形态与各种非马克思主义意识形态的界限，坚持马克思主义意识形态的主导地位。在不断发展占主导地位的社会主义意识形态的同时，对封建主义意识形态的残余、资本主义意识形态和其他非马、反马思潮进行针锋相对的斗争，对当前我国意识形

① 张雷声：《马克思主义是社会主义意识形态的旗帜和灵魂》，《思想理论教育》，2008 年第 21 期。

态领域中各种意识形态之间的激荡和冲突的各种表现形式，要透过现象认清本质，加以甄别，这也将是我国在相当长的一个历史阶段中意识形态领域的主要任务。同时还要不断加强马克思主义理论的学习，自觉地与中国的改革实践相结合，在实践中把握马克思主义的真谛，与时俱进地学习马克思主义。加强社会主义意识形态建设，还要结合新的历史条件和社会实践，不断丰富马克思主义意识形态的新内容。毛泽东思想、邓小平理论以及"三个代表"重要思想都是马克思主义与中国具体实践相结合的产物，只有学好这些指导我国发展的理论精髓，才能够树立正确的世界观、人生观、价值观，并在实践中践行这一真理性信仰。马克思主义意识形态是随着实践的发展不断丰富和发展的，马克思主义意识形态的生命力来自于它的开放性和自身的创造力。加强社会主义意识形态建设，还要坚持唯物史观，用历史主义的态度辩证地对待封建主义意识形态和资本主义意识形态。迄今为止的文明社会的主要文化成果，大都从属于一定的意识形态，也可以说意识形态是阶级社会条件下文化发展的重要载体，马克思主义是适应实践发展要求并能指导社会实践不断前进的理论，这就决定了它必须与时俱进，不断创新，引领时代潮流。马克思主义在社会主义意识形态建设中居于核心地位，是社会主义意识形态的旗帜和灵魂，正确认识和理解马克思主义，对加强社会主义意识形态建设具有决定性作用。

在今天，加强社会主义意识形态建设的关键在于处理好坚持和发展马克思主义意识形态的关系，即处理好"老祖宗"与"讲新话"之间的关系。毛泽东指出："马克思这些老祖宗的书，必须读，他们的基本原理必须遵守，这是第一。但是，任何国家的共产党，任何国家的思想界，都要创造新的理论，写出新的著作，产生自己的理论家，来为当前的政治服务，单靠老祖宗是不行的。"① 邓小平同志在改革开放的过程中也始终强调"不丢老祖宗"，又要"讲新话"，讲一些老祖宗没有说过的新话，根据新的实际发展马克思主义。改革开放30年来，从完整准确地理解毛泽东思想的科学体系到实现马克思主义中国化的第二次历史性飞跃，从确立邓小平理论和"三个代表"重要思想的指导地位到提出科学发展观等重大战略思想，都既坚持了马克思主义基本原理，又赋予其鲜明的中国特色和时代特色，开辟了马克思主义发展的新境界。结合新材料讲新话，在实践中发展马克思主义是一个永无止境的过程。今天的中国既不是改革开放初期的中国，也不是徘徊在是不是要建立社会主义市场经

---

① 《毛泽东文集》第8卷，人民出版社，1999年版，第109页。

济体制时期的中国，今天，中国特色社会主义的伟大事业正处在新的历史起点上。面对当今世界正在发生的广泛而深刻的变化，面对当代中国正在发生的广泛而深刻的变革，面对实现人民群众新要求新期待的繁重任务，唯有继续解放思想，实事求是讲新话，才能最大限度地团结和凝聚不同社会阶层、不同利益群体的智慧和力量，引领中国的发展和进步。①

2. 认真总结意识形态工作的基本经验教训，加强对外来文化和各种思潮的分析、鉴别与引导。

改革开放以来，随着社会主义市场经济体制的建立和发展、社会阶层结构的变化、社会利益集团的分化，思想文化领域出现了多样化内容，主流意识形态趋于弱化、淡化，非主流意识形态发生了十分复杂的分化。在主流意识形态之外，各种社会思潮如新儒学、新自由主义、新保守主义、新利己主义、后现代主义、拜金主义、历史虚无主义等此起彼伏、层出不穷。在全球化条件下，资本主义与社会主义在意识形态领域的斗争开始以新的形式呈现，意识形态的功能开始借助经济发展优势发挥作用，意识形态的渗透、斗争和较量也经常通过企业集团的经济力量进行。经济力量和意识形态的结合成为资本主义与社会主义意识形态争斗的决定性的因素。当代西方国家不强调统一的指导思想，并不等于这些国家就没有起主导作用的意识形态。资本主义社会的经济基础，是以资本主义私有制为核心的生产关系，这种生产关系的必要条件是以自由、自主的商品生产者为本位的社会结构，即个人本位的社会结构。作为这种社会关系的反映，资本主义意识形态必然要以个人主义为核心内容。个人主义渗透和体现在资本主义社会的各个领域，形成了一个无孔不入、无所不在的、强大的、根深蒂固的价值体系。它在政治法律关系中的必然要求和反映，就是自由主义和多元主义。它们不仅在国内通过各种方式千方百计地宣扬、坚持这一意识形态，而且以这一意识形态中的"自由、民主、人权"作武器，推行对社会主义国家的和平演变战略，并以此为由侵略、颠覆一些不听从它们摆布的发展中国家。一方面，它们丑化社会主义中国、美化资本主义制度；另一方面，通过"西化"和"分化"的手段，推销自己的意识形态，培植"内应人员"，播撒"自由种子"，从内部瓦解社会主义。我国社会主义意识形态与西方敌对势力意识形态的渗透与反渗透、颠覆与反颠覆斗争将日趋复杂和激烈，政治力量和意识形态的结合成为当前意识形态领域斗争的发展趋势。我们如果放弃马

---

① 参见刘娟、杨义芹：《马克思主义意识形态理论与我国意识形态建设》，《求索》2008 年第 9 期。

克思主义的指导地位，在指导思想上搞多元化，势必导致人心大乱、天下大乱，给党、国家和民族带来灾难。东欧剧变、苏联解体的历史教训就是我们在这一方面的最好教材。

对于我国来说，意识形态是长期复杂而又尖锐的斗争，我们必须保持清醒的头脑，始终坚持和巩固马克思主义的指导地位，抵制资本主义意识形态的渗透和侵蚀。一方面，要在中外文化的相互交融与激荡中保持文化的先进性和创新力，应对和警惕西方敌对势力"西化"、"分化"中的"文化侵略"和恃强凌弱的"文化霸权"，以及包藏祸心的"文化渗透"，识破西方敌对势力"使我们在精神上解除武装，进而颠覆社会主义制度"的企图。在社会思潮和意识形态上，要通过各种渠道发挥文学艺术、影视媒体以及互联网的作用，广泛地宣扬我国意识形态理论，争夺和占领这块阵地，从而使社会主义意识占据主动。另一方面，要加强社会主义意识形态与民族文化的融合，在大力培育和弘扬民族文化精神的过程中，融入社会主义意识形态的文化精神，在社会主义意识形态的建设过程中打上民族文化精神的烙印。当前，一些不愿意看到中国发展壮大的西方敌对势力，利用国际社会主义处于低潮、马克思主义遇到挑战的机会，加紧对我国实施包括意识形态在内的"西化"、"分化"的政治图谋，贬低、攻击马克思主义的真理性科学性，通过各种渠道宣扬、兜售他们那套同马克思主义对立的资本主义思想文化、价值观念和政治信条，在意识形态领域里，挑起反马克思主义与马克思主义之间的渗透与反渗透的斗争。因此，在全球化的历史进程中扩大对外开放，就必须吸收外国的优秀文明成果，弘扬传统文化的精华，同时防止和消除文化垃圾的传播，抵御西方敌对势力"西化"、"分化"的图谋，这也是确立社会主义意识形态在社会生活中的地位、真正发挥社会主义意识形态的主导作用、增强社会主义意识形态战斗力的重要任务。这场斗争看起来好像是无形的、静悄悄的，但其实质却关系到共产党人的根本信仰，关系到人民民主专政和社会主义制度的巩固，关系到民族凝聚力的增强，关系到建设有中国特色社会主义事业前途命运的根本问题。同时也要处理好竞争与协作、效率与公平、先富与共富、经济效益与社会效益等关系，形成把国家和人民利益放在首位而又充分尊重公民合法个人利益的社会主义义利观，形成健康有序的经济和社会生活规范，形成中国特色社会主义现代化建设的共同理想、价值观念和道德规范，防止和遏制腐朽思想和丑恶现象的滋长蔓延，确立社会主义意识形态在社会生活中的地位，发挥社会主义意识形态的主导作用，增强社会主义意识形态的战斗力。

总之，我国是社会主义国家，在意识形态领域中发挥指导作用的只能是马克思主义，而不可能是其他的什么"主义"。马克思主义的意义不仅在于说明世界，更为重要的在于改造世界。马克思主义是我们立党立国之本，是社会主义意识形态的旗帜和灵魂，马克思主义的指导地位忽视不得、动摇不得。马克思主义是无产阶级的精神武器，是无产阶级政党和纲领、战略和策略的理论基础。一个半世纪以来，马克思主义一直是无产阶级和劳动群众进行革命和建设的行动指南。马克思主义的科学性、学术性和革命性、意识形态性的统一，在亿万劳动群众推翻资本主义和建设社会主义的实践中不断地得到升华。一旦忽视和动摇就有可能产生亡党亡国的灾难。对于当前意识形态领域中的各种文化、思潮、思想，应该坚持原则，区别对待，正确引导。所谓坚持原则，就是对于提倡什么、允许什么、限制什么、反对什么，必须旗帜鲜明，不能含糊。所谓区别对待，就是对马克思主义和反马克思主义、非社会主义和反社会主义应当有所区别。所谓正确引导，就是巩固马克思主义的指导地位，巩固社会主义制度。必须坚持用马克思主义去占领意识形态领域的阵地，决不能给那些反马克思主义的人以可乘之机。①

3. 加强社会主义思想道德建设，强化教育作为意识形态基础的功能作用。

教育对解决当前我国意识形态领域中存在问题有着更为崇高的价值和深远的意义。它有助于民众掌握新世纪社会主义的发展趋势和整个国际社会的现实，更有助于推进马克思主义理论创新和社会主义核心价值体系建设，也有助于面对我国社会主义意识形态面临国际、国内复杂环境变化带来的各种挑战时，人们有清醒的认识，形成理性的思考。我们正在从事的中国特色社会主义伟大事业，同样必须坚持马克思主义的指导地位，以马克思主义为指导思想是社会主义意识形态的灵魂。"通过传统和教育承受了这些情感和观点的个人，会以为这些情感和观点就是他的行为的真实动机和出发点。"② 是否坚持马克思主义的指导地位，是无产阶级政党区别于其他阶级政党、社会主义意识形态区别于其他国家意识形态的显著标志。"资产者唯恐失去的那种教育，对绝大多数人来说是把人训练成机器。"③ 马克思主义在社会主义意识形态建设中的指导地位，直接体现于它是发展中国特色社会主义的行动指南。坚定不移地坚

① 参见荣开明：《关于坚持马克思主义指导地位的三点思考》，《武汉学刊》2006 年第 3 期。
② 《马克思恩格斯选集》第 1 卷，人民出版社，1995 版，第 611 页。
③ 《马克思恩格斯选集》第 1 卷，人民出版社，1995 版，第 289 页。

持马克思主义，这是我们党在准确把握当代中国社会性质和意识形态本质，深刻总结国内外社会主义建设的历史经验，科学认识中国现实，特别是科学分析我国意识形态领域基本现状的基础上，确定的党和国家的思想旗帜。意识形态是通过传统和教育的方式来传播的，它一旦被接受，就成为一种具有实践倾向的精神力量。关于传统对人的影响，马克思说："人们自己创造自己的历史，但是他们并不是随心所欲地创造，并不是在他们自己选定的条件下创造，而是在直接碰到的、既定的、从过去继承下来的条件下创造。一切已死的先辈们的传统，象梦魔一样纠缠着活人的头脑。"① 确立马克思主义的指导地位，不是个别人的选择，也不是党的主观意志的产物，而是历史的必然、实践的选择。

改革开放以来我国取得一切成绩和进步的根本原因，就是开辟了中国特色社会主义道路，形成了中国特色社会主义理论体系。在当代中国，社会主义基本路线、根本目的、总体布局、战略目标等构成了中国特色社会主义的共同理想，这是中国社会主义意识形态的根基。社会主义社会以人的全面发展和社会和谐为社会发展目标，提高文化软实力，建设社会主义精神文明是中国特色社会主义的重要内容。中国特色社会主义是中国共产党确立的伟大事业，是中国共产党领导中国人民实行改革开放和现代化建设的基本口号，是当代中国发展进步和全党全国各族人民团结奋斗的伟大旗帜。坚持马克思主义的指导地位和坚持共产党的领导是完全一致的。正如邓小平指出的："自有国际共产主义运动以来，就证明了没有无产阶级的政党就不可能有国际共产主义运动。自从十月革命以来，更证明了没有共产党的领导就不可能有社会主义革命，不可能有无产阶级专政，不可能有社会主义建设。列宁说：'无产阶级专政是对旧社会的势力和传统进行的顽强斗争，流血的和不流血的，暴力的和和平的，军事的和经济的，教育的和行政的斗争……没有铁一般的和在斗争中锻炼出来的党，没有为本阶级全体忠实的人所信赖的党，没有善于考察群众情绪和影响群众情绪的党，要顺利地进行这种斗争是不可能的。'列宁所说的这个真理，现在仍然有效。在中国，在五四运动以来的六十年中，除了中国共产党，根本不存在另外一个像列宁所说的联系广大劳动群众的党。没有中国共产党，就没有社会主义的新中国。"② 以马克思主义为指导，建设中国特色社会主义经济、政治、文化，不能颠倒社会主义基本经济制度中主体与非主体的地位。在当今时代，

---

① 《马克思恩格斯选集》第 1 卷，人民出版社，1995 版，第 585 页。
② 《邓小平文选》第 2 卷，人民出版社，1995 年版，第 169～170 页。

要把弘扬和培育这种民族精神作为文化建设极为重要的任务，纳入精神文明建设的全过程，使全体人民始终保持昂扬的斗志。通过分析改革开放的历史过程和成果教育，使民众对我国坚持马克思主义意识形态的正确性有进一步的理性认识，在30年来改革开放的历史进程中，我国人民不断迸发锐意进取、敢为人先的创新精神，与市场经济相适应的自主、平等、竞争、效率观念不断增强，扶贫济弱、公平共享、着眼于人的全面发展的人文精神得到普遍推崇。30年的实践证明我国在经济、文化等方面都发生了深刻的变化。我们坚持以公有制为主体、大力发展非公有制经济，确立了以公有制为主体，多种所有制经济共同发展的社会主义基本经济制度。确立和实行这一基本经济制度，有效地消除了所有制结构不合理对生产力发展造成的羁绊，大大解放和发展了生产力。民主、科学、法制的理念成为广泛共识，形成了以改革创新为核心的时代精神。社会主义荣辱观体现了中华民族传统美德与时代精神的有机结合，体现了社会主义基本道德规范和社会风尚的本质要求，是社会主义意识形态对民族精神和传统美德的升华，也是对时代精神的鲜明表达。"在这里马克思揭示了意识形态传播和发挥作用的规律，即一方面，人不仅要生活在既定的物质条件和社会关系中，而且也生活在既定的精神空气——意识形态中，意识形态具有历史继承性，在一定条件下，旧的意识形态总是会顽固地起作用，对人的观念产生重要影响；另一方面，统治阶级总是会利用一切手段进行意识形态的灌输或教育，以把群众吸引到自己这方面来，实现统治阶级的利益"。①

　　教育要通过分析社会思潮的根源、本质和特点及其对我国主流意识形态影响的深层意蕴，从对坚持马克思主义在我国意识形态领域指导地位的整体性、结构性、关联性分析中，形成正确的理论观点，只有这样才能具有较强的现实针对性，民众才能接受。马克思主义是我们必须高举的旗帜，这面旗帜曾经指引我们走过艰辛而辉煌的年代，也正指引着我们走向中华民族全面复兴的新时代。坚定不移地走中国特色社会主义道路是社会主义意识形态的主题，它会使中国特色社会主义道路越走越宽广，使中国特色社会主义理论体系越来越丰富。

　　（二）以社会主义核心价值体系引领社会各种思潮

　　任何社会都有自己的核心价值体系。核心价值体系是一个政党的行动指南，是一个国家的主心骨，是一个民族的灵魂。社会主义核心价值体系，就是

---

① 刘娟、杨义芹：《马克思主义意识形态理论与我国意识形态建设》，《求索》2008年第9期。

指在社会生活中居于统治和引导地位的社会价值体系，它能有效地制约非主导的社会价值体系作用的发挥，保障社会经济制度、政治制度、文化制度的稳定和发展。"社会主义核心价值体系的提出，是我们党大力推进马克思主义中国化的最新理论成果。社会主义核心价值体系体现了社会主义主流意识形态，客观反映了当代中国国情，对我国公民的社会活动发挥着极其重要的引领、调控和规范功能。"① 没有马克思主义的指导思想，没有马克思主义中国化的最新成果作指导，就无法筑就全国各族人民的共同理想。从推进中国特色社会主义事业、巩固党的执政党地位的高度来看待社会主义核心价值体系的建设问题，增强社会主义意识形态的吸引力和感染力，体现了中国共产党对意识形态建设的强烈责任感和忧患意识。

1. 全面把握社会主义核心价值体系对加强社会主义意识形态建设有重要意义

马克思主义占统治地位的社会主义意识形态，是有中国特色社会主义的重要特征，是凝聚和激励全党、全国各族人民的重要力量。社会主义核心价值体系的提出是加强社会主义和谐文化、和谐社会建设的重大举措，有利于巩固马克思主义在意识形态领域的指导地位，形成全民族奋发向上的精神力量和团结和睦的精神纽带。当前中国意识形态建设面临的重大挑战就是如何用马克思主义一元化的指导思想引领、整合多样的社会思潮，最大限度地形成广泛的社会思想共识。人类发展的历史表明，同一社会虽然可以有多种并存的思想价值体系，但国家的指导思想、理想信念应当是共同的。任何一个社会的价值观都不是单一的，而是由多种不同的，甚至是相互冲突的价值观念构成的复杂体系，其中必有一种价值观念处于核心的地位，统领和支配其他的价值观念。一个社会的核心价值体系反映了社会意识的本质，它首先要回答对社会发展规律的认识、社会发展目标的判断以及世界观和方法论问题。如何回答这些问题，怎样看待社会的发展，确立什么样的指导思想，表明了一个社会意识形态的性质，决定着社会前进的方向。共同理想基于共同事业，离开建设中国特色社会主义的伟大实践就不可能形成社会主义的核心价值体系。中国特色社会主义建设取得的重大成就是指导中国进一步发展和进步的精神财富，也是中国为世界文明发展作出的独特贡献。社会主义核心价值体系有助于引领全体社会成员在思想上、道德上共同进步。正确的政治立场和政治观点是我们认识世界和把握社会

---

① 夏东民、陆树程：《论社会主义核心价值体系的当代价值》，《哲学原理》，2008 年第 2 期。

发展的基本前提，树立和坚持正确的政治立场、政治观点，就必须坚持党的基本理论、基本路线和基本纲领不动摇。中国社会发展的历程证明了并且还将继续证明，用马克思主义指导中国革命和建设，以马克思主义指导思想作为社会主义核心价值体系的灵魂，是历史的必然选择。核心价值观，在根本上是由社会的基本经济制度、政治制度决定的，而由统治阶级所倡导的价值观念往往决定着该社会的文化性质，并对社会的经济、政治和社会发展具有明显的反作用。胡锦涛同志在党的十七大报告中强调指出"增强社会主义意识形态的吸引力和凝聚力。"① 因此，如何构建和确立起符合本阶级利益要求的核心价值观，是所有统治阶级在思想文化领域面临的重要任务。社会主义核心价值体系是一个结构清晰、内在组成部分密切相关的有机整体，这事关中国人民团结奋斗的思想基础，事关社会主义的前途命运，不仅是一个重大而紧迫的理论问题，也是全党必须高度重视的政治问题和实践问题。马克思主义指导思想是社会主义核心价值体系的灵魂，既是对历史经验的深刻总结，也是对中国现实的科学归纳，回答了社会主义核心价值观的首要问题。中国特色社会主义的共同理想又是中国民族精神和时代精神的统一，以改革创新为核心的时代精神已经深深地融入到以爱国主义为核心的民族精神之中。弘扬和培育伟大的民族精神和时代精神是建设中国特色社会主义的精神支柱和力量源泉。每一位共产党人要在改革和建设的伟大实践中担当重任，发挥旗帜作用，必须在讲政治上下功夫，树立正确的政治立场、政治观点，严格遵守党的政治纪律，坚持党的基本理论、基本路线和基本纲领不动摇，始终在思想上、政治上、行动上同党中央保持高度一致。核心价值体系是一个民族国家内部力量整合的必需的要素，其内在的性质影响着一个民族、一个国家的现实发展进程。我们当前面临着发达国家在经济、科技等方面占优势的压力，国内极少数敌对分子、民族分裂分子进行的一系列破坏活动，归根到底也是妄图推翻我们人民民主专政的国家政权。我们应该清醒地看到，在当今复杂多变的国际国内形势下，尽管进入新世纪世界的主题是和平与发展，但是一些西方敌对势力，千方百计实行"西化"、"分化"和"和平演变"战略，妄图颠覆中国的社会主义制度，把中国变成他们的附庸，对此，我们不可掉以轻心。无论对于一个人、一个政党，还是一个民族、一个国家、一个社会，核心价值都发挥着重要的作用。在这种情

① 胡锦涛：《高举中国特色社会主义伟大旗帜为夺取全面建设小康社会新胜利而奋斗》，人民日报，2007年10月25日。

况下，对社会主义的核心价值作出明确清晰的界定，树立引领全国人民团结奋斗的鲜明旗帜，这是非常必要也很迫切的事情。就整个国家而言，我们要"坚持马克思主义的指导思想不能动摇，坚持建设中国特色社会主义的共同理想不能替代，坚持我们的民族精神和时代精神作为激励我们前进的资源不能抛弃，坚持社会主义荣辱观规范我们的行为不能含糊。"每一位共产党员都必须从维护和巩固党的执政地位，保证党和国家长治久安的政治高度，加强自己的思想政治修养，时刻保持敏锐的政治警惕，增强党的执政意识，为巩固党的执政地位而斗争。社会主义核心价值体系不但体现了思想道德建设上的先进性要求，也体现了思想道德建设上的广泛性要求，同时涵盖了不同的群体和阶层一致的愿望，是人们思想共识的基础。

2. 马克思主义指导思想决定了社会主义核心价值体系的性质和方向

作为一个社会主义国家，马克思主义是我们的指导思想，这就决定了马克思主义是社会主义意识形态的旗帜，决定了社会主义核心价值体系的性质和方向。坚持马克思主义的指导地位，就抓住了社会主义核心价值体系的灵魂，把握了和谐文化建设的性质和方向。核心价值体系是社会意识的本质体现，决定着社会意识的性质和方向。社会主义荣辱观与社会主义市场经济体制相适应，与社会主义法制规范相协调，与中华民族传统美德相承接，与人类文明发展趋势相一致，是实现中国特色社会主义事业和谐发展的基本保证。马克思主义是不断发展的，坚持马克思主义就要在实践中不断丰富和发展马克思主义。随着改革开放的不断深入，思想文化和价值观念呈现多样化趋势，此时，我们要强调和坚持指导思想和主导价值的一元化，重视和巩固社会的理想信念，确立和壮大民族的精神支柱，坚持马克思主义的指导地位不动摇，坚持用发展着的马克思主义指导实践，牢牢掌握意识形态领域的指导权、主动权、话语权。

建设社会主义核心价值体系，最根本的就是坚持马克思主义的指导地位。用一元化的指导思想整合和引领多样化的社会思潮和文化追求，在坚持马克思主义主导地位的前提下，尊重差异，包容多样，这样才能充分挖掘和鼓励不同阶层、不同群体所蕴含的积极向上的思想精神，才能最大限度地形成思想共识，凝聚力量，齐心协力建设中国特色社会主义，把握社会主义先进文化的前进方向。"我们要大力弘扬民族精神和时代精神，牢牢把握社会主义核心价值体系的精髓，唱响和谐文化的主旋律，才能传承中华民族历经磨难而不倒、饱经风霜而弥坚的精神实质，不断拓展我们民族自强不息、团结奋斗的精神内涵，不断增强我们民族的自尊心和自豪感，使各族人民始终凝聚在爱我中华、振兴中华的旗帜下。"以社会主义核心价值体系为根本的和谐文化建设，属于意识形态范畴。我们尊重和包容社会的多样化发展，决不是允许各种反马克思主义的社会思潮滋长，更不允许动摇我们的主流意识形态。社会主义核心价值体系是社会主义制度的内在精神和生命之魂，在我国整体社会价值体系中处于支配地位，在整体社会价值体系中发挥着主导作用，决定着整个价值体系的基本特征和基本方向。就要始终高举马克思主义的旗帜，毫不动摇地坚持以马克思列宁主义、毛泽东思想、邓小平理论和"三个代表"重要思想为指导，全面贯彻科学发展观，坚持用马克思主义中国化的最新成果武装全党、教育人民，这样才能不断巩固和发展社会主义意识形态，才能在科学理论的指导下正确认识不同历史阶段的发展规律，推进建设富强民主文明和谐的社会主义现代化的伟大进程。

3. 加强社会主义核心价值体系建设，引领社会思潮的正确方向

社会主义核心价值体系，是我们党理论创新的又一重要成果，是加强和谐社会建设的重大举措，对于巩固马克思主义在意识形态领域的指导地位，对于团结、引领全体社会成员在思想上、道德上共同进步，对于深化对中国特色社会主义的认识，全面推进中国特色社会主义伟大事业都具有重大意义。改革开放以来，我们说坚持马克思主义在意识形态领域的指导地位，既包括坚持马克思主义基本原理，也包括坚持中国特色社会主义理论体系，二者是统一的、一致的。中国特色社会主义理论体系是马克思主义中国化的最新成果，它有力地推动了中国社会主义建设和改革开放的进程。坚持中国特色社会主义理论体系就是坚持马克思主义，坚持中国特色社会主义理论体系必须结合中国的具体实际不断推进理论创新。中国特色社会主义道路之所以取得如此辉煌的成绩，这与马克思主义正确指导、共同理想的极大感召、伟大的民族精神和开拓创新的时代精神的激励、传统和时代相结合的优良道德的规范是密切联系在一起的。没有这些，就不可能有今天让世人瞩目的成就。马克思主义也为社会思想文化的蓬勃发展提供科学的世界观和方法论，在马克思主义的指导下，我们对外部世界的认识就会比较自觉并力求按照客观规律去办事，我们的思想就会更加科学、更加符合实际，从而避免或减少盲目性。社会主义核心价值观与以往的核心价值体系不同，因为马克思主义是随着实践的发展和时代的变化而不断发展的开放的理论体系。以往阶级社会的核心价值观都是为了维护统治阶级的利益，在本质上是与广大人民群众的利益相对立的。有时为了缓和阶级矛盾和冲突，统治阶级也会打着全民利益的口号，实则是一种政治权术，是一种意识形

态策略，目的还是更好地维护自身的统治。相比之下，社会主义核心价值体系，是社会主义制度的内在要求，体现社会主义的价值目标，反映了无产阶级政党利益和与广大人民群众的利益的内在一致性。

坚持以马克思主义为指导，有利于多样化的社会思想文化和谐发展。任何一个社会的价值观都不是凝固不变的，而是处于不断变化发展中，导致价值观发生变化的一个根本性的因素就是社会的发展变化。坚持马克思主义在意识形态领域的指导地位，不仅不会阻碍社会思想文化的多样化发展，反而有利于它的繁荣发展。"一个社会不应局限于物质生产和经济交流。它不能脱离思想概念而存在。这些思想概念不是一种'奢侈'，对它可有可无，而是集体生活自身的条件。它可以帮助个体彼此照顾，具有共同目标，采取共同行动。没有价值体系，就没有可以再生的社会集体。"① 社会核心价值体系关系到国家的兴衰成败，关系到社会的进退治乱。一个民族，没有优秀的精神品格，就不可能屹立于世界先进民族之林；一个国家，没有凝聚人心的民族精神和与时俱进的时代精神，就不会有旺盛的生命力、强大的凝聚力和卓越的创造力。今后的十年、二十年对于我们国家的发展至关重要，面对国际国内的新形势，我们必须坚持以马列主义、毛泽东思想、邓小平理论和"三个代表"重要思想为指导，坚持解放思想、实事求是的思想路线，紧跟时代发展的潮流，不断研究新情况、解决新问题、形成新认识、开创新境界。同时认真总结和吸取苏东改革的经验教训，推动中国特色社会主义向着更加健康的方向发展，切实加强马克思主义和社会主义的理想信念教育。要使中国化的马克思主义真正成为我国全体人民行动的指南，成为广大人民群众的精神支柱，就要加强社会主义核心价值体系建设，它是中国特色社会主义意识形态最集中的体现。

综上所述，一个社会的核心价值观集中反映了社会意识的本质、决定社会意识的性质，涵盖社会发展的指导思想、意识形态、价值取向，影响着人们的思想观念、思维方式、行为规范，是引领社会前进的精神旗帜。构建社会主义和谐社会，建设富强、民主、文明、和谐的社会主义现代化国家，必然要求与之相应的核心价值体系。以社会主义核心价值体系引领社会各种思潮，就要批判社会生活的错误"思潮"、理论研究中的"教条"、现实追求中的"本位"，引导人们坚持中国特色社会主义理论体系，在实践中不断丰富和发展马克思主

---

① 吉尔·利波维茨基、塞巴斯蒂安·夏尔：《超级现代时间》，谢强译，中国人民大学出版社，2005 年版，第 111 页。

义。努力把社会主义核心价值体系融入社会主义文化建设的各个方面，坚持以社会主义核心价值体系增强社会主义意识形态的吸引力和凝聚力，以社会主义核心价值体系引领社会思潮。

（三）用以人为本的方式确立马克思主义信仰的主导地位

用以人为本的方式引领当代中国经济社会的发展，对于全面建设小康社会具有重大的实践意义。坚持"以人为本"，就要坚持广大人民群众在建设中国特色社会主义事业中的主体地位，不断实现好、维护好、发展好最广大人民群众的根本利益，归结为一点就是要求尊重人、为了人。坚持在广大人民群众根本利益一致的基础上关心每个人的利益要求，体现社会主义的人道主义和人文关怀。满足人们的发展愿望和多样性的需求，尊重和保障人权，关注人的价值、权益和自由，关注人的生活质量、发展潜能和幸福指数，最终实现人的全面发展。以人为本既是对以往只重物不重人的片面发展观的否定，也是对"人"在整个社会发展中的地位和作用的升华和创新；既符合当代社会发展的世界性潮流，表达了人们对社会发展终极价值的理解，也是对马克思主义人本观在新时期的继承和弘扬。

1. 坚持"以人为本"的科学发展观是对马克思主义人本观的继承和弘扬

"以人为本"的科学发展观的提出，是我们在坚持马克思主义的基本原理，坚持求真务实的科学态度，在总结国内外发展道路上兴衰成败经验教训的前提下，在准确把握新时期、新趋势和新特点基础上，把马克思主义理论与中国实际相结合得出的科学结论，是马克思主义唯物史观的一个基本命题。"按照历史唯物主义的观点讲，正确的政治领导的成果，归根到底要表现在社会生产力的发展上，人民物质文化生活的改善上。"① 马克思主义认为，生产力是人类社会发展的最终决定力量和最根本的推动力，大力发展社会生产力，是社会主义建设的一项重要任务。在社会主义发展进程中，党的三代领导人不仅大力发展生产力，同时对马克思主义的人本观进行了准确把握，不仅作为一种理论来理解其深刻的内涵，还作为一种实践不断地丰富和完善。江泽民同志认为"推进人的全面发展，同推进经济、文化的发展和改善人们物质生活，是互为前提和基础的。"② 不仅把人的全面发展当作一个目标，而且看作一个不断推进的过程，做到了理论与实践、目标与过程的统一，使这一学说不断得到理论

① 《邓小平文选》第2卷，人民出版社，1993年版，第128页。
② 江泽民：《论"三个代表"》中央文献出版社，2001年版，第180页。

升华，不断实现历史性跨跃。近年来，随着我国社会主义市场经济体制的建立和完善，改革进入了新的发展阶段，呈现出一些新趋势和新特点。我国的经济发展水平不断提高，综合国力日益增强，人民生活显著改善，马克思主义在中国的发展从理论到实践都呈现出勃勃生机。改革开放以后，我们党继承和发展了马克思主义这一基本原理，坚持把发展作为党执政兴国的第一要务，牢牢抓住经济建设这个中心，聚精会神搞建设，一心一意谋发展，从根本上改变了束缚生产力发展的计划经济体制，建立起充满生机和活力的社会主义市场经济体制，大大地解放和发展了生产力。同时我们认识到，要实现社会全面发展就"要努力提高全民族的思想道德素质和科学文化素质，实现人们思想和精神生活的全面发展……"[1] 把经济社会发展的长远目标同提高人民生活水平的阶段性任务统一起来，把尊重和保护人权与保障公民的政治、经济、文化权利落到实处。胡锦涛同志也强调要"经过长期的努力，不断使经济更加发展、民主更加健全、科教更加进步、文化更加繁荣、社会更加和谐、人民生活更加殷实，不断促进人的全面发展，不断向党的更高目标前进"。[2] 没有马克思主义的指导，就没有今天改革开放的大好局面，这是一个显而易见的事实。同时，改革开放以来的理论创新和实践创新，也不断丰富和发展着马克思主义。

任何经济指标的制定，必须以人民群众的实际需要和现实承受力为前提。当前，经济全球化趋势不断发展，各国之间的交流与合作更加紧密。在这种情况下，我们更不可能关起门来搞建设，必须进一步树立世界眼光，加强战略思维，学习和借鉴人类文明的一切优秀成果，博采众长，为我所用；任何增长方式的确定，必须统筹兼顾人民群众各方面的利益，既能满足眼前需要，又有利于长远、持续发展。同时我们应看到，伴随着深刻而剧烈的社会转型，各种社会问题和人民内部矛盾逐渐凸显出来，有些矛盾还呈加剧之势，社会的安全运行和健康发展面临着新的挑战。如果不及时、妥善地解决，将会延缓我国现代化的进程，任何发展模式的选择，必须以人民群众的经济利益、政治权利和文化权益的实现为基础。因此，必须重构社会结构，协调社会关系，化解各类矛盾，激发社会各成员的创造活力，使其各尽所能、和谐创业、和谐兴国，把改革不断引向深入。促进人的自由而全面的发展，是马克思主义的一个基本价值取向，马克思主义认为，人从劳动实践中"走来"，人靠劳动实践而生存，人

---

① 江泽民：《论"三个代表"》中央文献出版社，2001 年版，第 179 页。
② 胡锦涛：《在"三个代表"重要思想理论研讨会上的讲话》，人民出版社，2003 年版，第 8 页。

将走向社会实践的深处。就横向来看，人的本质是人在实践中表现出来的"一切社会关系的总和"，因而一方面表现出具有经济本质的经济人、具有政治本质的政治人、文化本质的文化人，另一方面还表现为处在自然生态环境中生活的自然本质的生态人。综上所述，要把人民群众的根本利益作为一切工作的出发点和落脚点，要尊重劳动、尊重知识、尊重人才、尊重创造，营造鼓励、支持人们干事业的社会氛围，放手让一切劳动、知识、技术、管理和资本的活力竞相迸发，让一切创造社会财富的源泉充分涌流。胡锦涛认为："实现物质财富极大丰富、人民精神境界极大提高、每个人自由而全面发展的共产主义社会，是马克思主义最崇高的社会理想。"① "以人为本"的科学发展观准确把握了新时期的新特点，它既是对马克思"人始终是一切实体性东西的本质"思想的升华和创新，也是对重物不重人、只求速度不求人的全面发展等片面发展观的否定，"是马克思主义关于社会主义新社会的本质要求"。② 党的十六大以来，我们党提出以人为本、全面协调可持续的科学发展观，强调发展为了人民、发展依靠人民、发展成果由人民共享，全面推进社会主义经济建设、政治建设、文化建设、社会建设以及生态文明建设，努力促进人自身、人与人、人与社会、人与自然和谐发展。这既坚持了马克思主义的这一基本价值取向，又进一步丰富和发展了马克思主义关于发展的理论。

2. 用以人为本的方式加强理想信念和价值观建设

新世纪新阶段，在深化改革和扩大开放中，我国社会生活日益多样化，社会主义意识形态面临巨大的困难和挑战。在资本主义意识形态新变化的影响和冲击下，我们往往被动应付，经常是临时抱佛脚，现有办法不是很有效，所以要重视长期的总体性战略安排。马克思指出人的"全部社会生活在本质上是实践的。凡是把理论引向神秘主义的神秘东西，都能在人的实践中以及对这个实践的理解中得到合理解决。"③ 以最广大人民根本利益为本，以自己的品德与才能来贯彻落实科学发展观，从而实现自身的社会价值，而"人民奋斗所争取的一切，都同他们的利益有关。"人民推动着发展，发展必惠及人民，人民相应的贡献必须得到相应的回报与满足，从而实现自身的自我价值，中国最广大人民的根本利益必须得到维护、实现与发展。每一位共产党员在现实工

---

① 胡锦涛：《在"三个代表"重要思想理论研讨会上的讲话》，人民出版社，2003年版，第7页。
② 江泽民：《论"三个代表"》中央文献出版社，2001年版，第179页。
③ 《马克思恩格斯选集》第1卷，人民出版社，1995年版，第56页。

作、生活中，面临的选择多，诱惑也多，个人利益与集体利益、贪图享受与勇于奉献、养尊处优与艰苦奋斗等，都是紧要关头的两难选择。只有用以人为本的教育方式加强理想信念的引导，塑造党员干部的世界观、人生观和价值观，培养社会发展能够依靠的人才，才能推动社会主义意识形态的良性发展。我们党在提出科学发展观不久又提出了科学人才观，二者的共同点或核心都是以人为本，发展观与人才观在此可以相互说明。我们认为，在日益多样化的社会生活中，每一位共产党员都必须保持高远的思想境界和精神状态，坚持"两个务必"——"务必使同志们继续地保持谦虚、谨慎、不骄、不躁的作风，务必使同志们继续地保持艰苦奋斗的作风"，自觉加强党性修养，努力改造自己的主观世界，牢固树立为党和人民的事业长期艰苦奋斗的思想，以社会主义、集体主义和为人民服务的高尚道德情操来矫正和克服在深化改革和扩大对外开放条件下出现的一些负面因素对人的发展的消极影响，做到襟怀坦白，克己奉公，廉洁自律。"要牢固树立人才资源是第一资源的观念，充分发挥人才资源开发在经济社会发展中的基础性、战略性、决定性作用。要牢固树立人人都可以成才的观念……要牢固树立以人为本的观念，把促进人才健康成长和充分发挥人才作用放在首要位置。"① 增强明辨是非的判断能力、拒腐防变的抵抗能力、扬善抑恶的自控能力，在实践中要自觉地以"八荣八耻"为自身的道德准则，约束自身的行为，真正成为一个脱离了低级趣味的人，一个有益于和谐社会建设的人。

马克思主义认为，社会发展的历史是一个伴随着人类及个体的本质力量或人的才能的发展而不断生成与升华的历史，它是由以人民为主体的一代又一代人才推动的。邓小平同志曾深刻指出："我们评价一个国家的政治体制、政治结构和政策是否正确，关键看三条：第一是看国家的政局是否稳定；第二是看能否增进人民的团结，改善人民的生活；第三是看生产力能否得到持续发展。"② 对资本主义意识形态的新变化应主要从整体性、结构性、关联性角度进行研究，现代是一个多元话语和文化并存的时代，我们研究的思维应是或此或彼的。在对资本主义意识形态新变化的应对中，包含着全球化、现代化和民族化的主题论争。"西方化"与"反西方化"或者说"美国化"与"反美国

---

① 胡锦涛：《在全国人才工作会议上发表重要讲话》，来源：http：//news. xinhuanet. com，2003年12月20日。

② 《邓小平文选》第3卷，人民出版社，1993年版，第213页。

化"以及全球化与反全球化,成为了社会主义意识形态领域最大的两个极端,而其影响所及已经远远超出其本身,这种极端的滥觞扰乱了问题的本原。全球化中的意识形态传输和权力扩张更具隐秘性、欺骗性,西方通过网络、传媒、话语权等形式潜移默化地推行意识形态霸权。跨国公司打着文化多元主义的旗号,其隐蔽的目的是为了寻找更多的市场,这样可以为它们提供一种精神上的合理性。全球化、后现代、信息社会、互联网、流行词,都是资本主义世界产生的话语,它们拥有解释权。对于来自好莱坞等娱乐业的深含意识形态意蕴的文本,因特网技术则将这种意识形态源源不断地以"元意识"的方式渗透到我国。全球化加剧了民族文化间的激荡,深刻冲击着人们的文化心理和价值选择,社会主义机遇与挑战并存。

综上所述,要增加社会主义意识形态的针对性、适应性、包容性,使意识形态的工具理性和价值理性动态均衡,使意识形态呈现多圈层的积极互动和良性循环,坚持社会主义的基本制度和意识形态方向。坚持马克思主义在意识形态领域的指导地位,最根本的是坚持马克思主义的世界观和方法论,掌握马克思主义观察问题和分析问题的立场、观点、方法,坚持用马克思主义这一思想武器揭示人类社会发展的客观规律,坚定中国特色社会主义共同理想和共产主义必然实现的信念。

四、在社会治理中确立马克思主义信仰构建和谐社会

胡锦涛在十六届四中全会提出了"构建社会主义和谐社会"的新命题,它是一个全面系统的目标,其核心内容是作为社会主体人的和谐。它凸显了人在社会和谐中的地位和作用,突出了社会和谐的目的是为了人的全面发展,强调了人是社会发展的根本动力。随着全球化的发展和科学信息技术的进步,世界逐渐变成一个大的"村落"。在这个"村落"中,各个国家的发展都将对其他国家产生影响,而一国的先进的治理经验和治理手段,不仅会得到他国的借鉴和吸取,而且可能会引领一个时代的治理潮流。在这个新的治理理论不断涌现、新的治理理念不断更新、新的治理方法不断丰富的年代,不论一个国家是否愿意接受,这些理论、理念和方法都不可避免地要对其治理活动产生影响。一个国家的社会治理活动也必须要回应这个时代的治理潮流。但是每个国家的经济发展阶段不同、社会发展的程度也不同,各个国家也都处于不同的治理环境、面对着不同的治理问题,这就要求我们在充分把握和认识世界治理潮流、借鉴和应用外国先进治理理念和经验的时候,必须坚持实事求是,从本国的现实国情和具体的治理实践出发来进行选择。在社会治理方面不能墨守成规,

更不能随波逐流。所以，我国当下的社会和组织的治理既要回应世界潮流的冲击，又要回应本国具体社会发展目标的召唤，即社会主义和谐社会的构建。

（一）提升社会治理水平是构建和谐社会的核心内容

进入新世纪，对处于社会转型关键时期的中国来说，提升社会治理水平，尽快建立健全与发展社会主义市场经济、建设社会主义民主政治和构建社会主义和谐社会相适应的新型社会治理体制，十分重要而紧迫。提升社会治理水平，这不仅是和谐社会的核心内容，而且是构建和谐社会的重要途径。

1. 和谐社会建设要求社会治理理念的根本转变

党的十六大以来，党中央审时度势，明确提出了构建社会主义和谐社会的战略思想，系统阐述了社会主义和谐社会的基本特征和重大原则，从而为社会主义和谐社会赋予了全新的概念和丰富的内涵。"社会治理伴随着人类文明的发展而不断推陈出新。在不同时代，社会治理模式是有差别的。从古至今，人类社会经历了古代统治型社会治理模式，近现代管理型社会治理模式以及当代尚未成型的服务型社会治理模式。"① 社会主义和谐社会有几个显著特征。一是社会公平正义。公平与正义是社会主义的核心价值之一，是衡量社会文明的重要尺度，也是构建和谐社会的深层底蕴。在社会主义社会，公平正义就是社会的政治利益、经济利益和其他利益在全体公民之间合理而平等地分配。二是阶层关系协调。阶层协调是和谐社会的轴心。社会主义和谐社会坚持以人为本的管理原则，妥善处理社会各阶层之间的关系。一些阶层利益的增进不能以损害其他阶层的利益需要为前提，社会各阶层之间保持一种互惠互利的关系。三是社会阶层结构开放。社会阶层结构开放是社会和谐的重要保证，社会主义和谐社会应该为每一个社会成员提供平等的竞争机会，大家享受同样的权利与义务，受同样竞争标准的制约，社会阶层结构之间呈现出一种相互开放和平等进入的状态。"社会治理的目的在于促进社会公平，实现人的全面发展。社会治理的目的不仅是为了提高社会的效率，更重要的是在此基础上体现社会公平，以人的全面发展为最终宗旨。因此，体现在对政府以及其他组织与公民关系的认识上，公民作为政府行政行为或者市场行为的相对方，享有参与权和发言权。政府行政行为或者市场化组织的市场行为的效果如何，取决于它们与其行为相对人的关系，有赖于相对人即公民的合作与支持。政府以及市场化组织与

---

① 张康之：《社会治理中的价值》，《国家行政学院学报》，2003 年第 5 期。

公民之间不仅是管理与被管理的关系，服务提供者与服务接受者的关系，同时还是被监督者与监督者之间的关系"。① 社会主义和谐社会是共同富裕的社会。各个阶层应当得到有所差别但恰如其分的回报，所有社会成员共享社会发展成果，收入分配相对合理。总之，社会主义和谐社会实际上是一个民主法治、公平正义、诚信友爱、充满活力、安定有序、人与自然和谐相处的社会。

2. 和谐社会对政府社会治理的新要求

中共中央《关于加强党的执政能力建设的决定》指出，"加强社会建设和管理，推进社会管理体制创新，是建设社会主义和谐社会的一项重要内容。"② 构建社会主义和谐社会，为当下的政府社会治理提出了新的要求。第一，不断完善和创新社会治理运行机制，促进各结构各层次之间的有序和谐运行。要正确把握社会治理多层次、多结构的复杂系统特征，不断认识和深化各层次、各结构之间和谐统一、健康发展的规律。要在目标、组织和保证上狠下工夫。在进行社会治理的过程中，要注意把社会当作一个整体来看待，通过规定社会目标、组织社会运行、保证社会进步来对社会进行科学的治理。要注意结构组合的创新。社会治理的重点在于它以整个社会生活为对象，注重把社会结构调整到最佳运行状态。在对社会进行全面的分析规划和预测决策时，必须考虑到多方面社会因素的影响和各部分的均衡协调发展。第二，不断完善和创新社会治理咨询机制，使社会治理决策逐步实现科学化，为创建和谐社会提供科学的意见和建议。"社会管理咨询机制是指在社会管理过程中，请自然科学家、社会科学家及从事技术和社会工作的专家、能手为从事社会管理的各组织机构提供咨询意见，帮助解决社会管理中存在问题的一种制度性规定及其实施。"③ 要根据建设社会主义和谐社会的需要，不断拓展社会治理咨询领域。当前，我国社会治理咨询活动的范围已经十分广泛，涉及到社会生活的诸多方面，而且在继续扩大。我国社会的经济、政治、文化、科技、军事、企业管理、社会心理健康、民营企业的法律制度及发展、家庭关系等都是社会治理咨询的对象。要继续密切关注咨询对象的发展变化，为创新咨询机制提供信息依据。第三，不断完善和创新社会治理评价机制，通过机制创新推动社会的和谐与进步。"社

① 孙晓莉：《社会治理模式的变迁》，学习时报，2005年6月6日。
② 《中共中央关于加强党的执政能力建设的决定》，《保持共产党员先进性教育读本》，党建读物出版社，2004年版，第72~73页。
③ 姜晓、杨竞业：《社会开放与人的全面发展关系的研究价值》，《番禺职业技术学院学报》，2005年第1期。

会管理评价机制，指的是在社会变迁的过程中，由社会上相关专家组成的权威性机构对社会管理及由此指导的各种社会成员及其从事的社会活动进行的评价。通过评价，揭示社会存在的问题，提出改进措施。"① 要认识我国当前社会矛盾的特殊性，着眼于社会主义现代化建设的特点对我国的社会治理进行评价。要根据效率普遍优化原则，对社会治理工作进行认真严肃的科学评价。要注意评价不是社会治理的目的，而是重要手段。只有不断创新社会治理评价手段，才能准确地找到社会治理方面存在的问题，提出正确的改进措施。要建立和完善正常稳定的社会治理评价机制，将其形成一种制度，经常组织各方面的专家对我国社会治理进行定性和定量分析，提出权威性评价报告和具有针对性的改进措施，还要对这些措施的落实做出制度性规定。第四，不断完善和创新社会治理信息反馈机制，这是适应构建社会主义和谐社会的必然选择。"所谓反馈，就是从输出的信号中，获取部分信息，送回输入端，经过控制中心的处理，作为下一步管理的依据。"② 社会治理信息反馈机制是一种较为稳定的社会治理制度，指治理者充分利用信息资源通过对获取信息的传递、加工、处理而实现其有目的的运动的一种社会治理制度和方法。目前，世界各国都十分注意社会治理中的信息反馈，"越来越多的人从事社会管理中的信息情报的搜集、处理和加工工作，形成了社会管理领域中的信息产业和信息反馈系统。"③随着现代信息科学技术在社会治理领域的广泛应用，社会治理过程中的信息反馈对社会的政治、经济和文化等领域已经和正在产生着广泛而深刻的影响，所以需要不断完善和创新社会治理信息反馈机制。

3. 提升政府社会治理水平是构建和谐社会的重要途径

在社会主义市场经济体制条件下建设和谐社会，要有相应的社会治理体制作为必要的保障，所以需要不断提升政府社会治理水平，努力构建社会主义和谐社会，坚持以人为本的理念，积极推动社会治理体制创新。中国共产党以人为本的执政理念，不仅对中国经济发展有着高屋建瓴的重要指导意义，而且对中国社会发展也有着同样重要的意义。因此，推进社会治理体制创新，必须遵循以人为本的理念，紧紧抓住促进人的全面发展这个理念，突出广大人民群众社会治理的主体地位，进而从社会治理体制上保证党和政府能够自觉地亲近民

① 李新市：《社会管理机制创新是构建和谐社会的必由之路》，《太原理工大学学报》，2005 年第 2 期。
② 马金海：《信息时代的自控式教育》，北京航空航天大学出版社，2002 年版，第 24 页。
③ 王保存、王安：《外军管理与领导》，北京军事科学出版社，1999 年版，第 88～94 页。

生、关注民生，切实把广大人民群众的根本利益实现好、维护好、发展好，尤其是要通过社会治理体制的创新，切实解决广大人民群众密切关心的诸如就业、教育、医疗卫生公共安全、社会保障、收入差距等方面的问题。与此同时，还要确立多元化的社会治理主体，充分发挥其社会建设的功能。随着我国社会主义市场经济体制的初步确立以及公民社会的初步发展，政府越来越难以单独承担社会治理的任务，因而，社会治理的主体应尽快从过去的一元化向多元化转变，形成一个以政府为主导、社会组织为中介、基层自治组织为基础、社会成员广泛参与的社会治理主体构成的新格局，充分发挥政府、社会组织、基层自治组织、社会成员各自在社会治理方面的积极作用。改革与完善社会治理体制，为和谐社会建设提供有力的制度保障。社会治理体制是影响社会主义和谐社会建设的一个关键性因素，因此，必须依据社会主义和谐社会建设的内在要求，不断改革与完善现行的社会治理制度，使之切实成为社会主义和谐社会建设的制度保障。

(二) 树立马克思主义信仰有助于提高社会治理的水平

我国处于构建社会主义和谐社会的关键时期，迫切需要对于原有的社会治理理念、治理方式做出改变，以适应社会未来的发展趋势，所以要求社会治理水平有一个较大的提升。在这样的社会发展背景下，对于社会治理水平提升有着更高的要求，牢固树立马克思主义信仰，不仅能够提升我国的社会治理水平，而且还有助于推进社会主义和谐社会的构建。

1. 治理行为是由人们的信念和意志决定的

信仰对信念、意志等有统摄作用，是人类最高的意识形态形式。人们的信念和意志取决于人的信仰，人们是否具有信仰以及是否具有真理性信仰，直接影响和决定着社会治理水平，影响着和谐社会的构建和发展进程。马克思主义是人类的一种信仰形式，不仅为人类认识世界提供了"宇宙图式"，而且为人类的精神生活构筑了"精神家园"。同时，马克思主义作为一种信仰，还规范着人们的社会行为模式，并提供了作为这种行为模式的价值评判标准。于是，信仰马克思主义的人由此获得了世界观、人生观和价值观，也由此获得了生活的意义和人生奋斗的目标和动力。马克思主义不仅是一种信仰，更是一种真理性信仰。它不同于一般的宗教信仰，它是人类理性的产物，从根本上实现了人类理性和信仰的统一。它鼓舞人们为之奋斗的，不是虚幻的未来世界和虚无的"彼岸天堂"，而是通过历史唯物主义勾画的美好的共产主义社会，是通过人们的奋斗能够真正达到的"彼岸世界"。社会是由人组成的，社会治理在价值取向上是坚持以人为本的，马克思主义信仰体现的就是一种对人类的终极关怀，在这里，人不是作为神或者上帝的奴仆，不是无法左右自己前途的命运的玩偶，而是活生生的人类个体，他的理性可以为自己勾画一个美好的未来，并通过自己的努力和奋斗去实现它。世界的主人不再是全能的上帝，而恰恰是人类自身，人是推动历史发展的根本动力。"人不再是未来虚幻世界的奴隶，而是现实世界的实实在在的建设者，"① 推动着历史向前发展的，也不是什么神的旨意，而是人的合理的欲望。在马克思信仰体系中，人不仅获得了支配自己命运的思想武器，即辩证唯物主义和历史唯物主义，而且获得了认识世界和改造世界的思维方式，这里所体现的是真正的"以人为本"。马克思主义理论作为一种真理性信仰的根本依据在于，一方面，马克思主义根植于科学发展的客观规律，根植于人民群众改造客观世界和主观世界的社会实践，为人类社会的生存和发展提供了纲领性、指导性的原则。马克思主义所提供的科学的世界观和方法论，对人类生存和发展具有终极的价值和意义。另一方面，马克思主义具有与时俱进的理论品质，马克思主义不是教条，而是行动的指南，它帮助人类从各种复杂的自然和社会关系中选择正确的发展方式和道路，提供前进的方向和动力，引导人类不断实现从必然王国向自由王国的前进。坚持社会治理中的以人为本，就要改善人民的生活质量，把满足人的需求作为发展的目的，切实保障人的经济、政治和文化权益，让改革发展和现代化建设的成果惠及全体人民。

2. 马克思主义信仰对社会治理水平有着巨大的提升作用

马克思主义作为科学的世界观和方法论，深刻地揭示了自然界、社会发展的客观规律和必然趋势，是无产阶级改造客观世界和主观世界，实现自身自由和解放的强大思想武器，是当今我们推进改革，构建社会主义和谐社会，实现中华民族伟大复兴的强大思想武器。在社会治理中我们要坚定马克思主义信仰，就要协调发展物质资本、人力资本和自然资本，重点是发展基础教育，改善公共卫生和保护自然资本，从而避免物质资本收益下降，实现从传统人事管理向现代人力资源管理的根本转变，真正把人放在社会主体的地位上，充分调动人的积极性、主动性和创造性，从而在实践上提高人的素质、发挥人的潜能，使之融入到和谐社会建设进程之中。因为马克思主义信仰不仅在社会治理活动中起到了重要的动力作用，而且对社会治理水平有着巨大的提升作用，尤

---

① 卢建华：《坚定的马克思主义信仰是共产党员先进性的根本要求》，《学术论坛》，2006 年第 3 期。

其是现在正面临着社会转型的中国。由于我国是一个后发现代化国家，在赶超先进国家的过程中，与西方各国相比，我国社会治理创新面临着一些不同的前提条件，如相异的社会制度和经济、政治体制，公民社会不成熟以及独特而深厚的传统行政文化等等。这些因素决定了我国社会治理变革不可能完全照搬西方发达国家的治理模式，而应当探索既符合国情又适应时代潮流的社会治理模式。邓小平曾经明确指出："马克思主义是科学。它运用历史唯物主义揭示了人类社会发展的规律。"① 在我国要构建适合国情的社会治理模式，就要优化社会治理结构，借鉴西方的治理理念，同时考虑我国的现实背景，在社会治理实践中不断确立马克思主义信仰的主导地位。

---

① 《邓小平文选》第3卷，人民出版社，1993年版，第382页。

结　语

　　在社会治理中，信仰作为一种意识形态驱动和引导着人的思想和行为。社会治理行为是由人们的信念和意志决定的，而人们的信念和意志又取决于人的信仰，人们是否具有信仰以及是否具有真理性信仰，直接影响和决定着社会治理水平，影响着和谐社会的构建和发展进程。

　　和谐社会建设要求社会治理理念的根本转变。从实现以人力资本为中心的转变，到由外在的约束和指导向意识形态领域的引导的转变，在不排斥其他因素作用和影响的同时，从社会构成的基本要素——"人"出发，逐步转入人的意识形态领域研究，关注如何通过信仰的统摄和指导作用来引导人的思维方式，提升社会治理水平。信仰是随着人类的产生而产生，并随着人类社会的发展而发展的一种意识形态。信仰是某一时代精神和社会文化的集中体现，从原始崇拜到宗教信仰再到真理性信仰，尽管每个时代的信仰对象不同，但是不同形式的信仰都为人类构筑了"宇宙图式"和"精神家园"，并为人类提供了社会行为模式和价值评判标准。信仰不仅约束和激励信仰者的行为，维系和整合着社会伦理关系，而且还对社会发展起促进和阻碍作用。正因为如此，信仰对信念、意志等有统摄作用，是人类最高的意识形态形式。科学的信仰对社会治理活动具有能动作用。信仰作为人的最高意识形态，对人的思想、行为具有决定性的影响，它对道德、意志、信念等有不可抗拒的统摄和指导作用，分析不同信仰对社会发展过程的一系列影响，在组织内部积极树立科学统一的信仰，是提高社会组织的管理水平、实现社会治理目标的重要手段。

　　树立科学的信仰是实现社会治理目标的前提。由于科学信仰的对象是科学真理，人们将科学真理作为自己认识世界和改造世界的指南，使自己的行动符合事物发展变化的客观规律，社会实践活动就容易取得成功，所以，科学信仰对社会发展起着积极的促进作用。不仅如此，在组织的效能上也可能产生一种激励和协同的作用，即一种群体精神，这样组织才能有凝聚力，才能有战斗力，才能无往而不胜。因此，必须通过塑造共同的、崇高的信仰来培植一种管理的社会属性，为化解社会矛盾及维护社会公正提供智力支持、文化条件和精神动力。

用"以人为本"的教育方式，牢固树立马克思主义信仰。马克思主义价值观深刻地反映和代表了大多数人的根本利益，是经过实践反复证明为正确的科学真理，这是毫无疑问的。但真理性的东西由于其理论化的外在形态，往往需要借助于一定民族的、时代的形式才能为广大民众所接受。作为科学的世界观和方法论，马克思主义深刻地揭示了自然界、社会发展的客观规律和必然趋势，是无产阶级改造客观世界和主观世界，实现自身自由和解放的强大思想武器；它是我们推进改革，构建社会主义和谐社会，实现中华民族伟大复兴的强大指导力量，"以人为本"的教育方式是树立马克思主义科学信仰的关键。构建社会主义和谐社会也为社会治理提出了新的课题，即如何在社会治理过程中贯彻"以人为本"的原则。马克思主义信仰的宣传教育如同其他事物一样也是有其内在规律的，正确处理坚持价值导向与讲究方式方法的关系，要特别注意贯彻"以人为本"的原则，既要注意发挥理性和逻辑的力量，坚持以理服人，又要充分考虑受教育对象的个性特点和情感因素，注重以情感人，以进一步增强新形势下马克思主义信仰教育的针对性、实效性和吸引力、感染力，使管理真正做到"人本位"，这样才能尊重人性，为真正实践科学发展观、建立和谐社会和人性化社会打下良好的基础。

深入研究信仰在社会治理中的作用和影响，对于提升社会治理水平是大有裨益的。只有引导人们构筑高尚的信仰体系，才能对社会治理产生重要的正向驱动作用。在我国只有用"以人为本"的教育方式，牢固树立马克思主义信仰，才能不断地提升社会治理水平、推进和谐社会的构建。

主要参考文献

一、中文文献

1. 《马克思恩格斯选集》第 1~4 卷，人民出版社，1995 年版。

2. 《马克思恩格斯全集》1、2、3、23、26、42、46 卷，人民出版社，1972 年版。

3. 《列宁选集》，人民出版社，1995 年版。

4. 《列宁全集》，人民出版社，1959 年版。

5. 《毛泽东选集》第 1~4 卷，人民出版社，1991 年版。

6. 《邓小平文选》第 1~3 卷，人民出版社，1993 年版。

7. 《江泽民文选》第 1~3 卷，人民出版社，2006 年版。

8. 胡锦涛：《树立科学发展观》，《十六大以来重要文献选编》，中央文献出版社，2005 年版。

9. 刘建军：《马克思主义信仰论》，中国人民大学出版社，1998 年版。

10. 汤普森：《意识形态与现代文化》，高铦等译，译林出版社，2005 年版。

11. 詹姆斯·罗西瑙：《没有政府的治理》，张胜军等译，江西人民出版社，2001 年版。

12. 盖伊·彼得斯：《政府未来的治理模式》，吴爱明译，中国人民大学出版社，2001 年版。

13. 郑俊田：《管理要素的理性思考》，中国商务出版社，2004 年版。

14. 塞缪尔·斯迈尔斯：《信仰的力量》，余星等译，北京图书馆出版社，2000 年版。

15. 马克斯·韦伯：《新教伦理与资本主义精神》，彭强、黄晓京译，陕西师大出版社，2002 年版。

16. 海通：《图腾崇拜》，何星亮译，广西师范大学出版社，2004 年版。

17. 约翰·齐曼：《可靠的知识：对科学信仰中的原因的探索》，赵振江译，商务印书馆，2003 年版。

18. 斯坦利·罗迈·霍珀编著：《信仰的危机》，宗教文化出版社，2006 年版。

19. 黄明理：《社会主义道德信仰研究》，人民出版社，2006 年版。

20. 彭时代：《宗教信仰与民族信仰的政治价值研究》，民族出版社，2007 年版。

21. 李德志：《人事行政学》，高等教育出版社，2001 年版。

22. 周永学：《科学发展观与构建社会主义和谐社会》，民族出版社，2005 年版。

23. 傅志平：《和谐社会导论》，人民出版社，2005 年版。

24. 沃夫冈·布雷钦卡：《信仰、道德和教育：规范哲学的考察》，彭正梅、张坤译，华东师范大学出版社，2008 年版。

25. 冯天策：《信仰导论》，广西人民出版社，1992 年版。

26. 俞可平：《治理与善治》，社会科学文献出版社，2000 年版。

27. 严书翰：《经济全球化背景下社会主义与资本主义的关系》，当代世界出版社，2001 年版。

28. 徐崇温：《当代资本主义新变化》，重庆出版社，2004 年版。

29. 荆学民：《当代中国社会信仰论》，人民出版社，2008 年版。

30. 胡锦涛：《在全党大力弘扬求真务实精神，大兴求真务实之风》，《十六大以来重要文献选编》，中央文献出版社，2005 年版。

31. 胡锦涛：《高举中国特色社会主义伟大旗帜，为夺取全面建设小康社会新胜利而奋斗》，人民出版社，2007 年版。

二、外文文献

1. Gricean Belief Change , James P. Delgrande, Abhaya C. Nayak, Maurice Pagnucco , Studia Logica：An International Journal for Symbolic Logic, Vol. 79, No. 1, Reasoning about Action andChange (Feb. , 2005), pp. 97 ~ 113.

2. Distinguishing Truth, Knowledge, and Belief：A Philosophical Contribution to the Problem of Images of China, Jamie Morgan, Modern China, Vol. 30, No. 3 (Jul. , 2004), pp. 398 ~ 427.

3. Belief in Control：Regulation of Religion in China, Pitman B. Potter, The China Quarterly, No. 174, Religion in China Today (Jun. , 2003), pp. 317 ~ 337.

4. Collaborative Institutions, Belief – Systems, and Perceived Policy Effectiveness, Mark Lubell , Political Research Quarterly, Vol. 56, No. 3 (Sep. , 2003), pp. 309 ~ 323.

5. How Truth Governs Belief, Nishi Shah, The Philosophical Review, Vol. 112, No. 4 (Oct. , 2003), pp. 447 ~ 482.

6. Self-Locating Belief in Big Worlds：Cosmology´s Missing Link to Observation, Nick Bostrom, The Journal of Philosophy, Vol. 99, No. 12 (Dec. , 2002), pp. 607 ~ 623.

7. Models for Belief Revision, Raymundo Morado Philosophical Issues, Vol. 2, Rationality in Epistemology (1992), pp. 227 ~ 247.

8. Faith, Belief, and Rationality：Robert Audi Philosophical Perspectives, Vol. 5, Philosophy of Religion (1991), pp. 213 ~ 239.

9. Belief and the Will , C. van Fraassen , The Journal of Philosophy, Vol. 81, No. 5 (May, 1984), pp. 235 ~ 256.

后 记

　　小时候邻居家的女主人总是着魔，大人说是被黄大仙迷了，多年来一直也不知黄大仙是哪路神仙，为何他这样厉害，使我尊敬的老师着魔？带着儿时的疑惑走进大学，走上工作岗位，在多年的工作中一直从事思想政治工作，从做人的工作开始，就更加增强了解开儿时迷惑的冲动，我多年来一直在思考：人为何能被动物迷住？它是如何控制人的思维的？人的思想形成又受什么影响最大？人又具备什么样的功能？

　　依据有关专家的解释：黄鼠狼，学名黄鼬，民间被尊为黄大仙，从聊斋和民间传说中被进一步神化，现实中确实也发生过迷惑人的事，若从化学角度进行分析，它的臊腺对人大脑神经有干扰作用，这也就是它迷人的方式。黄鼠狼的习性是每到一个新的处所首先释放出自己的气味，以向同类标示自己的势力范围，如果此时家中有病人，身体虚弱，就会被它所放的气味毒害，引起神经系统兴奋妄想，胡言乱语。它所放的气味，据科学分析是乙醚的成分，根据黄鼠狼的特性，它的行走路线一般是由原路进出，有经验的人会在周围寻找黄鼠狼的踪迹，并敲打铁盆、锣鼓等器物，将其驱走，病人就会恢复。若从物理学角度解释，它的脑电波频率同人的脑电波频率很接近，当人的电波稍弱时，它的电波就会干扰人的脑电波，从而使人按它的思维想法去行事。一个小小的动物都有这样的功能，那么人的意志力、人的思想又受什么影响呢？

　　当我在吉林大学攻读博士学位时，有幸结识了黑龙江省委政策研究室的金维克先生（哲学博士），同他进行了深入探讨，上升到哲学层面来解释这类现象。从柏拉图的理念论到弗洛伊德的精神分析，从黑格尔的精神现象学到费尔巴哈的宗教的本质，再回到马克思的唯物论和辩证法，这使我在哲学层面对信仰的研究有了基础。基于学习和研究我得出结论："人的思想和行为是内在统一的。人的思想和行为的内在统一集中表现在，人的思想和行为是紧密相联、密不可分且互为作用的。人的行为都是受思想支配的，任何行为都可以找到它的深层次的思想根源，人的行为离不开思想。人的思想形成受人们的信念所支配，而信仰作为统摄一切信念的最高意识形态的形式，对人们的思想、言行具有决定性的影响，是主宰人们灵魂的精神支柱。信仰决定了人对事物的看法和认识，信仰决定了人的追求，人所有思想的形成均受信仰支配和影响。同时信仰不是一种先天的神的规诺，而是人所处的现实关系和现实环境的升华和外化。"

修完博士课程，准备论文开题时，我向恩师李德志先生汇报了想从意识形态和信仰角度来进行深入研究，恩师说："进行学术研究要符合学科方向，同时又要关注社会现象，力争研究结果能为社会前沿性问题找出解决方案。"遵从恩师的指点，本人从社会治理进行切入（社会治理既是哲学社会科学中多个学科研究的问题，也是政治学、行政管理中需要研究的重要理论问题，同时也是我国各级政府在社会管理中必须高度重视的现实问题），然后深入探讨信仰在其中的价值。

论文在恩师李德志先生的悉心指导下完成，恩师的为人正直、治学严谨、德先为范、志存高远的治学态度和人格魅力是我现在工作和研究遵从的规范。在完成论文过程中，恩师门下的师兄、师姐和师弟、师妹提出了宝贵建议，在此我对他（她）们表示深深的谢意！更要感谢沈阳军区宣传部刘洪军部长、清华大学人文社会科学学院博士生导师韩冬雪先生、吉林大学研究生院康永刚处长对我学习和成长的帮助！

在研究过程中得到了时任《学习探索》主编的张云鹏先生（哲学博士）和山西大学张守夫先生（哲学博士）的赐教，山西社科院的杨茂林先生（法学博士）、太原市政府的张农寿先生（法学博士）和时任中国人民解放军65367部队政治委员的刘宝珍大校给予了大力支持和帮助，在这里表示感谢！在形成书稿过程中得到了吉林大学在读博士生郑佳女士和中国人民解放军65368部队张亮上尉的大力帮助，表示真诚的感谢！

感谢教育部社科中心和光明日报出版社给予了出版机会，并着重感谢广西大学政治学院为本书出版提供了出版基金！

徐秦法
己丑年于南宁